Exploring Virtuality

Sabina Jeschke • Leif Kobbelt
Alicia Dröge (Hrsg.)

Exploring Virtuality

Virtualität im
interdisziplinären Diskurs

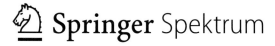

Herausgeber
Sabina Jeschke   Alicia Dröge
IMA/ZLW   IMA/ZLW
RWTH Aachen   RWTH Aachen
Aachen, Deutschland   Aachen, Deutschland

Leif Kobbelt
RWTH Aachen, Institut für Informatik
Aachen, Deutschland

Das Buch wurde gedruckt mit freundlicher Unterstützung der RWTH Aachen University.

ISBN 978-3-658-03884-7   ISBN 978-3-658-03885-4 (eBook)
DOI 10.1007/978-3-658-03885-4

Die Deutsche Nationalbibliothek verzeichnet diese Publikation in der Deutschen Nationalbibliografie; detaillierte bibliografische Daten sind im Internet über http://dnb.d-nb.de abrufbar.

Springer Spektrum
© Springer Fachmedien Wiesbaden 2014
Das Werk einschließlich aller seiner Teile ist urheberrechtlich geschützt. Jede Verwertung, die nicht ausdrücklich vom Urheberrechtsgesetz zugelassen ist, bedarf der vorherigen Zustimmung des Verlags. Das gilt insbesondere für Vervielfältigungen, Bearbeitungen, Übersetzungen, Mikroverfilmungen und die Einspeicherung und Verarbeitung in elektronischen Systemen.

Die Wiedergabe von Gebrauchsnamen, Handelsnamen, Warenbezeichnungen usw. in diesem Werk berechtigt auch ohne besondere Kennzeichnung nicht zu der Annahme, dass solche Namen im Sinne der Warenzeichen- und Markenschutz-Gesetzgebung als frei zu betrachten wären und daher von jedermann benutzt werden dürften.

Coverbild: © Denned – Fotolia

Gedruckt auf säurefreiem und chlorfrei gebleichtem Papier

Springer Spektrum ist eine Marke von Springer DE. Springer DE ist Teil der Fachverlagsgruppe Springer Science+Business Media.
www.springer-spektrum.de

Inhaltsverzeichnis

Sabina Jeschke, Leif Kobbelt, Alicia Dröge
Einführung in den Band 7

Stefan Rieger
Menschensteuerung – Zu einer Wissensgeschichte der Virtualität 19

Martin Metzker, Dieter Kranzlmüller
Dienstgütemanagement für Netze in Virtualisierungsumgebungen 45

Klaus Müller
Vom Tanz der Signifikanten – Die theologischen Wurzeln der Virtualität 81

Daniel Schilberg, Tobias Meisen, Rudolf Reinhard
Virtuelle Produktion – Die Virtual Production Intelligence im Einsatz 93

Marco Hemmerling
Die Erweiterung der Architektur 111

Torsten Kuhlen
Virtuelle Realität als Gegenstand und Werkzeug der Wissenschaft 133

Andreas Mühlberger
Virtuelle Realität in der Klinischen Emotions- und Psychotherapieforschung. 149

Udo Thiedeke
Weiße Elefanten für alle! Sinnhorizont und Normalitätserwartungen
bei interaktionsmedialer Kommunikation... 163

Henning Staar
„Auf jedem Schiff, ob's dampft, ob's segelt, gibt's (mindestens) einen, der
die Sache regelt" – Führung, Macht und Einfluss in virtuellen Netzwerken.... 173

*Lars Krecklau, Dominik Sibbing, Torsten Sattler, Ming Li,
Martin Habbecke, Leif Kobbelt*
Rekonstruktion urbaner Umgebungen und ihre Anwendungen...................... 199

Philipp Brauner, Christopher Rausch, Shirley Beul, Martina Ziefle
Alt Schlägt Jung – Bewegungsförderung für Ältere durch Serious Games...... 215

Rebekka S. Renner, Boris M. Velichkovsky, Ralph H. Stelzer, Jens R. Helmert
Virtuelle Psychophysik – Psychologische Untersuchungen zur räumlichen
Wahrnehmung in virtuellen Umgebungen... 241

Einführung in den Band

Sabina Jeschke, Leif Kobbelt, Alicia Dröge[*]

Umbrüche im Denken fordern veränderte Formen des Austausches. An der RWTH Aachen University wurde 2011 mit der „Exploring"-Reihe ein neues interdisziplinäres Konferenzformat entwickelt. Dessen Konzept folgt der Erkenntnis, dass innovative Entwicklungssprünge in der Regel nicht innerhalb einer Disziplin stattfinden, sondern vielmehr dadurch, dass Ideen aus anderen Disziplinen Einzug in die eigenen halten. Sie sind also dadurch gekennzeichnet, dass sie sich an den Grenzen der Disziplinen bewegen bzw. sich durch das Miteinanderwirken mehrerer Disziplinen ergeben.

Als Nachfolger der ersten Konferenz – der „Exploring Uncertainty" – fand im November 2012 die „Exploring Virtuality" in Aachen statt. Gastgeber und Veranstalter der interdisziplinären Fachkonferenz war(en) das Institutscluster IMA/ZLW & IfU, Prof. Dr. rer. nat. Sabina Jeschke, in Kooperation mit dem Lehrstuhl für Computergraphik und Multimedia, Prof. Dr. rer. nat. Leif Kobbelt, der RWTH Aachen University.

Einer der geistigen Väter des IMA/ZLW & IfU, der amerikanische Mathematiker und Kybernetiker Norbert Wiener, schreibt in seinem vielbeachteten Werk „CYBERNETICS or control and communication in the animal and the maschine" von 1948:

> „Es sind diese Grenzgebiete der Wissenschaft, die dem qualifizierten Forscher die reichsten Gelegenheiten bieten. Sie sind aber gleichzeitig die widerspenstigsten gegen die eingefahrenen Techniken der Breitenarbeit und Arbeitsteilung."

Er war sich also nicht nur der Chance, sondern auch der Schwierigkeit dieser Herausforderung, bewusst. Seine Erkenntnis hat an Aktualität keineswegs verloren – wenngleich in den vergangenen Jahren die Einsicht in die Notwendigkeit

---

[*] Prof. Dr. rer. nat. Sabina Jeschke | sabina.jeschke@ima-zlw-ifu.rwth-aachen.de
IMA/ZLW & IfU, RWTH Aachen University | Dennewartstr. 27 | 52068 Aachen

Prof. Dr. rer. nat. Leif Kobbelt | kobbelt@cs.rwth-aachen.de
Lehrstuhl für Informatik 8, RWTH Aachen University | Ahornstraße 55 | 52074 Aachen

Dr. Alicia Dröge | alicia.droege@ima-zlw-ifu.rwth-aachen.de
IMA/ZLW & IfU, RWTH Aachen University | Dennewartstr. 27 | 52068 Aachen

interdisziplinärer Forschung deutlich gestiegen ist. Die „Exploring"-Konferenzreihe ist Teil der Maßnahmen der RWTH Aachen University, um die disziplinäre Spitzenforschung in einen interdisziplinären Kontext zu stellen und sie dem multidisziplinären Diskurs auszusetzen.

Warum das Thema Virtualität? Die Wahl des Themas ergab sich aus seiner Aktualität und durch den persönlichen Bezug der beiden Ausrichter der Konferenz zum Thema.

Sabina Jeschke beschäftigt sich seit ihrer Zeit in Berlin mit virtuellen Experimenten verschiedener Bereiche, vor allem aber der Astrophysik und der Nanotechnologie, und setzt diese Arbeit in Aachen nun im Bereich der Produktionstechnik und der Mobilitätsforschung fort. In virtuellen Räumen können zum Beispiel Experimente durchgeführt werden, die aus ethischen, Kosten- bzw. Sicherheitsgründen nicht oder nur unter großem Risiko für den Menschen realisieren werden könnten (Nukleartechnik, Raumfahrt, atomare Strukturen, etc.). Zudem erlaubt Virtualisierung alternative Perspektiven auf die Gegenstände. Dadurch kann der „Experimentalraum", also der Raum zur Erkenntnisgewinnung über das Experiment, umfassend erweitert werden – völlig neue wissenschaftliche Erkenntnisse sind möglich.

Leif Kobbelt forscht in den Bereichen 3D Rekonstruktion (von kleineren Objekten bis hin zu ganzen Gebäude- und Stadtmodellen), effiziente Geometrieverarbeitung (3D Modell-Optimierung für Freiform-Design, Architektur und Simulation), realistische Echtzeit-Bilderzeugung und mobile Multimedia-Anwendungen. Neben den klassischen Anwendungsgebieten im industriellen CAD/CAM Umfeld interessiert ihn die Generierung von, und das Arbeiten in, virtuellen Welten, um das kreative Gestalten von 3D Modellen für jedermann zugänglich und entfernte (oder imaginäre) Orte digital erfahrbar zu machen.

Das Konzept und die Bedeutung von Virtualität gehen weit über die aktuell prominenten technischen Errungenschaften hinaus:

- In den Erziehungswissenschaften gewinnen virtuelle, multimediale Lehr- und Lernkonzepte umfassend an Bedeutung. Für die natur- und ingenieurwissenschaftlichen Disziplinen ist der fehlende Zugang zu umfassendem experimentellem Equipment von jeher ein zentrales Problem, dass sich praktisch an jeder Schule oder Universität stellt. Ein erweiterter Zugang zu experimentellem Equipment – nicht nur erweitert auf der reinen Ebene der Zugänglichkeit, sondern auch „methodisch", Experimente konstruierend – stellt eine außerordentliche Chance dar.
- Kommunikationswissenschaften stellen sich den umfassenden Fragen zur Entwicklung der digitalen Mediengesellschaft. Wodurch ist eine Persönlichkeit in einem virtuellen Raum charakterisiert, was bedeutet Individualität, zu welchen Konsequenzen führen multiple digitale Identitäten? Die Fra-

gen reichen von der „Virtualisierung von Persönlichkeit" mittels Avataren über „virtuelle soziale Netzwerke" hin zu „virtuellen Organisationen", die einen immer größeren Einfluss auf wirtschaftliche und gesellschaftliche Entwicklung ausüben, bis zu Modellen der Immersion in virtuellen Welten.
- In den Wirtschaftswissenschaften ist Virtualität insbesondere im Kontext mit verteilten und virtuellen Organisationen sowie neuen Konzepten des Wissensmanagements in Organisationen und Unternehmen ein zentrales Thema. Wichtige Fragen adressieren die Aufrechterhaltung von Stabilität in virtuellen Unternehmen in Kopplung mit deren Organisationskulturen.
- Der euklidische und Newton'sche Raumbegriff weicht zunehmend einer relationalen Raumvorstellung. In dieser werden Räume immer mehr als ein virtuelles Netzwerk von Kommunikation, abgekoppelt von geographischen Voraussetzungen, erfahren. Der Cyberspace, die Möglichkeit von Sozialität unter Abstraktion von körperlicher Realität, realisiert geradezu ein weiteres Moment gesellschaftlicher Abstraktion. Welche Potentiale dieser neuen Form von Sozialität zukommen, ist in vielen Details noch zu untersuchen.
- Diese und viele weitere Entwicklungen spiegeln sich in der Kunst, insbesondere in der Literaturwissenschaft. Der Bereich des Science Fiction und der utopischen Literatur sind davon geprägt. Hier verknüpften viele Autoren in den vergangenen Jahren den Begriff der Virtualität eng mit Konzepten von Cyberspace und mit künstlichem Leben, das seinerseits wiederum die Debatte um die künstliche Intelligenz befeuert.

Diese Liste des Einflusses der „Virtualisierung" auf unsere Wissens- bzw. IT- und Mediengesellschaft ließe sich lange fortsetzen. Viele der skizzierten Anwendungen mögen zunächst den Anschein erwecken als sei Virtualität vor allem ein Thema der letzten 20 Jahre. Das ist jedoch keineswegs so – viele Fachgebiete befassen sich schon seit Hunderten von Jahren mit Virtualität. Unter diesen nimmt insbesondere die Philosophie eine zentrale Rolle ein.

Im allgemeinen Sprachgebrauch wird der Begriff „Virtualität" gerne als Gegensatzbegriff zu „Realität" aufgefasst und verwendet. Der Begriff stammt jedoch von dem lateinischen Wort virtus = Tugend, Tüchtigkeit, Kraft, ... ab. Diese eigentlich sehr „gegenständlichen", kraftvollen Begriffe machen deutlich, dass Virtualität sehr wohl eine hohe „Realitätskomponente" zugeschrieben wird. Tatsächlich bewirkt eine virtuelle Konstruktion ihre eigene Realität, was in dem Begriff „Virtual Reality" sehr deutlich wird. Eine virtuelle Entität ist eine gedachte, „abstrakte" Konstruktion, die zwar nicht physisch vorliegt (man sie also nicht anfassen kann), aber doch in ihrer Funktionalität oder Wirkung vorhanden ist. In einem Raum der Virtual Reality, einer Cave etwa, können virtuelle Experimente durchgeführt werden, mit einem ganz realen wissenschaftlichen Erkenntnisgewinn.

Zudem spielt das Konzept der Virtualität für die Philosophie seit jeher eine zentrale, begriffsbildende Rolle. Nach Foucault etwa ist der Mensch grundsätzlich auf „Bilder" angewiesen, um zu erkennen, um physikalische Wirkungszusammenhänge zu verstehen, um Hypothesen über das Verhalten von Mitmenschen zu generieren. Das reicht hin bis zu Fragen seiner eigenen Existenz und der Stellung des Menschen im Kosmos. Diese Struktur – die abstrakte Bilderwelt, die Schaffung von Repräsentationssystemen – wird demnach zu einem zentralen Ursprung von Virtualität.

Damit ist auch der Konstruktivismus von der Analyse der Virtualität umfassend geprägt: Wenn der Physiker Werner Heisenberg formulierte *„Was wir beobachten, ist nicht die Natur selbst, sondern die Natur, wie wir sie betrachten."*, so meinte er damit, dass wir in unseren Bildern und Vorstellungen von der Realität – Virtualisierungen also – denken, um daraus Erkenntnisgewinn zu ziehen. Es gibt eine lange Tradition ähnlicher philosophischer Modelle, startend bei Platos Höhlengleichnis, über die großen Philosophen des Mittelalters, bis in die moderne und zeitgenössische Philosophie.

Im Rahmen der „Exploring Virtuality" wurde ein interdisziplinäres Vortragsprogramm zum Thema Virtualität zusammengestellt,

- um den Wandel von einem in der Vergangenheit eher abstrakt-philosophischen hin zu einem heute eher technologischen Zugang von Virtualität detailliert zu beleuchten,
- um übergreifend zu untersuchen, welche unterschiedlichen Konzeptualisierungen von Virtualität in den verschiedenen Fachdisziplinen vorliegen
- und um zu verstehen, wie virtuelle Welten unser Leben und unsere Gesellschaft in allen Bereichen, aus geistes-, sozial-, natur- und ingenieurwissenschaftlicher Perspektive, beeinflussen.

Der hier vorliegende Konferenzband enthält Beiträge fast aller Redner sowie die Beiträge der Gewinner des Posterwettbewerbes. Den Auftakt der Konferenz bildete Prof. Dr. phil. Stefan Rieger (Institut für Medienwissenschaft, Fakultät für Philologie, Ruhr-Universität Bochum), in welchem er den Begriff der Virtualität und seine geschichtliche Entwicklung diskutierte (S. 19 ff.).

Menschensteuerung – Zu einer Wissensgeschichte der Virtualität

Die Rede von der Virtualität geht in der Regel mit zwei Grundannahmen einher. Zum einen wird fast schon reflexhaft unterstellt, dass Virtualität etwas mit digitaler Rechentechnik zu tun haben müsste, die auf diese Weise zu ihrem technischen Ermöglichungsgrund erklärt wird. Damit ist zugleich ihre Verortung in der aktuellen Gegenwart festgelegt. Zum anderen wird, ebenfalls reflexhaft, davon ausgegangen, dass der Preis der Virtualität in der Preisgabe des Körpers zu veranlagen sei, dessen Substitution oder gar gänzlicher Ausfall im Geschäft der Virtualität ebenfalls als ausgemachte Sache gilt. Der Beitrag widmet sich einer kritischen Hinterfragung beider Grundannahmen. Dazu nimmt er bereits vergangene Verwendungsweisen der Virtualität in den Blick und zeichnet so dezidiert vortechnische Varianten des Virtuellen nach. Zum anderen versucht er in einer wissensgeschichtlichen Wendung zur Physiologie des Gleichgewichtssinns um 1900 ein psycho-physiologisches Setting zu rekonstruieren, in dem die Immersion als besondere Erfahrungsweise des Virtuellen Gegenstand von Nachstellungen war, in deren Zentrum der lebende Körper stand. Beide Dimensionen sind für das Verständnis einer Semantik des Virtuellen unverzichtbar.

Im Anschluss sprach Prof. Dr. phil. habil. Oliver Grau (Lehrstuhl für Bildwissenschaften, Donau-Universität), der Virtualität aus der Sicht der künstlerischen Interpretationen hinterfragte.

Der zweite Konferenztag begann mit Prof. Dr. rer. nat. Dr.-Ing. Thomas Lippert (Institute for Advanced Simulation und Jülich Supercomputing Centre des Forschungszentrum Jülich), der mit seinem Vortrag „Auf dem Weg zum Virtual Human Brain" das EU Flagship Forschungsprojekt „The Human Brain Projekt" vorstellte. Ziel es ist, das menschliche Gehirn mithilfe von Supercomputern zu simulieren. Prof. Dr. techn. Dieter Kranzlmüller (Institut für Informatik der Ludwig-Maximilians-Universität München) referierte danach zum Thema „Visualisierung in Netzen – Möglichkeiten und Probleme" und befasste sich dabei mit der technischen Realisation von virtuellen Computernetzwerken (S. 45 ff.).

Dienstgütemanagement für Netze in Virtualisierungsumgebungen

Virtualisierung in Rechenzentren ist die Nachbildung physischer Komponenten, um effizient aufgabenspezifisch angepasste Infrastrukturen bereitstellen zu können. Der technologische Kern sind sog. Virtualisierer, die virtuelle Komponenten erzeugen und verwalten. Dazu werden vorhandene physische Ressourcen geeignet organisiert, damit so erzeugte virtuelle Komponenten genauso genutzt werden können wie ihr physisches Vorbild.

Mit dieser Fähigkeit hat die Virtualisierung große Auswirkungen auf das Netz- und Systemmanagement in Rechenzentren. In diesem Beitrag wird zunächst auf die erhöhte Flexibilität durch Virtualisierung bei der Bereitstellung von Infrastrukturen eingegangen und die dadurch entstehenden Herausforderungen aufgezeigt.

Insbesondere im Bereich Dienstgütemanagement können virtualisierte Netze und Rechner heute nicht so präzise und effektiv gesteuert werden wie ihre physischen Vorbilder. Dieser Beitrag erarbeitet Anforderungen an ein

Management System, dass dieses Problem löst und zeigt den Entwicklungsstand einer Architektur für Dienstgütemanagement für Netze in Virtualisierungsumgebungen.

Prof. Dr. phil. Dr. habil. Klaus Müller (Seminar für Philosophische Grundfragen der Theologie, Westfälische Wilhelms-Universität Münster) näherte sich dem Tagungsthema von der theologischen Seite mit seinem Vortrag (S. 81 ff.):

Vom Tanz der Signifikanten – Die theologischen Wurzeln der Virtualität
Der medientheoretische Grundbegriff der Virtualität hat seine tiefsten Wurzeln in der christlichen Theologie, genauer: im regelgeleiteten Spiel der Bedeutungen, zu dem das immer neue verstehen Müssen der biblischen Texte in Gestalt der Allegorese provoziert. Auf dieser Basis kann eigentlich gar nicht mehr überraschen, dass Theoreme der Theologie zu Interpretationsrastern medialer Programme werden: der Sprachenwirrwarr beim Turmbau von Babel nicht anders als sein Gegenbild, das Pfingstereignis, da jeder den anderen in seiner Muttersprache versteht, also sich die Dimension einer universalen Kommunikation öffnet. Doch zugleich kippt diese Technotheologie um in eine digitale Spiritualität, die die menschliche Leiblichkeit wegen ihrer Anfälligkeit für Funktionsdefizite und speziell wegen der Sterblichkeit als zu überwindendes Hindernis in der Entwicklung der Menschheit denunziert und dadurch in heftigen Konflikt mit der Anthropologie der Weltreligionen Judentum, Buddhismus und Christentum gerät.

Prof. Dr.-Ing. Daniel Schilberg (IMA/ZLW & IfU, RWTH Aachen University) referierte über den Einsatz von virtueller Produktionstechnik und den Stand der Dinge auf dem Weg zur virtuellen Fabrik (S. 93 ff.).

Virtuelle Produktion – Die Virtual Production Intelligence im Einsatz
Die virtuelle Produktion soll einen Beitrag leisten, dass in Hochlohnländern produzierende Industrien weiterhin Konkurrenzfähig sind und sogar Ihren Entwicklungsvorsprung in Hochtechnologien halten und ausbauen können. Um die virtuelle Produktion in diesem Kontext effektiv einsetzen zu können, muss eine Basis geschaffen werden, die eine ganzheitliche, integrative Betrachtung der eingesetzten IT-Werkzeuge im Prozess ermöglicht. Ziel einer solchen Betrachtung soll die Steigerung von Produktqualität, Produktionseffizienz und -leistung sein. In diesem Beitrag wird ein integratives Konzept vorgestellt, das durch die Integration, die Analyse und die Visualisierung von Daten, die entlang simulierter Prozesse innerhalb der Produkti-

onstechnik erzeugt werden, einen Basisbaustein zur Erreichung des Ziels der virtuellen Produktion darstellt. Unter Berücksichtigung der Anwendungsdomäne Produktionstechnik und der eingesetzten kontextsensitiven Informationsanalyse mit der Aufgabe den Erkenntnisgewinn der untersuchten Prozesse zu erhöhen, wird dieses Konzept als Virtual Production Intelligence bezeichnet.

Prof. Dipl.-Ing. Marco Hemmerling MA (Lehrgebiet Computer Aided Design an der Hochschule Ostwestfalen-Lippe) sprach im Anschluss über den Einsatz digitaler Werkezeuge für die Arbeit von Architekten und Designer und die dadurch möglichen neuen Designs und veränderten Wahrnehmungen von Räumen (S. 111 ff.).

Die Erweiterung der Architektur

Die Digitalisierung unserer Lebenswelt schreitet mit Siebenmeilenstiefeln voran. Neue Technologien bewirken unabhängig von ihren Inhalten eine Veränderung der Wahrnehmung und des Denkens. Sie stellen neue Realitäten her. Die Vision vom Cyberspace als kybernetischer Datenraum, den der US-amerikanische Science Fiction Autor William Gibson in seinem Buch Neuromancer erstmals beschreibt, scheint heute greifbar zu sein. Die Grenzen der uns bekannten Physik werden gesprengt und wir stoßen auf das Versprechen Dinge zu tun, die sonst nur in unseren Träumen existieren. Doch trotz der rasanten Weiterentwicklung der Informationstechnologie, der verbesserten Rechnerleistungen und immer realistischeren grafischen Darstellungen: Wir kommen dem Cyberspace nicht wirklich näher. Vielmehr leben wir in einer hybriden Welt aus physischen und digitalen Wirklichkeiten, deren Grenzen zunehmend verschwimmen. Die Überlagerung realer und virtueller Räume führt dabei nicht nur zu einer veränderten Erscheinungsform der Räume und Dinge, sondern auch zu einer Erweiterung unserer Realitätswahrnehmung. [...] Der vorliegende Beitrag beschäftigt sich vor diesem Hintergrund mit der Einordnung der erweiterten Realität und dem sich daraus ergebenden Gestaltungspotenzial für die Entwicklung unserer räumlichen Umgebung.

Der Beitrag von Prof. Dr. rer. nat. Torsten Kuhlen (Virtual Reality Group, RWTH Aachen University) erweiterte das Portfolio der technischen Anwendungen um die Virtuelle Realität und deren Einsatz zu Forschungszwecken am Beispiel einer CAVE (S. 133 ff.).

Virtuelle Realität als Gegenstand und Werkzeug der Wissenschaft

Dieser Beitrag stellt die Disziplin der Virtuellen Realität (VR) als eine wichtige Ausprägung von Virtualität vor. Die VR wird als eine spezielle Form der Mensch-Computer-Schnittstelle verstanden, die mehrere menschliche Sinne in die Interaktion einbezieht und beim Benutzer die Illusion hervorruft, eine computergenerierte künstliche Welt als real wahrzunehmen. Der Beitrag zeigt auf, dass umfangreiche Methodenforschung über mehrere Disziplinen hinweg notwendig ist um dieses ultimative Ziel zu erreichen oder ihm zumindest näher zu kommen. Schließlich werden drei unterschiedliche Anwendungen vorgestellt welche demonstrieren, auf welch vielfältige Art und Weise die VR als Werkzeug in den Wissenschaften eingesetzt werden kann.

Der Tag endete mit einem Vortrag von Dr. med. Axel Stadie (Neurochirurgische Klinik der Medizinischen Fakultät Mannheim der Ruprecht-Karls-Universität Heidelberg), der in seinem Beitrag „Virtuelle Realität in der Planung und Durchführung minimalinvasiver neurochirurgischer Eingriffe" zeigte, dass medizinische Eingriffe mithilfe digitaler Werkzeuge nun viel genauer im Voraus geplant werden können, was gerade für Neurochirurgen, die im Millimeterbereich arbeiten, einen großen Vorteil mit sich bringt.

Der dritte und letzte Konferenztag begann mit Prof. Dr.-Ing. Martin Eigner (Lehrstuhl für Virtuelle Produktentwicklung (VPE), Technische Universität Kaiserslautern) und seinem Vortrag „Interdisziplinäre virtuelle Produktentwicklung unter Berücksichtigung von Human Factors". Er zeigte am Beispiel der Produktentwicklung auf, wie das Arbeitsfeld des „klassischen" Ingenieurs sich aktuell verändert.

Als Social Media Experte referierte Ibrahim Evsan (3rd place GmbH) in seinem äußerst lebendigen Vortrag „Social Media – die digitale Gesellschaft" über die Veränderung der Gesellschaft durch die digitalen Medien und deren Auswirkungen, Risiken und Potentiale.

Der Beitrag von Prof. Dr. rer.soc. Andreas Mühlberger (Lehrstuhl für Klinische Psychologie und Psychotherapie, Universität Regensburg) befasste sich mit dem Einsatz Virtueller Realität in der Behandlung von Phobie-Patienten (S. 149 ff.).

Virtuelle Realität in der Klinischen Emotions- und Psychotherapieforschung

Virtualität ist für die verschiedensten Disziplinen der Wissenschaft relevant. Ich bin überzeugt, dass Virtualität aber auch die Zukunft unseres Lebens immer stärker prägen und auch neue psychologische und philosophische Fragestellungen aufwerfen wird. Dafür werden wir Antworten finden müssen, was, wenn überhaupt, nur im interdisziplinären Diskurs erreicht werden kann. Für diese interdisziplinäre Diskussion ist es unerlässlich, jeder Auseinandersetzung mit der Thematik eine Definition oder zumindest eine Eingrenzung der Begriffe voranzustellen. Für den aktuellen Beitrag soll der Begriff Virtualität aus einer psychologischen Perspektive betrachtet werden. Wichtig ist hierbei, dass die Virtualität in diesem Beitrag aus einer eingeschränkten Sicht behandelt wird. So spare ich den großen Themenbereich des Internets und der Sozialen Netzwerke aus, gestehe aber zugleich ein, dass ich damit wesentliche psychologische Aspekte der Virtualität ausschließe. In der Psychologie wären also jenseits der hier behandelten Aspekte noch unzählige andere Perspektiven auf die Thematik möglich. Meine Expertise liegt aber bei der Frage, inwieweit Virtualität in der Form von computersimulierten, virtuellen Welten Emotionen, insbesondere Angst auslösen kann. Darauf aufbauend wird die Frage betrachtet, wie die Möglichkeiten der Emotionsauslösung in virtueller Realität (VR) für die klinisch-psychologische Grundlagenforschung sowie die Psychotherapie von Angststörungen genutzt werden können. Virtualität wird also für diesen Beitrag auf Emotionen in virtueller Realität reduziert.

Prof. Dr. phil. habil. Udo Thiedeke (Johannes Gutenberg-Universität Mainz, Institut für Soziologie) diskutierte die Auswirkungen der digitalen Medien auf die Erwartungshaltung und das soziale Gefüge des Menschen (S. 163 ff.).

Weiße Elefanten für alle!
Sinnhorizont und Normalitätserwartungen bei interaktionsmedialer
Kommunikation

Für die Soziologie sind Virtualisierung und Virtualität Probleme des Umgangs mit den aktuell nicht realisierten Möglichkeiten der Sinnauswahl. Bei der Kommunikation durch neue Medien wie Computer und Computernetze wird deutlich, dass Virtualisierung und Virtualität kein neues Phänomen sind, aber durch die neue mediale Kommunikation so veralltäglicht werden, dass sich die bisherigen fiktionalen Möglichkeiten in faktische Möglichkeiten wandeln. Im Zuge dieser Vermöglichung der Wirklichkeit ändern sich die Normalitätserwartungen in der sachlichen, sozialen, zeitlichen und räumlichen Sinndimension. Zunehmend erwarten wir die Entgrenzung bislang begrenzter Wirklichkeitsbedingungen und sehen uns so nicht nur mit Designfragen möglicher Wirklichkeiten konfrontiert, wir halten es vielmehr für normal, unwahrscheinliche Wahrscheinlichkeiten zu kommunizieren. Wir alle reiten weiße Elefanten!

Prof. Dr. phil. Karsten D. Wolf (Fachbereich Erziehungs- und Bildungswissenschaften an der Universität Bremen) betrachtete das Tagungsthema aus pädagogischer Sicht und stellte in seinem Vortrag „Virtualisierung von Bildungsprozessen" neue Lehrkonzepte für den Einsatz von digitalen Medien vor.
Eine gänzlich andere Perspektive auf Virtualität brachte Prof. Dr.-Ing. Antonio Krüger (Lehrstuhl für Informatik an der Universität des Saarlandes und Deutsches Forschungszentrum für Künstliche Intelligenz GmbH (DFKI)), der in seinem Vortrag „Das Dual-Reality Paradigma zur Steuerung instrumentierter Umgebungen" Verbindungen zwischen virtuellen Umgebungen und künstlicher Intelligenz zog.
Die Vielfalt von Perspektiven auf die Virtualität wurde durch Prof. Dr. phil. Henning Staar (BiTS, Business and Information Technology School, Iserlohn) abgerundet, der über das mikropolitische Gefüge in virtuellen Arbeitsnetzwerken referierte (S. 173 ff.).

„Auf jedem Schiff, ob's dampft, ob's segelt, gibt's (mindestens) einen, der die Sache regelt" – Führung, Macht und Einfluss in virtuellen Netzwerken

Aufgrund der stetig zunehmenden Relevanz virtueller Kooperationen in der beruflichen Praxis werden Fragen nach Möglichkeiten der personalen Steuerung und Führung in dieser neuen Organisationsform durch die beteiligten Akteure bedeutsam. Hier ist aus arbeits- und organisationspsychologischer Perspektive zu klären, wie in oft räumlich und zeitlich getrennten, über verschiedene Informations- und Kommunikationstechnologien vermittelten und in überwiegend heterarchisch organisierten Formen der Zusammenarbeit Entscheidungen getroffen, Ziele realisiert und Anliegen der einzelnen Partner durchgesetzt werden. Im Rahmen des vorliegenden Beitrags wird Mikropolitik als organisationstheoretisches Führungskonzept auf den Kontext zwischenbetrieblicher, virtueller Netzwerke übertragen (vgl. zusammenfassend Winkler, 2004, 2007). Auf dieser theoretischen Grundlage wurde ein Inventar zur Erfassung mikropolitischer Taktiken in virtuellen Netzwerken entwickelt und in mehreren empirischen Studien eingesetzt. Ausgewählte Ergebnisse aus verschiedenen Studien werden präsentiert, die zum Verständnis von mikropolitischem Verhalten als Möglichkeit personaler Führung in virtuellen Netzwerken beitragen können.

Ein genuiner Bestandteil des „Exploring"-Tagungsformats ist die Nachwuchsforschung. Mit der Tagung wurden Preise für Poster ausgelobt, die thematisch einschlägige Promotionsarbeiten vorstellen. Den ersten Platz belegten Lars Krecklau und Dominik Sibbing (Computer Graphics and Multimedia, RWTH Aachen University) und ihr Team mit ihren Forschungsarbeiten zur „City Virtualization" (S. 199 ff.).

Rekonstruktion urbaner Umgebungen und ihre Anwendungen

Virtuelle Stadtmodelle erhalten in zunehmendem Maße eine bedeutende Rolle für diverse praktische Anwendungen wie beispielsweise virtuelle Stadtführungen, geographische Informationssysteme, Planung und Optimierung öffentlicher drahtloser Netzwerke bis hin zur Simulation und Analyse von komplexen Verkehrsabläufen. Die Erzeugung virtueller Stadtmodelle in hinreichender Qualität in Bezug auf die verschiedenen Zielapplikationen ist bis heute eine extreme Herausforderung und stellt zumeist eine zeitaufwendige (oft manuelle) Aufgabe dar. Dieser Artikel befasst sich mit der Digitalisierung (Rekonstruktion), der Verarbeitung (Aufbereitung und Anonymisierung) und der Visualisierung der anfallenden großen Datenmengen von urbanen Umgebungen, um die ganzheitliche Prozesskette zu verdeutlichen. Des Weiteren werden eine Reihe von praktischen Anwendungsbeispielen vorgestellt, in denen diese Stadtmodelle Verwendung finden.

Der zweite Preis ging an Dipl.-Inform. Philipp Brauner (Human-Computer-Interaction Center, RWTH Aachen University), der zum Thema „Serious Games als geeigneter Ansatz zur Bewegungsförderung für Ältere" forscht (S. 215 ff.).

Alt schlägt Jung – Bewegungsförderung für Ältere durch Serious Games

Der demographische Wandel stellt unsere Sozialsysteme vor die Herausforderung, mehr Ältere für längere Zeit adäquat zu versorgen. Ein Ansatz zur Senkung der durch Muskel-Skelett-Erkrankungen verursachten Kosten ist die computergestützte Bewegungsförderung und Rehabilitation. Um bei diesen computergestützten Verfahren die Komplianz sicher zu stellen, müssen diese nachhaltig motivierend gestaltet sein, was sich durch die Integration können diese in Spielszenarien integriert werden. Wir haben in einem nutzerzentrierten, partizipativen Entwicklungsprozess ein Spiel zur Bewegungsförderung in einem virtuellen Obstgarten realisiert und den Einfluss von Nutzerfaktoren auf die Akzeptanz in einem Nutzertest mit unterschiedlichen Altersgruppen getestet. Das Spiel wurde generell sehr gut bewertet und es zeigt sich, dass gerade Ältere das Spiel gerne zur Bewegungsförderung nutzen würden. Durch die Interaktion mit dem Spiel verbesserten sich die subjektiven Schmerzwerte aller Teilnehmer der Studie, besonders deutlich ist dieser Effekt aber gerade bei den Älteren.

Den dritten Platz teilten sich Dipl.-Inform. Daniel Ewert (IMA/ZLW & IfU, RWTH Aachen University) mit seinem Poster zum Thema „Intensivierung des Lernerlebnisses durch Integration des „Virtual Theatre" in die Ingenieursausbildung" und Dipl.-Psych. Rebekka S. Renner (Professur Ingenieurpsychologie und angewandte Kognitionsforschung, Institut für Psychologie III, Technische Universität Dresden), die ein Poster zum Thema „Virtuelle Psychophysik. Psychologische Untersuchungen zur räumlichen Wahrnehmung in virtuellen Umgebungen" präsentierte (S. 241 ff.).

Virtuelle Psychophysik. Psychologische Untersuchungen zur räumlichen Wahrnehmung in virtuellen Umgebungen

Die klassische Psychophysik beschreibt Zusammenhänge zwischen physikalischen Reizen und menschlicher Wahrnehmung. Die zunehmende Verbreitung und Nutzungsvielfalt von virtuellen Umgebungen macht eine virtuelle Psychophysik notwendig. Diese untersucht die menschliche Wahrnehmung in virtuellen Umgebungen und liefert Parameter für eine möglichst realitätsnahe Visualisierung. Hier wird am Beispiel räumlicher Wahrnehmung dargestellt, dass es in virtuellen Umgebungen zu Fehlwahrnehmungen kommen kann, welche Faktoren diese beeinflussen und welche Untersuchungsmethoden hierfür zur Verfügung stehen. Ergebnisse einer aktuellen psychophysischen Studie werden berichtet. Diese bestätigen den Einfluss der Komplexität der virtuellen Umgebung auf die räumliche Wahrnehmung, speziell den Nutzen einer regelmäßigen Bodentextur und des Tiefenreizes Höhe, im visuellen Feld. Für eine Manipulation der Stereobasis konnte kein Einfluss gezeigt werden.

Wir möchten an dieser Stelle sehr herzlich dem Forum Informatik für die finanzielle Unterstützung der Tagung danken. Unser Dank gilt unserem Rektor Prof. Ernst Schmachtenberg, der interdisziplinäre Forschungsformate stets unterstützt und als Gastredner die Tagung eröffnete. Den Rednern, die mit ihren inspirierenden Beiträgen die Tagung zu einem außergewöhnlichen Ereignis machten, sind wir zu außerordentlicher Dankbarkeit verpflichtet. Und abschließend möchten wir uns bei unseren Mitarbeiterinnen und Mitarbeitern bedanken, die mit ihrem unermüdlichen Einsatz für einen reibungslosen Ablauf und eine angenehme Atmosphäre sorgten, an die wir uns noch lange – und gerne! – erinnern werden.

September 2013   Sabina Jeschke   Leif Kobbelt   Alicia Dröge

Menschensteuerung
Zu einer Wissensgeschichte der Virtualität

Stefan Rieger [*]

Abstract

Die Rede von der Virtualität geht in der Regel mit zwei Grundannahmen einher. Zum einen wird fast schon reflexhaft unterstellt, dass Virtualität etwas mit digitaler Rechentechnik zu tun haben müsste, die auf diese Weise zu ihrem technischen Ermöglichungsgrund erklärt wird. Damit ist zugleich ihre Verortung in der aktuellen Gegenwart festgelegt. Zum anderen wird, ebenfalls reflexhaft, davon ausgegangen, dass der Preis der Virtualität in der Preisgabe des Körpers zu veranlagen sei, dessen Substitution oder gar gänzlicher Ausfall im Geschäft der Virtualität ebenfalls als ausgemachte Sache gilt. Der Beitrag widmet sich einer kritischen Hinterfragung beider Grundannahmen. Dazu nimmt er bereits vergangene Verwendungsweisen der Virtualität in den Blick und zeichnet so dezidert vortechnische Varianten des Virtuellen nach. Zum anderen versucht er in einer wissensgeschichtlichen Wendung zur Physiologie des Gleichgewichtssinns um 1900 ein psycho-physiologisches Setting nachzuzeichnen, in dem die Immersion als besondere Erfahrungsweise des Virtuellen Gegenstand von Nachstellungen war, in deren Zentrum der lebende Körper stand. Beide Dimensionen sind für das Verständnis einer Semantik des Virtuellen unverzichtbar.

---

[*] Prof. Dr. phil. Stefan Rieger | stefan.rieger@rub.de
Institut für Medienwissenschaft | Fakultät für Philologie | Ruhr-Universität Bochum | Universitätsstr. 150 | 44780 Bochum

„The first step is to audit the virtual prototype for naturalness. The more faithful the representation and interaction in the VE are to the real world, the more accurate requirements capture is likely to be. User interface design features intended to improve usability may result in a less than fully natural representation. [...]

The Naturalness can also be audited by assessing presence, or the sense of "being there" in a VE. Presence is important because the more engaged the user is and the less aware of the illusion of VR, the closer the approximation between interaction in the virtual and real worlds. Presence is usually measured by questionnaire checklists that capture users' ratings of their experience in using a VE."[1]

1 Rahmung

Eine Exploration der Virtualität, wie sie den Titel dieser Tagung bildet, wird nicht umhin können, zunächst einmal bei der Vielfalt oder gar der Beliebigkeit möglicher Verwendungsweisen dieses Begriffes anzusetzen. Die Rede von der Virtualität deckt inzwischen ein derart breites Spektrum ab, dass sie Gefahr läuft, jegliche terminologische Trennschärfe zu verlieren. Auch und gerade von Seiten der Medienwissenschaft wird sie als *Terminus technicus* in zum Teil doch sehr spezifischen Verhandlungen rekonstruiert – begriffsgeschichtlich, wirkungsgeschichtlich, technikgeschichtlich, philosophisch und natürlich auch theoretisch.[2] Von der Position einer kulturwissenschaftlich argumentierenden und wissenschaftsgeschichtlich interessierten Medienwissenschaft lässt sich allerdings zeigen, dass hinter all den scheinbaren Beliebigkeiten sowohl der bloßen Verwendung in jedweden Alltagskontexten als auch der Rekonstruktion seitens der Wissenschaft die Wirkmacht einer historischen Semantik steht. Diese ist oft ungebrochen, sie verschafft sich ihre Geltung unterschwellig und gelegentlich so kaschiert, dass erst Rekonstruktionen und damit eine Arbeit an ihr zeigen können, wo und wann diese Semantik noch am Werk ist und welchen Konzepten sie sich verdankt.

Es sind derzeit vorrangig *zwei* Denkfiguren, die sich bei der Rede um die Virtualität hartnäckig halten und die hier einmal probeweise anders befragt werden sollen: *Zum einen* wird wie selbstverständlich davon ausgegangen, dass Virtualität zwangsläufig etwas mit moderner Digitaltechnik zu tun hat. *Zum anderen* hält sich ebenso selbstverständlich die Auffassung, Virtualität ginge

---

1 Sutcliffe, A. et al. (2005), 98f.
2 Vgl. dazu Rieger, S. (2003).

ebenso zwangsläufig mit einer zunehmenden Verleugnung des Körpers einher. Ein Blick in frühe Verwendungsweisen fördert allerdings nicht nur eine vortechnische Variante von Virtualität zu Tage, sondern steht zudem auch dem ‚kritischen Argument' eines Verlusts oder dem Befund vom zunehmenden Schwinden des Körpers entgegen. In einer dezidiert wissensgeschichtlichen Wendung wird man daher zeigen können, dass der Körper bei all den Umtriebigkeiten des Virtuellen keineswegs außen vor blieb. Vielmehr war er immer schon mit von der Partie und zwar weniger als ideologisches Versatzstück im Rahmen einer Rhetorik von Verlust und Gewinn, sondern als ein spezifisches Problem des Wissens. Betroffen davon ist neben philosophisch angelegten Schauplätzen der Vorzeitigkeit vor allem die Physiologie als Wissenschaft vom bewegten Körper.

2 Virtualität *avant la lettre*

Einer der Hauptprotagonisten vordigitaler Virtualität und selbst eine schillernde Figur in der Theorielandschaft der Moderne ist der ungarische Mathematiker und Physiker, Literatur- und Erkenntnistheoretiker Melchior Palágyi (1858-1924). Seine Theorie der Virtualität wird bei Arnold Gehlen, Helmuth Plessner und Max Scheler rezipiert. Sie dient damit zu Beginn des 20. Jahrhunderts der Führungsspitze der philosophischen Anthropologie als Bezugspunkt. Palágyi behauptet und darauf nimmt seine Theorie Bezug, dass in der Bewegung und ihrer Wiedergabe im Bewegungsbild auf der Grundlage eines Vermögens mit dem Titel *vitale Phantasie* nicht weniger als die Bestimmung des Menschen überhaupt zu sehen sei. Durch die, so heißt es wörtlich, virtuellen Körperbilder, wird jedweder Weltbezug vorbereitet und allererst ermöglicht. Nicht gelegentlich und kasuistisch, sondern konstitutiv und unablässig ist der Mensch durch die virtuelle Struktur seiner vitalen Phantasie gekennzeichnet, wird durch diese regelrecht prozessiert – in der Totalität sämtlicher Lebensbezüge und nicht nur in den Höhen künstlerischer Phantasieproduktion. Man ahnt an dieser Stelle schon die protokybernetischen Aspekte der ‚vitalen Phantasie'. Im Zuge dieser Universalisierung ist es gleichgültig, ob Menschen nach Stiften oder nach Sternen greifen, ob sie Pläne schmieden oder ganz einfach nur wahrnehmen, ob sie sich etwas vorstellen, veranschaulichen oder im Bild plausibilisieren. Die Vollzugsweise menschlichen (und zum Teil auch des tierischen) Seins ist der Entwurf, das Virtuelle wird zur Modalität und die Phantasie zur alles steuernden Instanz.

Bevor Ludwig Klages, der Herausgeber der Werke Palágyis, zur Virtualität als Fluchtpunkt von dessen Theoriegebäude kommt, muss er noch ein anderes Theoriesegment vorschalten. Es ist seine Auffassung von den so genannten *Bewußtseinsimpulsen*. Palágyi führt eine entsprechende *Pulsfrequenz* ein, die, wie etwa im Wachen und im Schlafen offensichtlich, periodischen Veränderungen unterliegt und die Fragen nach ihrer Abzählbarkeit und damit nach der Körnung von Wahrnehmung überhaupt aufwirft: „Es meldet sich das fundamentale Problem der Zählbarkeit der geistigen Akte, und mit ihm leuchten Fragen nach Art der folgenden auf: wie viele Akte mindestens pro Sekunde im Wachzustande stattfinden müssen, wie viele höchstens in eine Sekunde sich drängen lassen; in welchem Grade der Bewußtseinsimpuls im Einzelleben Schwankungen unterliegt, insbesondere beim Wechsel der Lebensalter."[3] In ihrer Verabsolutierung erklärt Palágyi diese Zeitlichkeit zum genuinen Beschäftigungsfeld aller Psychologie: „Die Untersuchung der geistigen Pulse bildet die eigentliche Aufgabe der wissenschaftlichen Psychologie. Sie ist eine Pulslehre des menschlichen Bewußtseins."[4] Welche Konsequenzen sich aus einer solcher Pulslehre ergeben, macht ein Beispiel deutlich, auf das Palágyi selbst verweist – nämlich auf Karl Ernst von Baer, einen russischen Arzt und Biologe (1792-1876), und einen Text mit dem Titel *Die Abhängigkeit unseres Weltbilds von der Länge des Moments.*[5]

> „In seinen 'Vorlesungen' erinnert Palágyi an eine 1860 gehaltene Rede des berühmten Biologen Karl Ernst von Baer über das Thema 'Welche Auffassung der lebendigen Natur ist die richtige?', worin unter Zugrundelegung häufigkeitsverschiedener 'Lebensmomente' weittragende Betrachtungen über die Unterschiede des Weltbewußtseins von 'Minutenmenschen', 'Monatemenschen' usw. angestellt werden. Gleichartige Überlegungen, wie wir hinzufügen möchten, finden sich – teilweise unter Anlehnung an Baer – bei Sigwart in seiner heute noch lesenswerten Abhandlung 'Über die Natur unseres Bewußtseins von räumlichen und zeitlichen Größen'. Ohne freilich den punktuellen Charakter des Aktes erkannt zu haben, erörtert er in ebenso unterhaltender wie lehrreicher Art, welche Wandlungen das Weltbild bei plötzlicher Veränderung des Unterscheidungsvermögens für kleine Zeitdifferenzen erführe."[6]

Erhöht man die Frequenz auf das Zehnfache ihres normalen Wertes, „so würde der Eindruck der Geschwindigkeit der Bewegungen um ebensoviel vermindert; mit unerträglicher Langsamkeit würden die lebenden Wesen sich bewegen, vieles, was wir jetzt in Bewegung sehen, würde stillzustehen scheinen wie der Stundenzeiger einer Uhr, weil wir in einer langen Reihe von Zeitmomenten keinen merklichen Fortschritt beobachten könnten".[7] Die Konsequenzen einer solchen Frequenzmanipulation eröffnen den Zugang zu alternativen und nachgerade phantastischen Wahrnehmungswelten. Diese buchstabieren aus, was die kine-

---

3 Klages, L. (1924), X.
4 Palágyi, M. (1924). Zur Modellierbarkeit dieses Pulses durch die kinematographischen Möglichkeiten der Zeitraffung und -dehnung vgl. Rieger, S. (2009).
5 Vgl. von Baer, K. E. (1962). Zu Baer vgl. auch Heidegger, M. (1984), 58.
6 Klages, Einführendes Vorwort zu Melchior Palágyi, Wahrnehmungslehre, a.a.O., XI.
7 Ebd., XII.

matographische Technik später realisieren wird – Effekte der Zeitmanipulation, also ihre Dehnung und Raffung.[8] Der Körnung, also der Pulsfrequenz geschuldet, werden nicht nur Sekunden-, Minuten- oder Stundenmenschen mitsamt ihrer jeweiligen Wahrnehmungswelt denkbar. Auch andere Lebewesen geraten so in den Blick. Während die Frequenz des Menschen bei circa 18 Hertz liegt – jener Moment, ab dem Einzelbilder als Bewegungsbild erscheinen und so die wahrnehmungsphysiologische Grundlage der Kinematographie bilden, liegen etwa bei der Schnecke die Zahlenwerte anders, nämlich bei 3 Hertz. Gegenüber dem Menschen ist der Schneckenmoment also deutlich verlangsamt. Aber auch der Mensch ist wiederum nicht das Maß aller Dinge, wie Untersuchungen an schnellsehenden Kampffischen gezeigt haben, deren Moment bei einer Frequenz von über 30 liegt.

Tabelle 5. Durchschnittswerte der Verschmelzungsgrenzen von optischen Reizen bei Kampffisch und Mensch, bei verschiedenen Schlitzgrößen im Vergleich miteinander.

Schlitzgröße, Winkel		5^0	10^0	15^0	30^0	45^0	60^0
Scheibe							
Kampffisch	Anzahl der Versuche	16	25	60	58	50	33
	Durchschnitt der Messungen. . .	436	430	429	428	451	442
	Moment berechnet	$\frac{1}{29}$ Sek.	$\frac{1}{28,6}$ Sek.	$\frac{1}{28,6}$ Sek.	$\frac{1}{28,6}$ Sek.	$\frac{1}{30}$ Sek.	$\frac{1}{29,4}$ Sek.
Mensch	Anzahl der Versuche	8	5	4	8	3	5
	Durchschnitt der Messungen. . .	272	257	274	260	259	269
	Moment, berechnet	$\frac{1}{18,1}$ Sek.	$\frac{1}{17,1}$ Sek.	$\frac{1}{18,2}$ Sek.	$\frac{1}{17,3}$ Sek.	$\frac{1}{17,2}$ Sek.	$\frac{1}{17,6}$ Sek.

Abbildung 1: Die Entstehung und biologische Bedeutung der subjektiven Zeiteinheit

Quelle: Gerhard A. Brecher, *Die Entstehung und biologische Bedeutung der subjektiven Zeiteinheit – des Moments. (Aus dem Institut für Umweltforschung)*, Kiel 1932, Tabelle 5.

Damit ist ein spezifisches Problem der Virtualität implizit vorweggenommen, das später unter dem Stichwort der ‚Immersion' neu gestellt werden sollte: Um die *virtual realiy* als Realität wahrzunehmen, bedarf es eines Wissens um die

---

8   Ebd.

Passgenauigkeit solcher Körnungen – und ihrer technischen Umsetzung. Die Rede vom Eintauchen wird nicht nur umgangssprachlich, metaphorisch oder uneigentlich gebraucht, sondern als Immersion, um den Terminus Technicus des Konferenzvortrags von Oliver Grau schon hier aufzugreifen, ist sie Teil naturwissenschaftlich ausgewiesener Bemühungen, die eine solche Umsetzung leisten.[9] Ohne deren Kenntnis bliebe ein Verständnis der Semantik und damit Anschlüsse an heutige Verwendungen etwa für die Bewerbung von Techniken zum Schwimm- oder Spracherwerb unter dem Label *Total immersion* nur unvollständig.

Als die zweite tragende Säule im Gedankengebäude des ungarischen Metageometers weist Klages *explizit* die Virtualität und die sie ermöglichende Phantasie aus: „Bildet Palágyis Entdeckung der Punktualität des geistigen Aktes und eine dadurch erst möglich gewordene Allgemeinkennzeichnung des Lebensvorganges den einen Eckpfeiler seiner Wahrnehmungslehre, so bildet den anderen seine gleichermaßen bahnbrechende Findung der 'virtuellen' oder 'eingebildeten' Bewegung'."[10] Auch hier redet Palágyi einem gewichtigen Fundamentalismus das Wort. Ohne die *theoretische Phantasie* gäbe es für ihn weder Geistes- noch Naturwissenschaften, weder Geist noch Natur, ohne sie gäbe es überhaupt keinen Weltbezug. Arnold Gehlen macht diesen Befund für sein Hauptwerk *Der Mensch. Seine Natur und seine Stellung in der Welt* aus dem Jahr 1940 geltend. Damit wird das virtuelle Bewegungsbild aus den fachwissenschaftlichen Kasuistiken gelöst und die virtuelle Bewegung endlich auch philosophisch satisfaktionsfähig, nicht zuletzt, um den Menschen in den Aspekten seiner Steuerung beschreiben zu können: „Die Entdeckung der virtuellen Bewegung oder einer besonderen Klasse motorischer Phantasmen durch Palágyi ist von großer theoretischer Bedeutung."[11] Diese Einschätzung Gehlens führt zu einer Biologisierung des Bildes und einer Biologisierung der Phantasie – mit dem Ergebnis, dass die Phantasie neben allen ästhetischen Sonderleistungen, die sie zu erbringen vermag und gegen die Gehlen sie auch explizit abzugrenzen weiß, „doch zuerst ein sehr reelles und vitales Geschehen ist."[12] Es ist eine der eigentümlichen Pointen dieser und ähnlicher Ansätze, dass sie eine Theorie des Menschen unter den Begriff der Virtualität stellen und sie damit eine Verwendungsweise vorschlagen, die den aktuellen Kampfbegriff für Lebensferne, für ein Übermaß an Mediatisierung, für Entfremdung von der Natur, ausgerechnet an das Leben selbst, an seine Vitalität und an seine Realität zurückbindet. Bei diesem Befund steht jedoch nicht die besserwisserische Rückdatierung der Verwendungsweise einer ganz bestimmten Semantik im Vordergrund. Vielmehr geht es darum, alternati-

---

9 Vgl. etwa Grau, O. (2003).
10 Klages, Einführendes Vorwort zu Melchior Palágyi, Wahrnehmungslehre, a.a.O., XVII.
11 Gehlen, A. (1997), 185.
12 Ebd.

ve, vielleicht sogar zur eingespielten Verwendung gegenläufige Varianten in ihr Recht zu setzen.

Beteiligt an der Konturierung dieses vordigitalen, aber gleichwohl virtuellen Steuerungskonzeptes für Menschen ist ein Verbundsystem aus verschiedenen Wissenschaften und Disziplinen, die von der Philosophie bis zur Bewegungsphysiologie reichen. Was sie als gemeinsames Moment verbindet, ist, was man den Entwurfscharakter des menschlichen Seins nennen könnte, also die Behauptung, Menschen seien im Zeichen dieser Auffassung von Virtualität nie nur ganz bei sich, festgelegt auf die Aktualität eines Moments, sondern immer schon im selben Moment auch in die Zukunft verschoben. Dieses Sich-vorweg-Sein (Prolepsis), das diese Form der Virtualität ausmacht, verlagert den Fokus von der Aktualität der Gegenwart in die Potentionalität der Zukunft. Der Entwurfscharakter des Menschen, diese spezifische Thematisierung von Zeitlichkeit, braucht, um für die Anthropologie des beginnenden 20sten Jahrhunderts denkbar zu sein, systemnotwendig Medien des Entwurfes, also innere Bilder, die das Lebewesen im jeweiligen Vollzug steuern. Terminologisch treten diese häufig als *Phantome* in Erscheinung – und damit in der semantischen Nähe zur Verwendungsweisen des Gespenstischen, Schattenhaften mit dem eine wie immer geartete Entfernung vom ‚wirklichen' Leben beschrieben wird, für das sie nichtsdestoweniger den Ermöglichungsgrund bilden.[13]

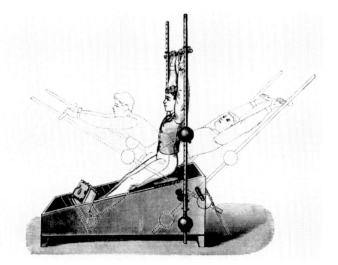

Abbildung 2: Gymnastikphantome

Quelle: Nach Hermann Krukenberg, *Lehrbuch der mechanischen Heilmethoden*, Stuttgart 1896

---

13 Zu einer medienkritischen Verwendung vor dem Computer vgl. Anders, G. (1990).

Externalisiert, weil angezeichnet etwa in Form gestrichelter Linien, sind sie in der Lage, einen Bewegungsverlauf vor Augen zu stellen. Als Gymnastikphantome etwa führen sie eine Schattenexistenz, die vom Leben aber nur schwer zu lösen ist.

Die bloße Bewegung, die eine Hand ausführt, um etwa einen Stift zu ergreifen, ist nach dem Konzept dieser Theorieschule ebenso einem inneren Bewegungsbild, einem Bewegungsplan, einem Bewegungsschema, kurz einem im weitesten Sinne virtuellen Konstrukt geschuldet und von diesem gesteuert wie die komplexe Choreographie von Bewegungsabläufen bei der Arbeit oder im Sport, im Kampf oder im Spiel.[14]

Fig. 5. Haltungsstudien in Schattenphotographie (nach *Amar*).

Abbildung 3: Phantome der Ökonomie
Quelle: Nach Frank B. Gilbreth, *Motion Study for the Handicapped*, London 1920, 12-13.

Bereits an diesen wenigen Beispielen für mögliche Einsatzorte wird schnell der universale Anspruch einer solchen Theoriebildung klar. Das Leben selbst ist in

---

14 Für die ästhetische Ausgestaltung dieses Befundes vgl. Plügge, H. (1963).

all seinen unterschiedlichen Aspekten, so legen sie nahe, auf Medien des Entwurfs gegründet.[15] Oder in der gewichtigen Diktion Palágyis:

> „Mit andren Worten, es gibt ohne Phantasie gar keine Erkenntnis: weder eine mathematisch-naturwissenschaftliche noch auch eine solche, die in das Gebiet der Logik, der Ethik oder der sogenannten Geisteswissenschaften gehört. Ja, es gibt ohne Phantasie – und dies soll besonders betont werden –, auch keine Kenntnisnahme von dem, was uns in Wirklichkeit umgibt, also kein Sehen von Farben und Gestalten, kein Hören von Tönen und Melodien, keine Beobachtung körperlicher Dinge durch Tasten und Greifen, mit einem Worte: keine sinnliche Wahrnehmung und keine Art irgendeiner niederen oder auch höheren geistigen Tätigkeit."[16]

Virtualität tritt dabei nicht im Sinne einer von außen – also etwa von der Medienwissenschaft – herangetragenen Beschreibungsgröße in Erscheinung, sondern als etwas, das in dieser und durch diese Diskussion seine eigene Genealogie betreibt – eine Genealogie, ohne die eine historische Semantik der Virtualität nicht vollständig und damit in ihren semantischen Operationen vor allem nicht nachvollziehbar wäre. Wie solche semantische Operationen funktionieren, zeigt ein Blick in die gegenwärtige Diskussion um die *Personalisierte Medizin*, die für sich den virtuellen Patienten entdeckt hat. Hier lässt sich erneut beobachten, wie die Rede von der Virtualität antritt, traditionell etablierte Vorstellungen vom Menschen mit einem gänzlich anderen Konzept zu unterlegen. Die Medizin setzt zur Umsetzung ihres Konzepts eines virtuellen Patienten mit großer Vehemenz und informationstechnischem Weitblick auf Datenakkumulation, auf Strategien der Datenrepräsentation und Datenverarbeitung.[17] Technik ist damit hier nicht die andere Seite des Lebens, dessen jeweilige Individualität sich gerade aus den spezifischen Momenten einer eigentlich gar nicht in solche Momente teilbaren Entität konstituiert, vielmehr sollen umgekehrt Informationstechnologien, im Sinne einer vollständig segmentierbaren und in einzelnen Daten strukturierten Erfassbarkeit (etwa in Form elektronischer Patientenkarteien und den Planspielen ihrer Verwaltbarkeit) dem Menschen in seiner Individualität und Komplexität wirklich und vollständig gerecht werden.[18] Die Personalisierte Medizin lässt sich dabei längst nicht mehr auf die molekulare Ebene, also auf die Ebene der Pharmakogenomik, beschränken.[19] Deren Befund, Patienten reagierten auf gleiche Medikamentierung aufgrund ihrer erbbiologischen Diversität unterschiedlich, weshalb mittels der Genetik eine Individualisierung der Therapieformen möglich

---

15 Damit liegt eine Ähnlichkeit zum Konzept der *seeminglessness* vor, wie es im Umfeld von Mark Weiser *ubiquitous computing* diskutiert wird. Vgl. dazu ders. (1991).
16 Palágyi, M. (1925), 69.
17 Vgl. dazu stellvertretend Gök, M.; Rienhoff, O. (2010).
18 Krüger-Brand, H.E. (2009), 2072.
19 Lange, B.M. (2010), 6-8.

wird, ist zu einer breit angelegten Bewegung geworden.[20] Der *virtuelle Patient* der Medizin ist daher kein Phantom, er ist vielmehr Akkumulationspunkt einer umfassenden und auch selbstbewusst mit eben diesem Vollständigkeitsanspruch propagierten Datenpolitik. Während die Diskussion um die Virtualität in den Alltagsverwendungen häufig als Konkurrenzveranstaltungen zum Leben geführt wird, macht sich die Medizin für eine Parallelaktion stark, und verschiebt dabei – erneut – unsere Vorstellung vom Menschen. Der Rückgewinn des Persönlichen oder des Individuellen, wie es in entsprechenden Diskussionen nachgerade synonym heißt, erfolgt hier durch einen massiven Einsatz von Datenverarbeitung. Jene Mediatisierung, von der es heißt, sie würde das Leben und die Individualität bedrohen, sichert diese im Namen des virtuellen Patienten ab. Das ist der semantische Trick, der gewährleistet, dass sich auch und gerade virtuelle Patienten personalisiert betreut fühlen dürfen.[21]

3 Szenarien der Immersion

Nach dieser vordigitalen Begriffsverwendung zu Beginn des 20. Jahrhunderts soll im Folgenden die Frage nach dem veränderten Status des Körpers unter den Bedingungen eben dieser Digitaltechnik gestellt werden. Um zu verstehen, wie dieser Körper, dessen Steuerung die Planspiele bei Palágyi bestimmt hat, auf seine Weise ins Spiel kommt, muss man ein Stück weit die Geschichte seiner Affizierung nachzeichnen. Dabei spielt, wie vorhin schon erwähnt, der Begriff der Immersion eine zentrale Rolle. Zu deren Umsetzung bedarf es einer Vielzahl von Interventionen, die ein bestimmtes Wissen vom Körper nicht nur um- und voraus-, sondern auch in Szene setzen.[22]

Das beginnt in den Gründertagen mit der Gestaltung früher Datenhandschuhe und Helmkameras und reicht bis zu immersiven CAVE-Architekturen, in denen man sich vollumfänglich ergehen kann und soll – wobei die Bandbreite entsprechender Applikationen enorm ist. Ob man als virtueller Archäologe andere Räume und Zeiten nachstellt, ob man sich in virtuellen Museen aufhält oder mit virtuellen Artefakten im Rahmen der virtueller Kunst interagieren oder im Zuge eines *total immersive engineering* diese auf ihre Verhalten in einer realen Welt hin überprüfen will, ob man in die Perspektive des Egoshooters auf Feind-

---

20 Zu den davon betroffenen Aspekten vgl. die Bände 14 und 15 der Health Academy.
21 Das gilt auch für Virtualisierung im Rahmen von Großforschungsprojekten vgl. Virtual Physiological Human. Dazu
http://ec.europa.eu/information_society/activities/health/docs/projects/vph/step-vph_road map.pdf
22 Vgl. dazu Menrath S. K.; Schwinghammer, A. (2011).

fahrt geht oder mit Hilfe entsprechend wirklichkeitsnah gestalteter Szenarien die Traumata von Kriegsteilnehmern therapieren will – all das sind Einsatzmöglichkeiten, für deren Vertreter aus den verschiedenen Disziplinen diese Tagung – *Exploring Virtuality* – als eine gemeinsame Diskussionsplattform dient.[23]

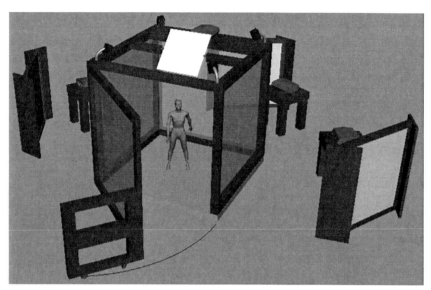

Abbildung 4: Modellskizze für CAVE-Architektur.
Quelle: http://www.lsi.usp.br/~alga/images/CAVE_3DProject.gif (letzter Zugriff: 02.05.13

Man könnte vor dem Hintergrund der vielfältigen Anwendungsmöglichkeiten die Geschichte der Immersion oder besser noch, der Immersionsfähigkeit, als eine Geschichte zunehmender Approximation an ein ideales Maximum rekonstruieren und einer solchen Rekonstruktion auch ein Stück weit erliegen. Dann ergäbe sich ein gut funktionierendes Narrativ, das teleologisch ausgerichtet ohne größere Verluste auf einen bestimmten Punkt hin zuläuft. Was ist nicht alles getan worden für die technische Ausgestaltung, die daran arbeitet, Widerstände zu minimieren und damit dem Eintauchen in die *virtual reality* durch die Entfernung von Störfaktoren zu ermöglichen. Dieser Prozess ist um die Vollständigkeit eines multimedialen Eindrucks bemüht und muss daher das Unstetige, das Digitale, die Pixel, die zu groben Körnungen der technischen Umsetzung auflösen, um so dem

---

23 Stellvertretend für den technischen Bereich Thornton, J. (2011), sowie für Einsätze, in deren die Semantik positiv verwendet wird Hoffman, H. G. (2011).

Eindruck des Lebens eine Chance zu geben. Dabei spielen, wie in der vitalen Phantasie Palágyis, Überlegungen über die richtige Frequenz eine wichtige Rolle. In einer Parallelbewegung, der es genau um diese ‚richtige Frequenz' bzw. ihr technisches Pendant im neuzeitlichen Sinne von Virtualität geht, wird dabei Wissen über die Empfindlichkeit jenes Körpers generiert, den es multimedial und in entsprechender Auflösung zu affizieren gilt. Die Kartographien dieser Affizierung mitsamt ihren Körnungen werden dabei immer kleinmaschiger[24].

So scheinbar geradlinig dieser Weg einer zunehmend gesteigerten körperlichen Affizierung und ihre treibende Kraft, eine immer weiter gesteigerte Rechnerkapazität und ihre immer weiter aufgelöste Ansteuerung des Körpers, ist, so verfehlt die Vorstellung von technisch perfektionierbarer Immersion, die daran gekoppelt ist, doch einen historischen anderen, weil sehr konkreten Einsatzort des Begriffes, der vielleicht auf einen ersten Blick so weit her geholt scheint wie der Rückverweis auf die historische Semantik der Virtualität. Auch der Begriff der Immersion hat eine vordigitale Geschichte, und auch sie trug dazu bei, ein bestimmtes Wissen vom Körper freizusetzen und die semantische Verwendung zu plausibilisieren, die dann etwa die Versprechen in der Werbung für Schwimmschulen oder Sprachkurse steuert. Für diese Semantik zählt vor allem eines, nämlich das Wasser. In virtuelle Welten wird und wurde immer schon eingetaucht, nicht nur im alten Kontext der Taufe, man war von Fluten umgeben, in denen man untergehen und ertrinken konnte. Diese aquamarine Setting hat Tradition und bezeichnet nicht nur die Bedrohung spielsüchtiger Teenager der Gegenwart, sie war es auch, mit der die Goethezeit ein Problem ihrer eigenen historischen Medienverfasstheit auf den Punkt brachte. Die eigens so benannte *Romanenflut*, die schwache Gemüter und vor allem Frauen der Welt entfremdeten, weil sie in den Wässern eines neuen Breitengenre unterzugehen drohten, wird ihrerseits in einer semantischen Anleihe beschrieben, die stabil blieb. Beide Phänomene münden bei allen Unterschieden in der technischen Realisierung in das, was als Immersion für eine gewisse Aufregung sorgt (und auf seine Weise dazu beiträgt, den Körper wieder entsprechend zu positionieren).[25] Ob die Scheinwelten buchstabeninduziert oder pixelvermittelt sind, bleibt für die Semantik der Immersion gegenstandslos – jedenfalls im Kontext kulturkritischer Verwendungsweisen.

Der historische Ort einer solchen Semantik der Immersion ist jedoch deutlich konkreter: An ihm lässt sich fragen, was das Potential und die Semantik der Immersion überhaupt auszeichnet. Ein Ausflug ausgerechnet in die Hals-, Nasen-

---

24 Für den Bereich des Taktilen wird das unter dem Begriff des *haptic rendering* verhandelt. Vgl. dazu übergreifende Srinivasan, Basdogan (1997).
25 Sachdienlich dafür sind Annäherungen an die Immersion aus dem Umfeld der neuen Phänomenologie. Vgl. etwa Schmitz, H. (2011). Zum Drehstuhlversuch von Kleint aus Sicht der neuen Phänomenologie vgl. Schmitz, H. (1998), 56.

und Ohrenwissenschaft zu Beginn des 20. Jahrhunderts gibt darüber Auskunft. Kurz und auch mit unzulässiger Verkürzung gesagt, gelingt Immersion immer dann, wenn man sie – und auch sonst nicht viel merkt. Dafür steht aber nicht nur die Computerentwicklung mit der gerade beschriebenen Approximation. Vielmehr haben diese Überlegungen nämlich mit einer sehr grundlegenden Frage zu tun, der Frage, wie sich Körper überhaupt in einem Raum orientieren, wie sie ihr Wissen von der Orientierung gewinnen, was dieses Wissen am Laufen hält und was dieses Wissen zugleich unterläuft. Und diese Frage führt zum Gleichgewichtsorgan und als Teil desselben zum Ohrstein, zum sogenannten Otolithen. Um sie zu lösen, muss der Mensch ins Wasser – am besten in ‚totaler Immersion'. Der Begriff der Immersion steht damit wissensgeschichtlich ganz entschieden in der Tradition der Physiologie. Fündig wird man auf seiner Suche im Innenohr von Wirbeltieren und somit auch von Menschen.

Abbildung 5:   Taube nach Josef Breuer

Quelle: „Beiträge zur Lehre vom statischen Sinne (Gleichgewichtsorgan, Vestibularapparat des Ohrlabyrinths)", in: *Medizinische Jahrbücher*, 1. Heft 1875, 87-156, hier: 96.

Als Teil des Vestibularapparates bilden die Otolithen ein System zur Orientierung und zur Feststellung von Bewegung im Raum. Bis zu diesem Wissensstand war es allerdings ein weiter Weg, der zahlreiche Beteiligte hatte, die auf je ihre Weise ihre Kenntnisse beitrugen. Um nur einige zu nennen, die allesamt als Spezialisten für die Erfahrung von Bewegungswahrnehmung herangezogen wurden: Als freiwillige oder unfreiwillige Kenntnisträger und Berichterstatter dienten nicht nur Taucher, sondern auch amerikanische Taubstumme und japanische Tanzmäuse, Tauben und Frösche, Rhesus- und Totenkopfäffchen, Katzen und Kaninchen, Turner und Zirkusartisten, Karussellfahrer und Derwische, Piloten und Schlittschuhläufer und nicht zuletzt Shaker.

Bei der Verwissenschaftlichung der Otolithen spielt der Wiener Arzt und Psychoanalysemitbegründer Josef Breuer (1842-1925) eine zentrale Rolle, hat er sich doch zeit seines Lebens der Erforschung der Orientierung verschrieben.[26] Seine Ergebnisse finden Niederschlag in einer Fülle von zum Teil sehr umfangreichen Publikationen. Vor dem Hintergrund seiner Rekonstruktion der entsprechenden Forschungslandschaft, die einen ob ihrer Akribie und Redundanz selbst ein wenig schwindlig werden lässt, gelingt Breuer doch etwas sehr Bemerkenswertes, etwas, das nicht zu seinen exzessiven Schilderungen von unzähligen gedrehten Kaninchen und Tauben, zu den Verrückungen geblendeter Mäuse und schwindelig gedrehter Menschen zu passen scheint, also zu dem, was uns heute eher befremdlich anmutet: Es ist ausgerechnet am Ort seiner Spezialstudien eine Theorie der Medien, die – unter der Hand – als eine Theorie der Immersion angelegt ist und auf diesen Begriff auch dezidiert setzt. „Die Ausfallerscheinungen nach experimenteller Zerstörung des Vestibulums bei Fröschen und bei Mangel oder krankhafter Vernichtung desselben bei Taubstummen, beweisen, dass der Vestibularapparat nothwendig ist, um die Lage des Körpers im Raum dann noch zu empfinden, wenn durch Immersion im Wasser die Schwereempfindungen der Glieder wesentlich abgeändert und nahezu aufgehoben sind."[27]

Mit der Immersion, die Breuer zur Bestätigung seiner Theorie des Gleichgewichts und der Wirksamkeit des Otolithen heranzieht, ist eine Größe aufgerufen, die zum maritimen Leit- und Schreckensbild nicht nur gegenwärtiger Diskussionen um die Welt der Medien hat werden sollen. Was immer aufmerksam und kritisch beäugte Medienbenutzer tun, sie tun es in Form eines Versinkens, in Form eines Ab- und Eintauchens in fremde Welten, die den Kontakt zur wirklichen Welt unterbricht oder gar völlig zu annullieren scheint. Ob Spielen süchtig macht, wie man pädagogisch gegen diese Form der Weltflucht und Wirklichkeitsverweigerung vorzugehen vermag, welche Schäden die Immersion anrichtet und wie derlei Stellungnahmen auch immer ausfallen mögen – sie alle fußen sowohl in der Grunderfahrung als auch in der kulturellen Semantik eines Orientierungsverlustes, dessen Auslöser ein Wechsel jenes physikalischen Mediums ist, in dem ein Organismus sich üblicherweise aufhält. Der Übergang des Körpers ins Wasser wird daher zur Nagelprobe und ruft diejenigen auf den Plan, die sich einem solchen Medienwechsel unterziehen.

---

26 Dazu ausführlich Stefan Rieger, „Ohrstein", in: ders./Benjamin Bühler, Bunte Steine. Ein Lapidarium des Wissens, Berlin 2013.
27 Breuer, J. (1891), S. 260.

Breuer verlagert seine Überlegungen über die Orientierung daher in die Nähe des Wassers, das auf natürliche Weise dazu beitragen soll, über die Orientierung des Körpers zu informieren. „Es gibt", so schreibt Breuer, „aber Umstände, wo diese Orientirungsmittel grossentheils wegfallen. Im Wasser entfällt die Gravitationsempfindung der Glieder, sowie Druckempfindungen der Sohlen u.dgl. fast ganz. Schliesst man nun die Augen, so fragt sich, ob man über die Lage orientiert bleibt. Bei dem Versuch stellt sich heraus, dass dies doch der Fall ist."[28] Wie sehr auch immer man im Wasser *umherkugelt*, so ist man doch nie im Zweifel darüber, „wo oben und wo unten ist".[29] Und eben das macht die Frage so intrikat, wie Lebewesen mit natürlichen oder künstlich beigefügten Beeinträchtigungen ihres Gleichgewichtssinnes auf Immersion reagieren.

Abbildung 6: Die Tanzmaus

Quelle: Titelbild Robert Yerkes, Robert M., *The Dancing Mouse. A Study in Animal Behavior*, New York 1907. (http://www.archive.org/stream/dancingmousestud00yerk#page/n7/mode/2up); letzter Zugriff: 18.09.10)

---

28 Breuer, J. (1891), 208.
29 Ebd.

Das wiederum ist der Punkt, an dem die Untersuchungen etwa an Taubstummen und Tanzmäusen von so zentraler Bedeutung werden, stehen beide doch für Abnormitäten ihres Gleichgewichtsapparats ein. In großer Ausführlichkeit referiert Breuer die Selbstberichte der Betroffenen, also jenen Moment, in dem sie in das Wasser eintauchen und wie es von da ab um ihre Orientierung in einem Fremdmedium bestellt ist. Mit Blick auf die Untersuchungen des großen amerikanischen Psychologen William James erlaubt Breuer es sich, „einige der sehr interessanten, von gebildeten Männern herrührenden Aufzeichnungen in extenso zu übersetzen".[30] Taubstumme geraten damit über die Tatsache, dass sie als gebildet gelten, in den Status wichtiger und zuverlässiger Informanten. Nicht zuletzt wegen der eigens herausgestrichenen Intelligenz der von James untersuchten ‚deaf-mutes' hätten deren Angaben *völlig den Werth guter Versuche*. Bei einem der Betroffenen bleibt es nicht nur beim Verlust der räumlichen Orientierung.

> „Ich machte einmal einen Kopfsprung in nur zwei Schuh tiefes Wasser. Ich kam mit Händen und Füssen auf den Grund, mit dem Kopf unter Wasser. Augenblicklich schien es mir, ich sei in klaftertiefem Wasser, mit meinem Gesicht gegen ein Kliff, das ich mit Händen und Füssen zu erklimmen suchte. ... Ich hatte keine Empfindung, die mir gezeigt hätte, dass ich in horizontaler Lage war; meine Empfindung war die, ich stünde aufrecht im Wasser, das hoch über meinen Kopf reichte. Es schien Stunden zu dauern, bevor ich das Kliff erklettert hatte, obwohl mich mein Kriechen in einigen Sekunden in so seichtes Wasser brachte, dass mein Kopf über die Oberfläche kam. Sogleich schwand die Vorstellung, in verticaler Stellung zu sein, und ich fühlte mich in der Situation, in der ich wirklich war, auf Händen und Füssen im Wasser."[31]

Versuche im Wasser bleiben nicht auf Taubstumme beschränkt. Das Ausschalten von Widerständen, das den Eindruck der Immersion wahrnehmbar macht und sie damit stört, fällt im Wasser weitgehend aus – was das Wasser als einen gut untersuchten Ort für die Simulation von Schwerlosigkeit und für die Energiebilanzen einer im Wasser erbrachten Arbeitsleistung im Gegensatz zu solchen am Land prädestiniert. Entsprechende Forschungen aus der Arbeitsphysiologie, aus der Sportwissenschaft und Weltraumforschung sind inzwischen Legion.[32]

Die Tatsache, dass über solche wissenschaftlichen Aufmerksamkeiten die *total immersion* prominent das Schwimmen, oder genauer noch eine bestimmte Form des Schwimmens betrifft, könnte zunächst als maritimer Gag gelten, der sich allerdings als epistemologisch ausgesprochen sachhaltig erweisen wird.

---

30 Ebd., 209.
31 Ebd., 210.
32 Vgl. dazu etwa Stegemann, J. et al. (1969) sowie Trout O. F.; Bruchey W. J. (1969).

Als einer ihrer Hauptvertreter gilt die amerikanische Schwimmlegende Terry Laughlin, der später selbst als Coach für die Schwimmausbildung tätig war und für die Etablierung dieser Technik gesorgt hat. Sieht man sich die Bewerbung dieser gerade unter Triathleten und Hochleistungssportlern verbreiteten Methode an, so spielen unterschiedliche Dinge eine Rolle: die Stromlinienförmigkeit mit Fischen, eine energetisch optimale Umsetzung von Antriebskräften, das ökonomische Ausnutzen des Mediums Wasser, indem man die dort herrschenden Schwerkraftverhältnisse gezielt nutzt, also mit dem Wasser und nicht gegen es arbeitet, eine dadurch erzielte Anstrengungslosigkeit – und nicht zuletzt das Ausschalten eines mentalen Überwachungsprogramms, das einem Topos der Moderne folgend, eben eher hinderlich ist denn förderlich.

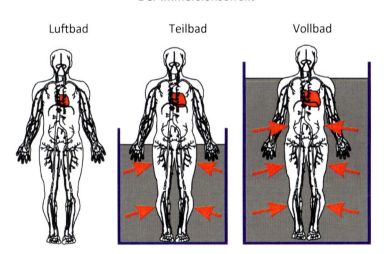

Unter Wasserimmersion werden innerhalb von etwas drei Sekunden ungefähr 700 ml Blut vom extrathorakalen Bereich in den intrathorakalen Bereich verschoben

Abbildung 7: Immersionseffekt (modifiziert nach Hartmann 2008)
Quelle: Aus Brita Karnahl, *Vergleichende Untersuchungen von Leistungs- und Stoffwechselparametern im ergonomischen Test an Land und im Wasser*, Dissertation Universität Potsdam, 2010, 15 (http://opus.kobv.de/ubp/volltexte/2010/4952/pdf/karnahl_diss.pdf)

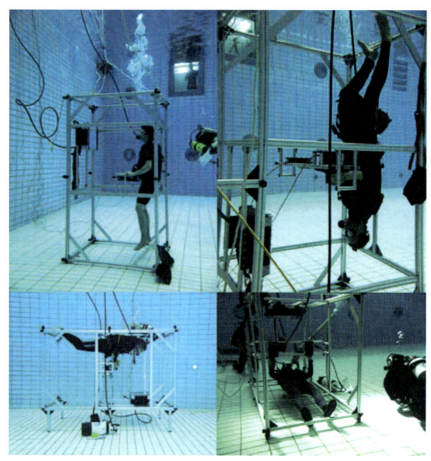

Abbildung 8: Experimente zur simulierten Schwerelosigkeit

Quelle: Nach ZIP (Zentrum für intergrative Physiologie im Weltraum), Psychomotorische Leistungsfähigkeit in simulierter Schwerelosigkeit: Einfluss von Wasserimmersion und Körperposition auf zentrale sowie spezifische kognitive und motorische Funktionen. http://www.dshs-koeln.de/static/wps/wcm/connect/8e6d568043afb123b0adfbbd20e2416b/6/uwaufbau_.jpg@mod=ajperes&lmod=-1103599498.jpg

Gerade dieser letzte Aspekt sichert der *total immersion* die Anschlussfähigkeit zu östlichen Meditationspraktiken, zu Yoga und Taiji. Das Logo, mit dem *total immersion swimming* beworben wird, macht das deutlich und setzt das in Szene: Schwimmen wie ein Fisch funktioniert eben nur dann, wenn man die Verhältnisse dem Fisch und seinem Habitat nachstellt, indem man sich fischähnlich macht und die Widerstände gegenüber dem Medium Wasser möglichst gering hält. Oder anders gesagt: Indem man alles daran setzt, das Bewusstsein und Merklichkeit für das Medium außer Kraft zu setzen, also nicht nur partiell, sondern vollständig in es einzutauchen.

Abbildung 9: Werbelogo für Total immersion swimming.
Quelle: http://www.swimsmartsa.com/files/QuickSiteImages/blue_logo_jpeg_format.jpg (letzter Zugriff: 02.05.13)

Die Tatsache, dass wissensgeschichtlich die Urszenen der Immersion ins Wasser fallen und dem Wasser geschuldet sind, ist also doch deutlich mehr als ein maritimes Wortspiel, sie bezeichnet vielmehr eine epistemologische Pointe. In der Figur des so beworbenen Schwimmers wird nicht im Wortsinn evident, dafür aber rekonstruierbar, auf welche Kapriolen die Rede von der Virtualität sich Bahn bricht, sich Geltung verschafft und ein Potential ausspielt, das so wenig mit den gegenwärtigen Verwendungen zu tun hat. Seine Virulenz wird dort deutlich, wo die Energiebilanzen in psychophysiologischen Untersuchungen hochgerechnet, wo der Vorteil von Wassergymnastik und -geburten verhandelt wird. Titel wie der abschließend genannte: *Psychomotorische Leistungsfähigkeit in simulierter Schwerelosigkeit: Einfluss von Wasserimmersion und Körperposition auf zentrale sowie spezifische kognitive und motorische Funktionen*, herausgegeben vom Zentrum für integrative Physiologie im Weltraum (ZIP) stehen nicht Ende dieser Geschichte der Virtualität, sondern markieren ihren neuen Anfang.[33] Was aber heißt das für das Tagungsthema *Exploring Virtuality*? Die Frage, ob die Debatte um Virtualität kritisch oder affirmativ geführt wird, verfehlt in ihrem Grundanliegen den Stand des technisch Möglichen und sie ist vor allem eines und das haben die hier vorgelegten Beispiele zeigen können: Sie ist hoffnungslos anthropozentrisch.[34] Während die Technikoptimisten die Möglichkeiten der Virtualität vor allem an digitale Technik knüpfen und in einer internetbasierten *Virtual Reality* die Voraussetzung scheinbar unbeschränkten Kontakts, neuer Sozialformen, flexibler Rollen- und Identitätsmuster und nicht zuletzt einer veränderten Partizipation am politischen Diskurs feiern, ist die andere Richtung verhalten und eher skeptisch. Weil sie das Virtuelle mit dem Gegen- oder Komplementärbegriff des Realen konfrontiert, gelingen ihr Bilanzen vor allem eines Verlustes. In ihr verdichtet sich ein doch sehr grundsätzliches Unbehagen gegenüber einem medialen Welt, in der das Reale, also das, was als unvermittelt, natürlich, authentisch und individuell gilt, kaum mehr eine Rolle zu spielen scheint.[35] Virtualität wird dann als Ausfall von vermeintlich fest verbürgten anthropologischen Grundbeständen bilanziert und tritt als Spielart von Absenz in Erscheinung.[36] Was diese Absenzen umgekehrt erlauben, was sie freisetzen, sind Planspiele, die auf je ihre Weise etwas mit Begriff und Sache jenes Post- oder Transhumanismus zu tun haben, der im Moment immer wieder im gewichtigen Duktus einer neuen Epochenbeschreibung in Erscheinung tritt. Ein für diese Diskussion berühmter Titel der amerikanischen Medienwissenschaftlerin Katherine Hayles brachte das im Jahr 1990 auf den Punkt: *How We Became Posthuman. Virtual Bodies in Cybernetics, Literature and Informatics*. Hayles benennt unter dieser Überschrift Orte und Strategien, die für die Planspiele um virtuelle Körper maßgeblich werden sollten.[37] Über solche Planspiele, die durch allerlei Enhancement-Strategien bis hin zur Transgenetik vor allem biologische Restriktionen des menschlichen Körpers umgehen wollen, wäre viel zu sagen und allerhand Spektakuläres zu berichten: von scheinbar einfachen Pragmatiken der Telepräsenz bis hin zu nachgerade theologischen Überhöhungen einer sogenannten Cybergnosis, die mit einer regelrechten Esoterisierung des Internets einhergeht.[38]

---

33 Details und weiterführende Literatur unter http://www.dshs-koeln.de (letzter Zugriff: 01.05.13).
34 Um stellvertretend wenigstens eine bibliographische Referenz zu nennen vgl. Münker, S. (2005)..
35 Im Zuge posthumanistischer Affirmation soll Virtualität gar die letzten biologischen Beschränkungen umgehen. Vgl. dazu Krüger, O. (2004).
36 Kamper, D. (1999).
37 Hayles, K. (1990).
38 Dazu stellvertretend Aupers, S. et al. (2008), sowie zur besonderen Rolle des Körpers Krüger, O. (2007).

Diese Esoterisierung schlägt sich nicht nur in der sozialen Praxis spiritueller Bewegungen nieder, sogar die Ebene der Umsetzung wird von ihr erfasst, etwa in Form von so genannten esoterischen Programmiersprachen. Aber auch Bewegungen wie der Extropianismus um den Amerikaner Max More mit seinen Überlegungen zur Unsterblichkeit und dem Auslagern dessen, was menschliche Gehirne auszeichnet, in digitale Speichermedien bis hin zu Planspielen einer Selbstbewusstwerdung derart ausgelagerter und vernetzter Intelligenz wären hier zu nennen.[39] Die populärkulturellen Äquivalente solcher Dinge werden in Filmen wie *Total Recall* ausführlich benutzt. Hier hätten ferner die umstrittenen Überlegungen des austroamerikanischen Computerpioniers Hans Moravec ihren Ort, Überlegungen, die entgegen herrschender Meinung, Medien und Technik wären, salopp gesagt, etwas, das der Mensch eben in den Händen und im Griff hätte, alternative Szenarien entgegenstellt. In diesen stellt der Mensch eine von den Maschinen bestenfalls noch ausbeutbare Spezies dar (wie im Film *Matrix*), die ob ihrer Imperfektheit einen mitleidig gewährten Schutz von den Robotern erwarten kann (wie in *I, Robot*), die keinesfalls aber eine begründete Hoffnung darauf haben dürfen, mit diesen jemals mehr auf gleicher Augenhöhe eine gemeinsame Umwelt zu bewohnen – zu sehr klaffen die Entwicklungsmöglichkeiten künstlicher und natürlicher Intelligenzen auseinander.[40]

Spätestens das ist der Punkt, wo neben anderen Akteursmodellen der Begriff *Speciesism* von sich reden macht. Neue Denk- und Reflexionsformen sind die Folge, die einer gemeinsamen Umwelt unterschiedlicher Akteure Rechnung tragen – unter Einbezug von Tieren, Pflanzen und nicht zuletzt Maschinen.[41] Über diese diffuse Mischung aus unterschiedlichen Quellen und ihren unterschiedlichen Zielrichtungen, mit ihren Maßlosigkeiten, Überhöhungen und Übertreibungen wäre viel zu sagen – vielleicht mag an dieser Stelle der Verweis auf Arbeiten von Oliver Grau genügen, der deutlich gemacht hat, wie wenig diese Szenarien ausschließlich der Technik und ihrer Entwicklung geschuldet sind, als sich hier vielmehr grundlegende Utopien, Wünsche und Begehrlichkeiten des Menschen Bahn brechen.[42] Um nur ein Beispiel für solche Utopien zu nennen, sei auf die virtuelle Unsterblichkeit als gern benutztes Szenario verwiesen: So gab es im Russland der 1920er Jahre eine Gruppe von Leuten, die sich Biokosmiker nannten und deren erklärtes Ziel die Abschaffung jedweder menschlich-biologischer Begrenzung und damit auch des individuellen Todes war. Die Um-

---

39 More, M. (2010), auch unter http://jetpress.org/v21/more.htm (letzter Zugriff: 01.05.2013).
40 Moravec geht dabei soweit, für diesen Prozess detaillierte Zeitangaben bereitzustellen. Moravec, H. (1998), auch unter http://www.transhumanist.com/volume1/moravec.htm (letzter Zugriff: 02.05.2013).
41 Dazu Heise U. K. (2010).
42 Dazu etwa Grau, O., *Telepräsenz und Epistemologie von Interaktion und Simulation* (Internetquelle).

setzung erfolgte allerdings nicht über die technischen Möglichkeiten moderner Digitaltechnik, sondern durch ein Amalgam diffuser naturwissenschaftlicher Überlegungen, deren kosmische Ausmaße allerdings den Totalitätsutopien bestimmter Virtual Reality-Vorstellungen in nichts nachstanden.[43]

So visionär derlei Pläne sind und waren, sie machen unschwer deutlich, dass unter dem ‚Umbrella-Term' Virtualität zentrale Aspekte des Menschen und des menschlichen Seins verhandelt werden. An diesem Punkt kann der Blick in die historische Semantik Linien und damit eine Wirkmacht des Virtuellen nachzeichnen, die vor dem Hintergrund der geführten Debatten verstellt bleiben und diese damit als bloße Scharmützel von Technikbefürwortern und -kritikern ausweisen, denen es allen in erster Linie um dasselbe geht – um die Frage nach dem Ort und der Seinsweise des Menschen. Während also die Technik der Virtualität und das was sie ermöglicht sich auch und gerade mit Gegenständen, Umwelten, Maschinen, Tieren und anderem beschäftigt, bleiben die Debatten – die aktuellen im Feuilleton geführten, aber auch die historischen – weiterhin auf den Menschen fixiert. Selbst die Drehungen geblendeter Kaninchen und japanischer Tanzmäuse drehen sich um ihn.

Vielleicht könnte es eine der Lektionen posthumanistischer Theoriebildung sein, dass neben den anderen Seinsarten – den Tieren, Pflanzen und Maschinen – ein Welt- oder Umweltbegriff etabliert wird, der auch virtuellen Gegenständen Raum lässt. Denn diese begründen nicht nur im Rahmen einer bestimmten Kunsterfahrung, der *virtual art*, einen Ausnahmegegenstandsbereich sui generis, sondern sie werden zum Regelfall eines *immersive engineering* – also überall dort, wo neue Dinge das Licht der Welt zunächst einmal virtuell erblicken.[44] Wie es in einem Text über *ISRE: immersive scenario-based requirements engineering with virtual prototypes* heißt, wird die *naturalness* der technisch gestalteten Umgebung, in der mit den virtuellen Prototypen interagiert werden soll, zum wichtigen Kriterium. Mittels Fragebogen soll dabei die Tiefe des Immersionseindrucks festgehalten und so die Körnung der Realitätsnähe quantitativ erfasst werden – wie weitere Studien belegen, die sich genau diesem Aspekt verschrieben haben. Wie sehr gerade diese *naturalness* dann auch den animalischen Körper zu affizieren vermag, zeigte eine Diskussion über virtuelles Sezieren und den sogenannten Cyberfrog, wie sie unter Titeln wie *Frog and Cyberfrog are Friends: Dissection Simulation and Animal Advocacy* verhandelt wurden und werden.[45] Die Annäherung des virtuellen Frosches an die Realität des Sezierens scheint nur noch eine Frage der Zeit. Ebenso nur eine Frage der Zeit ist damit die nach der vielleicht extremsten Körpererfahrung, dem Schmerz. Wie es sich mit dem unter

---

43 Vgl. dazu Groys, B.; Hagemeister, M. (2005). Zu einer kosmologischen Konzeptgeschichte des Internet vgl. Fuchs-Kittowski, K.; Krüger, P. (1997).
44 Dazu etwa Sutcliffe, A. et al. (2005).
45 Fleischmann, K. R. (2003). Vgl. dazu auch Rieger, S. (im Druck).

den Bedingungen der Virtualität verhält, wird eine virtuelle Ethik zu beantworten haben.

„Dieses hohe Ziel der jungen und jüngsten KL-Forschung, komplexe Zustände zu produzieren, die selbstorganisierende Geschöpfe entstehen lassen, verfolgen die Kunstfrösche zur Zeit noch nicht. Würde ihr Algorithmus schließlich aber auch virtuelle Schmerzen simulieren, um das Echtweltszenario auf den komplexen Höhepunkt realer Kreatürlichkeit zu treiben, würden sich vielleicht die mit Maus und Monitor ausgetriebenen ethischen Probleme wieder stellen. Die Frage lautet dann nicht ‚Do androids dream of electronic sheep?' (Philip K. Dick), sondern: ‚Darf man elektronische Frösche zum Wohl der Wissenschaft, kurzum der Menschheit, peinigen?'"[46]

Literaturverzeichnis

Anders, G. (1990): *Die Welt als Phantom und Matrize. Philosophische Betrachtungen über Rundfunk und Fernsehen.* Schaffhausen.
Aupers, S.; Houtman, D.; Pels, P. (2008): Cybergnosis: Technology, Religion, and the Secular. In: Hent De Vries, *Religion – Beyond a Concept*, New York, S. 687-703
Breuer, J. (1891): Ueber die Function der Otolithenapparate. In: *Pflügers Archiv. European Journal of Physiology*, Bd. 48, Nr. 1, S. 195-306.
Christian, P.; Plügge, H. (1963): *Über die menschliche Bewegung als Einheit von Natur und Geist.* Schorndorf bei Stuttgart 1963 (Beiträge zur Lehre und Forschung der Leibeserziehung), Bd. 14, S. 45-77.
Fleischmann, K. R. (2003): Frog and Cyberfrog are Friends: Dissection Simulation and Animal Advocacy. In: *Society & Animals*, Bd. 11, Nr. 2, S. 123-143.
Fuchs-Kittowski, K.; Krüger, P. (1997): The Noosphere Viston of Pierre Teilhard de Chardin and Vladimir I. Vernadsky in the Perspective of Information and of World-Wide Communication. In: *World Futures*, Bd. 50, S. 757-784.
Gehlen, A. (1997): *Der Mensch. Seine Natur und seine Stellung in der Welt.* Wiesbaden, S. 185.
Gök, M.; Rienhoff, O. (2010): Anforderungen an die Datenpräsentation in der Personalisierten Medizin. In: Wolfgang Niederlag, Heinz U. Lemke, Olga Golubnischaja, Otto Rienhoff, *Personalisierte Medizin. Sind wir auf dem Weg zu einer individualisierten Gesundheitsversorgung?* Dresden: Health Academy, Bd. 14, S. 46-57.
Grau, O. (2003): *Virtual Art. From Illusion to Immersion.* Cambridge.
Groys, B.; Hagemeister, M. (Hrsg.) (2005): *Die Neue Menschheit. Biopolitische Utopien in Russland zu Beginn des 20. Jahrhunderts* unter Mitarbeit von Anne von der Heiden, Frankfurt am Main.
Hayles, K. (1990): *How We Became Posthuman. Virtual Bodies in Cybernetics, Literature and Informatics*, Chicago.

---

46 Goedart Palm, „Das Tamagotchi wird viviseziert. Virtuelles Lernen ersetzt die Tierfolterkammer" in: Telepolis, 11.06.2001, http://www.heise.de/tp/r4/artikel/7/7853/1.html (aufgerufen: 22.11.10)

Heidegger, M. (1984): *Sein und Zeit*, fünfzehnte, an Hand der Gesamtausgabe durchgesehene Auflage mit den Randbemerkungen aus dem Handexemplar des Autors im Anhang. Tübingen, S. 58.
Heise, U.K. (2010): *Nach der Natur. Das Artensterben und die moderne Kultur*. Berlin.
Hoffman, H. G. (2011): Virtual Reality as an Adjuncitve Non-pharmacologic Analgesic for Acute Burn Pain During Medical Procedures". In: *Annals of Behavioral Medicine*, Bd. 41, Nr. 2, S. 183-191.
Kamper, D. (1999): Corpus absconditum. Das Virtuelle als Spielart der Absenz. In: Rudolf Maresch, Niels Werber (Hrsg.): *Kommunikation Medien Macht*, Frankfurt/M., S. 445-446.
Kiwi Menrath, S.; Schwinghammer, A. (Hrsg.) (2011): *What Does a Chameleon Look Like? Topographies of Immersion*, Köln.
Klages, *Einführendes Vorwort zu Melchior Palágyi, Wahrnehmungslehre*, a.a.O., XI.
Klages, L. (1924): *Einführendes Vorwort zu Melchior Palágyi, Wahrnehmungslehre*, Leipzig 1924, X.
Krüger, O. (2004): *Virtualität und Unsterblichkeit. Die Visionen des Posthumanismus*, Freiburg/Brsg.
Krüger, O. (2007): Gnosis im Cyberspace? Die Körperutopien des Posthumanismus. In: Hasselmann, K./ Schmidt, S./Zumbusch, C. (Hrsg.): *Utopische Körper. Visionen künftiger Körper in Geschichte, Kunst und Gesellschaft*, München, S. 131-146.
Krüger-Brand, H.E. (2009): Personalisierte Medizin II: Die Komplexität ist ohne IT nicht beherrschbar. In: *Deutsches Ärzteblatt*, Jg. 106, Heft 42, S. A2072.
Lange, B. M. (2010): Der virtuelle Patient – Systembiologie ist die Chance für individuelle Medizin. In: *Genomexpress* 1, S. 6-8.
Moravec, H. (1998): When will computer hardware match the human brain? In: Journal of Evolution and Technology, 1.
More, Max (2010): The Overhuman in the Transhuman". In: *Journal of Evolution and Technology*, Bd. 21, Nr. 1, S. 1-4
Münker, S. (2005): Virtualität. In: Alexander Roesler, Bernd Stiegler (Hrsg.): *Grundbegriffe der Medientheorie*, Paderborn, S. 244-250.
Palágyi, M. (1924): *Naturphilosophische Vorlesungen. Über die Grundprobleme des Bewußtseins und des Lebens*. In: ders.: *Ausgewählte Werke*, Bd. 1, Leipzig, S. 260.
Palágyi, M. (1925): *Wahrnehmungslehre* (Mit einer Einführung von Dr. Ludwig Klages). Leipzig, S. 69.
Palm, G. (2001): Das Tamagotchi wird viviseziert. Virtuelles Lernen ersetzt die Tierfolterkammer". In: *Telepolis*, 11.06.2001, http://www.heise.de/tp/r4/artikel/7/7853/1.html (aufgerufen: 22.11.10)
Rieger, S. (2003): *Kybernetische Anthropologie. Eine Geschichte der Virtualität*. Frankfurt/M.
Rieger, S. (2009): Der dritte Ort des Wissens. Das Gedankenexperiment und die kybernetischen Grundlagen des Erhabenen. In: Volmar, A. (Hrsg.): Zeitkritische Medienprozesse, Berlin: Kadmos 2009 (Berliner {Programm} einer Medienwissenschaft 9.0), Bd. 5, S. 61-80.
Rieger, S. (2013): Ohrstein. In: ders./ Bühler, B.: *Bunte Steine. Ein Lapidarium des Wissens*, Berlin.
Rieger, S., Frosch 2.0. Zur Virtualisierung des Tierexperiments". In: Roland Borgards, Nico Pethes (Hrsg.): *Das Tierexperiment in der Literatur*. (im Druck)
Schmitz, H. (2011): Wahrnehmung als leibliche Kommunikation". In: *Jahrbuch immersiver Medien*, 2011 Schmitz, H. (1998): *Der Leib, der Raum und die Gefühle*, Ostfildern vor Stuttgart 1998, 56.
Srinivasan, M.A.; Basdogan, C.: Haptics in Virtual Environments: Taxonomiy, Research Status, and Challenges. In: *Computer and Graphics* 21/4 (1997), 393-404.
Stegemann, J.; Framing, H.-D.; Schiefeling, M. (1969): Der Einfluß einer 6stündigen Immersion in thermoindifferentem Wasser auf die Regulation des Kreislaufs und die Leistungsfähigkeit bei Trainierten und Untrainierten. In: *Pflügers Archiv European Journal of Physiology*, Bd. 312, Nr 4, S. 129-138

Sutcliffe, A.; Gault, B.; Maiden, N. (2005): ISRE: immersive scenario-based requirements engineering with virtual prototypes. In: *Requirements Engineering*, Mai 2005, Bd. 10, Nr. 2, S. 95-111, hier: 98f.
Sutcliffe, A.; Gault, B.; Maiden, N. (2005): ISRE: immersive scenario-based requirements engineering with virtual prototypes". In: *Requirements Engineering*, Mai 2005, Bd. 10, Nr. 2, S. 95-111.
Thornton, J. (2011): Total Immersion". In: *Mechanical engineering*, November 2011, S. 43-45.
Trout, O. F.; Bruchey, W. J. (1969): Water Immersion Reduced-Gravity Simulation. In: *Human Factors*, Bd. 11, Nr. 5, S. 473-488.
von Baer, K. E. (1962): Die Abhängigkeit unseres Weltbilds von der Länge des Moments. In: *Grundlagenstudien aus Kybernetik und Geisteswissenschaft*, 3. Bd., Beiheft, S. 251-275.
Weiser, M. (1991): The Computer for the 21th Century. In: *Scientific American*, September 1991, S. 94-104.

Dienstgütemanagement für Netze in Virtualisierungsumgebungen

Martin Metzker, Dieter Kranzlmüller[*]

Abstract

Virtualisierung in Rechenzentren ist die Nachbildung physischer Komponenten, um effizient aufgabenspezifisch angepasste Infrastrukturen bereitstellen zu können. Der technologische Kern sind sog. Virtualisierer, die virtuelle Komponenten erzeugen und verwalten. Dazu werden vorhandene physische Ressourcen geeignet organisiert, damit so erzeugte virtuelle Komponenten genauso genutzt werden können wie ihr physisches Vorbild.

Mit dieser Fähigkeit hat die Virtualisierung große Auswirkungen auf das Netz- und Systemmanagement in Rechenzentren. In diesem Beitrag wird zunächst auf die erhöhte Flexibilität durch Virtualisierung bei der Bereitstellung von Infrastrukturen eingegangen und die dadurch entstehenden Herausforderungen aufgezeigt.

Insbesondere im Bereich Dienstgütemanagement können virtualisierte Netze und Rechner heute nicht so präzise und effektiv gesteuert werden wie ihre physischen Vorbilder. Dieser Beitrag erarbeitet Anforderungen an ein Management System, dass dieses Problem löst und zeigt den Entwicklungsstand einer Architektur für Dienstgütemanagement für Netze in Virtualisierungsumgebungen.

---

[*] Dipl.-Inform. Martin Metzker | metzker@mnm-team.org
Ludwig-Maximilians-Universität München (LMU) | Institut für Informatik, MNM-Team | Oettingenstr. 67 | 80538 München

Prof. Dr. techn. Dieter Kranzlmüller | kranzlmueller@mnm-team.org
Ludwig-Maximilians-Universität München (LMU) | Institut für Informatik, MNM-Team | Oettingenstr. 67 | 80538 München
Leibniz-Rechenzentrum (LRZ) der Bayerischen Akademie der Wissenschaften, MNM-Team | Boltzmannstr. 1 | 85748 Garching b. München

1 Einleitung

Die stetige Weiterentwicklung und damit einhergehende Ausbreitung von Computern, Hard- und Software, und der Informationstechnologie (IT) im Allgemeinen führt auch zu einer stetigen Zunahme von neuartigen und zur Unterstützung benötigten IT-Diensten. In Rechenzentren gibt es dadurch zusätzlich zum Bedarf an immer leistungsstärkeren Maschinen auch eine ständig steigende Nachfrage nach immer mehr Maschinen für unterschiedliche Dienste und Anforderungen. Dieser Effekt wird weiter verstärkt durch neue Anwendungsszenarien wie z.B. Cloud-Computing, die vorsehen, dass auch kurzfristig und ad hoc Aufgaben und Dienste in Rechenzentren ausgelagert werden. Virtualisierung ist dabei ein zentrales Werkzeug im Repertoire heutiger Rechenzentren um Kunden bedarfsgerechte und flexible Infrastrukturen anbieten zu können.

Dieser Ansatz ergibt sich aus der Tatsache, dass heutige Rechner meistens um ein Vielfaches leistungsfähiger sind als für einen einzelnen Dienst notwendig ist. Deshalb wird Virtualisierung eingesetzt, um auf einem physischen Rechner viele virtuelle Rechner, sog. virtuelle Maschinen (VMs), zu betreiben. Funktional gesehen sind virtuelle Rechner genauso einsetzbar wie physischer Rechner, sind jedoch lediglich ein Teil der Ressourcen eines physischen Rechners. Dadurch können im Rechenzentrum logisch mehr Rechner bereitgestellt werden als tatsächlich im physischen Aufbau vorhanden sind.

Darüberhinaus sind VMs flexibel konfigurierbar und so können virtuelle Rechner mit unterschiedlichen, an die jeweiligen Anforderungen angepassten, Eigenschaften versehen werden. Neben der Mehrfachnutzung der einzelnen Rechner, erhält man dadurch auch die Möglichkeit, die zur Verfügung gestellten Ressourcen und Kapazitäten präziser zu steuern als durch die Bauart der Rechner möglich wäre. Virtualität lässt sich im Zusammenhang mit IT-Diensten als eine Sammlung logischer (virtueller) Komponenten und Infrastrukturen auffassen, die durch den Einsatz von Virtualisierungstechnologien dargestellt werden.

Ob physisch oder virtuell, Rechner, auf denen IT-Dienste betrieben werden, sind in der Regel an ein Netz angeschlossen um mit anderen Rechnern zu kommunizieren. In Netzen wird Dienstgütemanagement betrieben um einen ordnungsgemäßen Betrieb und einen sinnvollen Einsatz von vorhandenen Ressourcen zu gewährleisten. Allerdings entstehen durch den Einsatz von Virtualisierung Probleme, die dazu führen, dass Dienstgütemanagement in Netzen mit virtuellen Komponenten nicht im selben Ausmaß und derselben Effektivität, wie in rein physischen Netzen, durchgeführt werden kann.

Dieser Beitrag beschäftigt sich mit den konzeptuellen Hintergründen dafür und einem Ansatz für eine Managementarchitektur, die mit diesen Problemen umgehen kann. Ziel der Entwicklung der Architektur ist es, die Vorteile von Virtualisierung besser und für mehr Anwendungsfälle nutzen zu können.

1.1 Beispielszenario

Typischerweise tritt ein Rechenzentrum als Dienstleister auf, der seinen Kunden IT-Dienste und Ressourcen zur Verfügung stellt. Neben den direkt nutzbaren Diensten wie z.B. E-Mail stellen Rechenzentren ihren Kunden immer häufiger Server zur Verfügung auf denen die Kunden selbstständig Betriebssysteme und IT-Dienste verwalten. Während die Kunden ihre Dienste benutzen und verwalten, wird im Rechenzentrum Netz- und Systemmanagement betrieben, mit dem vorrangigen Zweck Kunden und Benutzern eine den Anforderungen und Erwartungen entsprechende IT-Infrastruktur zur Verfügung zu stellen.

Bei der Bereitstellung von Infrastrukturen ist es üblich den Kunden einen (u.U. relativ kleinen) Teil einer großen, bereits im Rechenzentrum vorhandenen, Infrastruktur zur Nutzung zu überlassen. Dieser Infrastrukturteil eines Kunden kann ein einzelner Server mit Internetverbindung sein, aber auch eine Menge von Servern die in vielen Teilnetzen organisiert sind. Virtualisierung beschreibt in diesem Zusammenhang eine Sammlung von Verfahren und Technologien um die Bereitstellung realisieren.

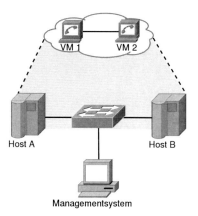

Abbildung 1: Aufbau für Anwendungsbeispiel

Abbildung 1 zeigt eine Virtualisierungsumgebung in der eine virtuelle Infrastruktur auf eine physische Infrastruktur aufgebracht wird. Die virtuelle Infrastruktur besteht aus zwei virtuellen Maschinen VM 1 und VM 2, die direkt miteinander verbunden sind. Die physische Infrastruktur besteht aus zwei Servern (Hosts) die Virtualisierung betreiben, einem Managementsystem und einer Koppelkomponente über die alle drei physischen Systeme miteinander verbunden sind. Für den Kunden ist v.a. die Verbindung zwischen VM1 und VM2 von Bedeutung und auf die Darstellung der Anbindung an ein Netz außerhalb der Virtualisierungsumgebung, z.B. das Internet, wird hier verzichtet.

Die virtuelle Infrastruktur ist ein Testaufbau eines Kunden für Internettelefonie (Voice over IP, VoIP). Bei der Simulation einer Sprachverbindung zwischen VM1 und VM2 werden Daten mit 64 Kilobit pro Sekunde (kbps) in jede Richtung übertragen. Die direkte Verbindung zwischen den beiden Systemen muss konstant (mindestens) diese Datenrate liefern, damit das Testsystem korrekt funktionieren kann.

Das Managementsystem ist in der Lage mit allen virtuellen Komponenten, den beiden Hosts und der Koppelkomponente zu interagieren und diese auch zu konfigurieren. Es wird hauptsächlich dazu verwendet um Dienstgütemanagement zu realisieren. Aus Sicht des Kunden ist der wichtigste Aspekt des Dienstgütemanagements dafür Sorge zu tragen, dass die Verbindung zwischen seinen beiden Systemen stets die notwendigen Datenraten liefert. Dienstgütemanagement umfasst alle Aktivitäten zur Verwaltung der Virtualisierungsumgebung, die dazu dienen, die Leistungsanforderungen der Kunden an Systeme und Netze zu erfüllen.

1.2 Management virtueller Netze

Mit Virtualisierung gibt es prinzipiell zwei Möglichkeiten, um den gerade vorgestellten VoIP-Testaufbau auf die physische Infrastruktur abzubilden:

1. Beide VMs und ihre Verbindung werden allein auf einem der Hosts realisiert.

2. Auf jedem Host wird je eine VM betrieben und die Verbindung erstreckt sich auch über das physische Netz.

Das virtuelle Netz des Kunden ist dabei genau die eine Verbindung zwischen seinen zwei Systemen. Die effektive Umsetzung und damit das gesamte Management dieses Netzes sowie der damit verknüpften Anforderungen kann sich jedoch unterschiedlich gestalten. Das zeigt bereits der Vergleich der beteiligten Komponenten der beiden Alternativen: ein Host oder eben zwei Hosts und die Koppelkomponente. Das Ziel bei der Bereitstellung und Verwaltung von solchen oder ähnlichen Testumgebungen, und allgemein für die Kommunikation innerhalb von virtuellen Netzen, sind gegenüber anderen Netzteilnehmern abgeschottete, *private* Netze, deren Funktion und Integrität nicht von Dritten beeinflusst werden.

Virtuelle Netze werden mittels Virtualisierung als logische Netze auf das vorhandene physische Netz aufgebracht. Solche Techniken, virtuelle Netze als logische Topologien bzw. Mengen logischer Verbindungen auf ein physisches Netz aufzubringen, haben sich unabhängig und schon vor Server-Virtualisierung entwickelt und verbreitet. Die Hauptanwendungsfälle beschäftigten sich damit Netzteilnehmer und über das Netz verfügbare Netzressourcen in fachliche und/oder organisatorische Gruppen aufzuteilen, zum Beispiel bei der Vernetzung von Arbeitsplatzcomputern in einem Bürogebäude.

Verbindungen in virtuellen Netzen können dabei längere Pfade im physischen Netz, über mehrere Komponenten hinweg, zu einer logischen Leitung, einem sog. Tunnel, abstrahieren. Ebenso kann die Nutzung von logischen Leitungen auf bestimmte Netzteilnehmer beschränkt werden bzw. können mit geeigneten Komponenten logischen Leitungen oder ganzen Pfaden technologiespezifische Eigenschaften zugesichert werden, mit denen Dienstgüte und Dienstgütemanagement in physischen Netzen umgesetzt werden können.

Die Infrastrukturen, die Rechenzentren nutzen um Kunden maßgeschneiderte virtuelle Infrastrukturen zur Verfügung zu stellen, kombinieren Technologien für virtuelle Netze und virtuelle Maschinen. Daraus folgt auch die Möglichkeit neben virtuellen Maschinen auch virtuelle Netzkomponenten zu realisieren. Dadurch können heutige *Virtualisierungsumgebungen* im Prinzip beliebige virtuelle Infrastrukturen bereitstellen, die fast ebenso beliebig auf die physische Anlage aufgebracht werden können. Zum Beispiel kann das hier betrachtete Beispiel einer VoIP-Testumgebung vollständig auf einem einzigen Host realisiert werden.

Die Folge ist eine effektive Entkopplung der für die Kunden bereitgestellten Infrastrukturen von der zugrunde liegenden physischen Infrastruktur, die das Netz- und Systemmanagement vor neue Aufgaben und Herausforderungen stellt. Ein und dieselbe physische Infrastruktur beherbergt eine Vielzahl virtueller Infrastrukturen mehrerer Kunden, wobei über das effektive Nutzungsverhalten wenig (oder gar nichts) bekannt ist.

Nicht immer gibt es für virtuelle Netze konkrete Anforderungen wie die zweimal 64 kbps im Beispielszenario. Dennoch muss jeder virtuellen Infrastruktur eine gewisse Dienstgüte zugeschrieben werden, um Planung zu ermöglichen und einen störungs- und unterbrechungsfreien Betrieb aufrecht zu erhalten. Verfügbare Ansätze zum Dienstgütemanagement in Netzen sind für die Gesamtaufgabe ungeeignet, da sie nicht mit der Entkopplung von virtuellen Geräten und Netzen von der physischen Umgebung umgehen können. Jedoch entstehen genau hier Berührungspunkte an denen Dienstgütemanagement notwendig ist.

Der folgende Abschnitt 2 zeigt die Veränderungen im Netzmanagement, speziell im Dienstgütemanagement, durch die Einführung virtueller Netzkomponenten auf und nennt Auswirkungen auf das Dienstgütemanagement selbst. Im Anschluss daran entwickelt Abschnitt 3 Anforderungen an ein Dienstgütemanagementsystem das auch mit Virtualisierung umgehen kann. Kapitel 4 skizziert den aktuellen Entwicklungsstand einer Architektur, die in der Lage ist, diese Anforderungen zu erfüllen. Abschnitt 5 illustriert an einem Beispiel wie mit der vorgeschlagenen Architektur Dienstgütemanagement durchgeführt werden kann, bevor Abschnitt 6 diesen Beitrag mit einer Zusammenfassung abschließt.

2 Dienstgütemanagement in virtuellen Netzen

Der große Vorteil beim Einsatz von Virtualisierung ist die vielfache Nutzung weniger Komponenten bzw. das Zuweisen und effiziente Nutzen beschränkter Ressourcen. Die Umsetzung mittels virtueller Komponenten bewirkt in Netzen einen inflationären Anstieg von zu verwaltenden unterschiedlichen Komponenten und Verbindungen. Dieses Kapitel betrachtet die in diesem Kontext entstehenden Herausforderungen für Dienstgütemanagement.

2.1 *Werkzeuge zur Beschreibung von Netzen*

Grundlegend können die Teilnehmer eines Kommunikationsnetzes nach ihrer Funktion und den Technologien die sie einsetzen unterschieden werden. So führen zum Beispiel (Tanenbaum und Wetherall 2010) Rechnernetze als „eine Sammlung autonomer Rechner die mittels einer einzelnen Technologie miteinander verbunden sind" ein.

In einer Modellsicht können zwei Arten Netzteilnehmer unterschieden werden: *Datenendeinrichtungen* (DEE) erzeugen oder verarbeiten Daten die über ein Netz übertragen werden und *Koppelkomponenten*, die Daten weiterleiten und sie schlussendlich an den korrekten Empfänger ausliefern. Abbildungen 2, 3 und 4 zeigen drei Varianten eines Beispielnetzes, in dem DEEs Daten austauschen können. Da eine DEE keine Daten weiterleitet, sind die DEE um eine Topologie aus Koppelkomponenten angeordnet. Letztere sind in den Abbildungen als Knoten im Netz dargestellt.

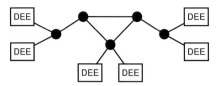

Abbildung 2: Beispieltopologie mit fünf Koppelkomponenten und sechs Datenendeinrichtungen

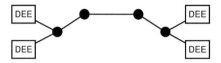

Abbildung 3: Topologie aus Abbildung 2 ohne ein Teilnetz, das durch Zugangskontrolle ausgeschlossenen wurde

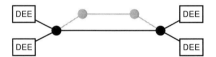

Abbildung 4: Topologie aus Abbildung 3 mit zwei verschatteten Zwischenstationen durch einen Tunnel

Zur Umsetzung und Abgrenzung von privaten Netzen stehen vor allem zwei Hilfsmittel zur Verfügung:

Zugangskontrolle. Mittels *Zugangskontrolle* werden die Teilnehmer einer logischen Topologie beschränkt. Abbildung 3 zeigt ein Netz, von dessen Zugang zwei DEEs und eine Koppelkomponente gegenüber der Ausgangssituation in Abbildung 2 ausgeschlossen wurden. Mit Zugangsbeschränkungen kann man Netze unabhängig ihrer physischen Topologie bilden und, umgekehrt, muss man beim Aufbau einer Infrastruktur nicht bereits ihre Anwendungen berücksichtigen.

Tunnel. Pfade durch das Netz können zu einer logischen Leitung, einem Tunnel zwischen zwei Komponenten, zusammengefasst werden. Dadurch werden längere Pfade im Netz verschattet: Abbildung 2 zeigt die vollständige Topologie, während in Abbildung 3 gegenüber 2 zwei DEEs und eine Koppelkomponente ausgeschlossen wurden. Abbildung 4 zeigt darauf aufbauend einen Tunnel zwischen zwei Koppelkomponenten, der gegenüber Abbildung 3 zwei Koppelkomponenten und drei Netzabschnitte zu einer logischen Leitung abstrahiert. Die Vorteile dieses Ansatzes zeigen sich erst in komplexeren Szenarios. Ist das verschattete Netz zwischen den Koppelkomponenten größer, zum Beispiel das Internet, gelten für die Datenübertragung andere Randbedingungen als in lokalen Netzen. Diese können technischer Natur sein, zum Beispiel die eingesetzten und benötigten Technologien, oder auch administrative Aspekte umfassen, zum Beispiel die Festlegung welcher konkrete Pfad den Tunnel realisiert, sofern das Netze mehrere Möglichkeiten bietet.

Für alle mit den beiden genannten Konzepten entwickelten logischen Topologien und deren Umsetzung gilt stets, dass Koppelkomponenten auf Koppelkomponenten und DEEs auf DEEs abgebildet werden. Dadurch werden Anzahl und Struktur der logischen Topologien natürlich begrenzt. Durch die Virtualisierung von (End-)Geräten fällt diese Abbildungsvorschrift und physische DEEs werden eine Plattform, die nahezu beliebig weitere DEEs, Koppelkomponenten, Verbindungen und folglich ganze Netze realisieren kann. Um Zusicherungen gegenüber Kunden einzuhalten, muss diese Plattform Dienstgüte in Netzen realisieren können, analog zu Aufbauten ohne Virtualisierung.

Wird das VoIP-Beispiel so umgesetzt, dass auf je einem Host eine virtuelle Maschine betrieben wird, kann man mit Zugangsbeschränkung ein virtuelles Netz einrichten, das sich über beide Hosts und die Koppelkomponente erstreckt, aber nur VM1 und VM2 als DEE in diesem Netz zugelassen werden. Die direkte Verbindung der virtuellen Infrastruktur wird dann als Netz bestehend aus zwei DEEs und drei Koppelkomponenten (Host A, Koppelkomponente, Host B) realisiert.

2.2 Einordnung im ISO OSI Schichtmodell

Für den Schritt von abstrakten Koppelkomponenten und DEEs auf reale Komponenten betrachtet dieser Abschnitt die Aufteilung von Teilproblemen in der Datenübertragung entlang des Open Systems Interconnection (OSI) Referenzmodells der Internationalen Organisation für Normung (International Organization for Standardization – ISO). Daraus ergeben sich die für das Dienstgütemanagement relevanten physischen und virtuellen Komponenten.

Datenübertragung wird üblicherweise als Schichtung von Diensten implementiert. Standardmodell für Netze und ihre Schichtung ist das siebenschichtige ISO OSI-Referenzmodell. Die sieben Schichten in diesem Modell werden entsprechend ihrer Abstraktion von der physischen Hardware aufsteigend nummeriert; Schicht 1 ist die unterste Schicht, während Schicht 7 die höchste Schicht repräsentiert. DEEs implementieren alle sieben Schichten, während Koppelkomponenten in der Regel nur bis zu Schicht 3 umgesetzt werden.

Die Zwecke der Schichtung sind das Strukturieren von Teilproblemen und eine Anordnung und Kombination ihrer Lösungen. Jede Schicht erbringt einen Teildienst und baut immer auf die Dienste der darunterliegenden Schicht auf, wobei die Aufgabe von Schicht 1 die Übertragung von Bits über ein Medium ist. Diese Architektur hat folgende hervorhebenswerte Eigenschaften:

- Eine Schicht, bzw. ihre Implementierung, kann alle Teilprobleme der tieferen Schichten als gelöst betrachten.
- Ein Netzteilnehmer, der eine Schicht n implementiert, implementiert ebenfalls alle Schichten n-1 bis einschließlich Schicht 1.
- Daten verlassen und erreichen einen Netzteilnehmer stets über Schicht 1 Implementierungen.
- Es kommunizieren stets zwei Einheiten derselben Schicht.

Die Schichten 1-3 des OSI-Modells bilden das Transportsystem und dienen der effektiven Übermittlung von Daten zwischen zwei Systemen. Der Dienst von Schicht 1 ist die Übertragung von Bits zwischen zwei direkt miteinander verbundenen Systemen. Aus der Möglichkeit Bits zu übertragen erzeugt Schicht 2 einen (je nach Implementierung mehr oder weniger) verlässlichen Kommunikationsdienst mit dem Systeme Datenblöcke (sog. Rahmen) austauschen können. Schicht 2 kann bereits Funktionen zur Zugangsbeschränkung und für Tunnel beinhalten.

Mit den Schichten 1 und 2 lässt sich bereits ein Netz realisieren, in dem DEEs Nachrichten austauschen können. Schicht 3 hat die Aufgabe Teilnetze zu verbinden und so größere Verbundnetze zu schaffen, mit dem Ziel dass jeder Endpunkt mit jedem anderen Endpunkt in dem Verbundnetz kommunizieren kann, egal in welchem Teilnetz sich dieser befindet. Demnach sind Tunnel und Zugangsbeschränkungen in und durch Teilnetze häufig auf Schicht 3 angesiedelt.

Die Schichten 4-7 legen die Nutzung des Transportsystems und anwendungsspezifische Aspekte der Kommunikation fest. Deshalb sind sie nicht Teil des Transportsystems, sondern relativ stark an Anwendungen und Benutzer gebunden und eignen sich nicht direkt zur Virtualisierung von Netzen. Stattdessen sind die Schichten 2 und 3 für Zugangsbeschränkungen und Tunnelmechanismen im Rahmen des Netzmanagements maßgeblich. Dabei gibt es mehrere Ansätze, virtuelle Komponenten in ein Netz einzubinden.

Die installierte Komponente um virtuelle DEEs zu betreiben ist der *Virtualisierer*, oder auch Hypervisor. Betrachtet man allein den Dienst Datenübertragung, so ist es die Hauptaufgabe des Virtualisierers den Datenverkehr von und zu den virtuellen DEEs zu vermitteln. Dadurch wird die physische DEE in der Modellsicht zu einer Koppelkomponente. Zur Erfüllung seiner Aufgabe hat ein Virtualisierer prinzipiell mehrere Möglichkeiten:

1. Indem der virtuellen DEE Zugang zur Hardware erlaubt wird erlangt sie direkten Zugang zur Schicht 1. Ein Virtualisierer ist in diesem Fall eine Art Erweiterung der Schicht 1 Komponente der physischen DEE.
2. Ein Virtualisierer kann eine Schicht 2 Koppelkomponente (*Switch*) oder eine ganze Schicht 2 Topologie implementieren und somit virtuelle DEEs auf Schicht 2 in das physische Netz einspeisen.
3. Analog zu Schicht 2 kann ein Virtualisierer eine Schicht 3 Koppelkomponente (*Router*) oder Schicht 3 Topologie implementieren.

Mit den Möglichkeiten eines Virtualisierers ergibt sich Tabelle 1 als vollständige Liste von unterschiedlichen Komponenten in Virtualisierungsumgebungen, die eine Rolle beim Dienstgütemanagement spielen. Die Tabelle führt auch abkürzende Bezeichnungen für die jeweiligen Komponenten in der zweiten Spalte ein.

Tabelle 1: Komponenten in Virtualisierungsumgebungen

Name	Bezeichnung	Netzteilnehmer	Typ	OSI Schicht
Switch	Switch	Koppelkomponente	Physisch	2
Router	Router	Koppelkomponente	Physisch	3
Server mit Virtualisierer	Host	DEE	Physisch	7
Server ohne Virtualisierer	Server	DEE	Physisch	7
Virtueller Switch	vSwitch	Koppelkomponente	Virtuell	2
Virtueller Router	vRouter	Koppelkomponente	Virtuell	3
Virtuelle Maschine	VM	DEE	Virtuell	7

2.3 Dienstgütemanagement

Die vorausgehenden Kapitel beschreiben Virtualisierung in Netzen als eine Sammlung von Technologien um Netzkomponenten zu implementieren und logische Netze auf physische Netze aufzubringen. Dies geschieht in Virtualisierungsumgebungen, in denen ein physischer Aufbau vernetzter Computer von einer Vielzahl Kunden für unterschiedliche und voneinander unabhängige Zwecke eingesetzt wird.

Einerseits soll die Unabhängigkeit von anderen Anwendungen und Nutzern garantiert werden und andererseits soll eine bestimmte Leistung eines Dienstes innerhalb definierter Parameter ermöglicht werden. Aus der Konkurrenz durch Mehrfachnutzung und den Leistungsanforderungen an Dienste entsteht die Nachfrage nach Dienstgütezusicherungen und in der Folge Dienstgütemanagement zur Umsetzung, Durchsetzung und Überwachung.

Dienstgütemanagement (für Netze in Virtualisierungsumgebungen) ist eine Teildisziplin des Netz- und Systemmanagements, welches die ganzheitliche Beherrschung von IT-Infrastrukturen zur Aufgabe hat und eine etablierte Disziplin der Informatik ist. Abschnitt 2.3.2 bildet allgemeine Aufgaben des funktionalen Bereichs Leistungsmanagement der ISO OSI Managementarchitektur auf die vorliegende Problematik ab.

2.3.1 Dienstgüte in Netzen

Nachdem eine DEE einmal an ein Netz angeschlossen wurde, besteht die Möglichkeit zur Kommunikation mit allen Netzteilnehmern unter Verwendung des vorhandenen Netzes. Dabei teilen sich Daten aus verschiedenen Interaktionen abschnittsweise dieselben Leitungen und passieren dieselben Koppelkomponenten. Je nach Technologie und Ausstattung, haben Leitungen und Koppelkomponenten beschränkte Kapazitäten und die Netzteilnehmer konkurrieren um verfügbare Ressourcen. Ob die Datenübertragung aus Sicht des Nutzers einwandfrei von statten gehen kann, hängt daher von den freien Kapazitäten des Netzes zu jedem Zeitpunkt ab.

Dienstgütemanagement dient dazu, ein Netz so zu betreiben, dass es für im Voraus vereinbarte Nutzungen geeignet ist. Die klassischen Kennzahlen für Dienstgüte in Netzen sind (Tanenbaum und Wetherall 2010):

- Übertragungsrate: Datenvolumen pro Zeit
- Verzögerung: verstrichene Zeit zwischen Versand und Empfang einer Nachricht
- Verlustrate: Anteil gesendeter Nachrichten die ihr Ziel nicht erreichen
- Fluktuation/Schwankung (engl. „Jitter"): erwartete Abweichungen bei der Betrachtung einzelner oder weniger Nachrichten

Diese Kennzahlen werden an bestimmten Stellen im Netz gemessen, so dass aus den gemessenen Größen Rückschlüsse auf die Dienstgüte der Datenübertragung ableitbar sind. Um einem Kunden für seine genutzten Dienste ein Maß an Dienstgüte zuzusichern, werden Messungen, Messpunkte und -Zeitraum sowie Grenzwerte für Messergebnisse in sog. Service Level Agreements (SLAs) vereinbart. Danach obliegt es dem Betreiber das Netz zu konfigurieren und zu überwachen, sodass es für den Kunden innerhalb der spezifizierten Parameter arbeitet. Der Kunde wiederum kann sich auf die Einhaltung der Dienstgüteparameter im SLA berufen bzw. deren Einhaltung einfordern.

2.3.2 Aktivitäten im Dienstgütemanagement

Das Dienstgütemanagement zählt zu den funktionalen Bereichen Konfigurations- und Leistungsmanagement der ISO OSI Managementarchitektur. In das Konfigurationsmanagement fallen vor allem Umsetzung und Durchsetzung, da es hier um das effektive Steuern der Komponenten geht, so dass diese den spezifizierten Anforderungen entsprechen. Leistungsmanagement wiederum prägt das Ausüben von Konfigurationsmanagement. Die durchzuführenden Maßnahmen im Leistungsmanagement sind (Hegering et. al. 1999):

- Bestimmen von Dienstgüteparametern und Metriken
- Überwachen aller Ressourcen auf Leistungsengpässe
- Durchführen von Messungen
- Auswerten von Aufzeichnungen (engl. „History Logs") über Systemaktivitäten, Fehlerdateien, usw.
- Aufbereiten von Messdaten und Verfassen von Leistungsberichten
- Durchführen von Leistungs- und Kapazitätsplanungen.

Allgemeine Dienstgüteparameter für Datenübertragung sind in Netzen bereits etabliert (vgl. Abschnitt 2.3.1).

Die Vermeidung von Ausfällen durch Messungen und Analysen ist intuitiv Teil des Leistungsmanagements, da ein ausgefallener Dienst im Allgemeinen nicht einsatzbereit ist und damit nicht von Nutzern bzw. Kunden für einen bestimmten Zweck eingesetzt werden kann. Die Abgrenzung zum Fehlermanagement ergibt sich nach (Hegering et. al. 1999) daraus, dass sich Fehlermanagement mit der „Erkennung, Abgrenzung und Behebung von abnormalem Systemverhalten" beschäftigt. Dies ist jedoch erst möglich sobald das abnormale Systemverhalten auftritt, während Leistungsmanagement bereits im Vorfeld abnormales Systemverhalten vermeidet. Mit dem Ziel Nutzern und Kunden eine gewisse Dienstgüte zu garantieren ist es abnormales Systemverhalten, wenn das Netz nicht mehr in der Lage ist die Leistungsanforderungen eines virtuellen Netzes zu erfüllen.

Die Auswertung von mitgeführten Aufzeichnungen ist ein großer Aufgabenbereich um das Systemverhalten auch außerhalb der spezifizierten Dienstgüteparameter zu überwachen. Insbesondere in Virtualisierungsumgebungen kann dies eine wichtige Aufgabe sein, da hier viele virtuelle Komponenten oder Infrastrukturen unabhängig voneinander definiert und betrieben werden. Dienstgüteparameter spezifizieren meist das Verhalten der Topologie, die Gegenstand der Vereinbarung ist, und seltener die Vermeidung von Interaktion mit anderen, eventuell vorhandenen, Topologien.

Das Erstellen von Berichten auf Basis des gemessenen Systemverhaltens ist Teil der Schnittstelle des Leistungsmanagements nach außen – für alle Benutzer des Systems. Berichte dienen vor allem dem Nachweis von Aktivitäten im System und der Auslastung des Gesamtsystems, meist ohne direkte Auswirkungen auf den Betrieb des Teilsystems.

Der letzte Aufgabenbereich umfasst Simulationen und Bedarfsplanungen und ist zwar Teil des Leistungsmanagements, aber trägt nicht direkt zur Beherrschung von Virtualisierungsumgebungen, sodass Dienstgüte in bereits bestehenden virtuellen Netzen garantiert werden kann, bei. Hierzu gehört das Erstellen von analytischen oder simulativen Vorhersagemodellen, die dazu dienen Auswirkungen von neuen Anwendungen, von Maßnahmen zur Leistungssteigerung (engl. „Tuning") durch geeignete Feineinstellung von leistungsrelevanten Systemparametern oder von Konfigurationsänderungen zu prüfen.

2.4 Herausforderungen durch Virtualisierung

Die vorausgehenden Abschnitte zeigen konzeptionelle Änderungen durch die Einführung virtueller Netzkomponenten. Auf Topologieebene wird die Abbildung logischer Netze auf die vorhandene Infrastruktur erschwert, da nun Netzkomponenten nach Bedarf erzeugt und verändert werden können.

Während in traditionellen Infrastrukturen lediglich Netzflüsse um Ressourcen auf den Leitungen und in den Koppelkomponenten konkurrieren, gibt es in Virtualisierungsumgebungen zusätzlich noch die Problematik von virtuellen Koppelkomponenten, die mit virtuellen DEEs um dieselben Kapazitäten der Hosts konkurrieren.

Betrachtet man eine einzelne Komponente, so verhalten sich virtuelle Komponenten zwar funktional entsprechend ihrer physischen Vorbilder, ihre Umsetzung unterscheidet sich jedoch weitreichend, ausgehend von den Anschlussmöglichkeiten bis hin zu den Verarbeitungskapazitäten. Für durchgängiges Dienstgütemanagement müssen technische Verfahren zur Verfügung stehen und kombiniert werden, um Dienstgütevereinbarungen auch in virtuellen Netzen und Komponenten realisieren und überwachen zu können.

Da aus Sicht des Nutzers virtuelle Komponenten funktional nicht anders geartet sind als ihre physischen Vorbilder und der Einsatzzweck auch gleich bleibt, sind Probleme und Herausforderungen bei der effektiven Diensterbringung anzusiedeln. Hier greift Virtualisierung an drei Stellen ein:

1. Virtuelle Komponenten können Aufgaben physischer Komponenten komplett übernehmen, zum Beispiel die Übertragung von Daten zwischen zwei virtuellen DEEs auf demselben physischen Rechner.

2. Virtualisierer steuern die Nutzung der physischen Komponenten wenn virtuelle Komponenten um physische Ressourcen konkurrieren. Dadurch greift Virtualisierung in die Ressourcenverwaltung ein.
3. In Virtualisierungsumgebungen können sich ständig Anzahl und Anforderungen virtueller Komponenten ändern. Das heißt im Gegensatz zu rein physischen Aufbauten entsteht durch Virtualisierung in der Regel mehr Dynamik und die Konfiguration und Überwachung der Infrastruktur müssen dementsprechend angepasst werden.

Betrachtet man zum Beispiel einen Switch, kann man Aussagen bezüglich seiner Kapazitäten treffen die für Kapazitätsplanung, Ressourcenzuweisung und damit Dienstgütemanagement verwendbar sind. Tabelle 2 stellt drei Aussagen über einen physischen Switch den Eigenschaften eines virtuellen Switches gegenüber.

Tabelle 2: Gegenüberstellung eines physischen und virtuellen Switches

Physischer Switch	Virtueller Switch
Es können höchstens so viele Leitungen angeschlossen werden wie Buchsen vorhanden sind.	Ein virtueller Switch kann mit beliebig vielen anderen Netzteilnehmern verbunden werden. Die Anzahl der virtuellen Buchsen ist nicht fest.
Die Kapazitäten des Switches sind bekannt.	Die Leistungsdaten hängen von dem zugrunde liegenden physischen Server ab, um dessen Ressourcen u.U. viele virtuelle Koppelkomponenten und DEEs konkurrieren.
Der Ressourcenaufwand einen Rahmen zwischen zwei Anschlüssen zu übergeben ist bekannt und immer gleich, egal um welches Paar von Anschlüssen es sich handelt.	Ein typischer virtueller Switch weist deutlich mehr unterschiedliche Anschlussmöglichkeiten auf: • Eine virtuelle Schnittstelle über die andere virtuelle Komponenten angebunden sind. In diesem Fall werden Datenrahmen innerhalb eines Rechners kopiert oder verschoben. • Eine physische Schnittstelle, analog zu den Anschlüssen eines physischen Switches. Diese stellen in der Regel die Anbindung an das physische Netz dar. • Eine Schnittstelle auf einem anderen physischen Rechner. Häufig werden zusammen mit vSwitchen Tunnel eingesetzt, so dass ein vSwitch verteilt auf vielen Hosts existiert und dementsprechend Anschlüsse auf jedem dieser Rechner haben kann. Hier müssen Datenrahmen möglicherweise auf dem Weg zwischen zwei Anschlüssen desselben vSwitches das physische Netz durchqueren.

Dieses Beispiel verdeutlicht wie unterschiedlich Komponenten im Dienstgütemanagement sein können, obwohl sie funktional identisch sind. Analog dazu müssen auch virtuelle Router anders behandelt werden als ihre physischen Vorbilder.

Während virtuelle Komponenten funktional ihren physischen Vorbildern entsprechen zeigen sich große Unterschiede in den Bereichen Beschreibung, Dienstgüte und Planung. Hier (und v.a. für die Virtualisierer selbst) gibt es mehr und andere Werkzeuge zur Überwachung und Steuerung. Mit diesen zusätzlichen Techniken zur Überwachung und Steuerung von Netzen, ihren Komponenten und den darin transportierten Flüssen, kann Dienstgütemanagement prinzipiell betrieben werden. Ein einsetzbares Managementsystem kombiniert alle Ansätze und implementiert so Dienstgütemanagement in physischen und virtuellen Komponenten und Netzen gleichermaßen. Dadurch kann sichergestellt werden, dass ein Netz betrieben werden kann und dass es für (im Voraus) vereinbarte Nutzungen geeignet ist, unabhängig davon wie es durch die Infrastruktur tatsächlich dargestellt wird.

3 Zielsetzungen für Dienstgütemanagement für Netze in Virtualisierungsumgebungen

Dienstgütemanagement wird in diesem Beitrag mit bestimmten Absichten und Aktivitäten beim Verwalten einer Infrastruktur und den darin erbrachten Diensten beschrieben. Für einen Mehrwert im alltäglichen Betrieb werden alle Konzepte und Verfahren in Software, dem sog. Managementsystem, implementiert. Dieses ist in der Lage die spezifizierten Topologien und Anforderungen in Konfigurationen für die Virtualisierungsumgebung zu übersetzen, veranlassen und überwachen. Die Eigenschaften eines solchen Systems entsprechen den Spezifikationen einer Managementarchitektur.

Aus dem oben abgesteckten Aufgabenbereich können Anforderungen an ein Managementsystem zum Dienstgütemanagement für Netze in Virtualisierungsumgebungen abgeleitet werden, um daraus wiederum eine allgemeine Architektur für derartige Systeme abzuleiten. Stellvertretend für eine ausführliche Anforderungsanalyse formuliert dieser Abschnitt die Zielsetzungen für die Entwicklung einer Managementarchitektur.

3.1 Allgemeine Aufgaben des Managementsystems

Ein Managementsystem ist ein Werkzeug um Dienstgütemanagement zu betreiben und stellt dadurch das Bindeglied zwischen Verwalter und Infrastruktur dar.

Die ursprüngliche Motivation für des Dienstgütemanagement in Virtualisierungsumgebungen ergibt sich aus dem Ziel, den Kunden eine an ihre Bedürfnisse angepasste Infrastruktur bereitzustellen und Eigenschaften dieser Infrastrukturen bezüglich Datenübertragung zu garantieren. Während des Betriebs wird das Managementsystem dazu eingesetzt (Leistungs-) Management der virtuellen Infrastrukturen durchzuführen. Diese Eigenschaft ist prägend für das Managementsystem und demnach für die Managementarchitektur.

Die Vereinbarungen mit den Kunden werden in virtuellen Infrastrukturen realisiert. Die Kunden benutzen die virtuellen Infrastrukturen um ihre IT-Dienste zu betreiben. Die Dienstgüteanforderungen der Kunden richten sich auf die Komponenten bzw. das Verhalten der virtuellen Infrastruktur. Am Ende müssen dennoch Virtualisierer und physische Koppelkomponenten konfiguriert werden, um den formulierten Vereinbarungen und Anforderungen zu genügen. (Bei der vorliegenden Problemstellung geht es vorrangig um die indirekte Verwaltung der physischen Infrastruktur durch Verwalten der virtuellen Infrastrukturen.) Daraus ergibt sich ein Bild eines Managementsystems, das physische und virtuelle Netzkomponenten gleichermaßen zu dem Zweck verwaltet, Datenübertragung mit einer bestimmten Dienstgüte zu realisieren und Benutzern die Verwaltung von virtuellen Infrastrukturen, inklusive Dienstgüteparameter, ermöglicht.

3.2 Verwaltung der Dienstgüte von Pfade

Unter dem Blickwinkel Diensterbringung und Dienstnutzung zeigen sich in Virtualisierungsumgebungen zwei Ausprägungen: zum einen die Datenübertragung mit einer Dienstschichtung entlang des ISO OSI Referenzmodells und zum anderen die Bereitstellung von Infrastrukturen, wobei die geschichteten Dienste in diesem Fall der Einsatz und die Kombination von Virtualisierungstechnologien sind.

Abbildung 2 in Abschnitt 2 unterscheidet zwischen DEEs und Koppelkomponenten für eine Modellsicht auf Netze und Beschreibung der Datenflüsse. In dieser Darstellung bildet ein Netz mit diversen Koppelkomponenten den Kern der Infrastruktur und Datenendeinrichtungen sind um dieses Netz herum angesiedelt bzw. daran angeschlossen. Mit diesem Modell, ohne ausgewiesene virtuelle Systeme, gibt es drei verschiedene Arten von Verbindungen zwischen zwei Komponenten, die mit Dienstgüteeigenschaften behaftet sein können:

- DEE mit DEE
- DEE mit Koppelkomponente
- Koppelkomponente mit Koppelkomponente

Um eine dienstgütebehaftete Verbindung auf eine Infrastruktur aufzubringen, muss ein Managementsystem alle Komponenten auf dem Pfad zwischen den gewählten Endpunkten entsprechend konfigurieren.

Abschnitt 2.4 zeigt anhand der Gegenüberstellung eines Switches mit einem vSwitch, dass virtuelle Systeme im Vergleich zu ihren physischen Vorbildern deutlich unterschiedliche für das Dienstgütemanagement relevante Eigenschaften haben können. Insofern muss auch jedes Managementsystem für Dienstgütemanagement zwischen virtuellen und physischen Systemen unterscheiden. Abbildung 5 zeigt ein Beispiel für eine Topologie mit physischen und virtuellen Systemen.

Im Kern der Infrastruktur befindet sich ein Netz aus physischen Koppelkomponenten, analog zu Abbildung 2 in Abschnitt 2. An dieses Netz angeschlossen sind physische DEEs, von denen manche Hosts sind. Hosts sind die Plattform für virtuelle Koppelkomponenten und DEEs. Das heißt deren Datenverkehr muss den Host passieren, um über das physische Netz übertragen zu werden. Dementsprechend sind in der Schicht um die Hosts virtuelle Koppelkomponenten angesiedelt und in der Schicht ganz außen die virtuellen DEEs.

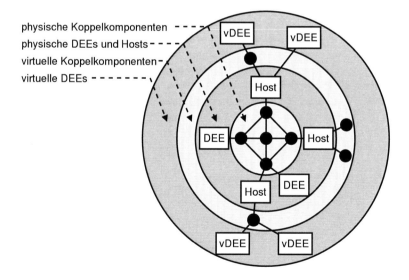

Abbildung 5: Eine Topologie mit physischen und virtuellen Komponenten

Abbildung 5 gruppiert die Systeme der Infrastruktur in Schichten von innen nach außen nach ihren Kommunikationseigenschaften, vor allem nach „direkten

Nachbarn" des effektiven Datenflusses. Die eingezeichneten Verbindungen zeigen mögliche Wege für die direkte Übertragung von Daten, ohne mittelbare Komponenten. Insbesondere sind keine Verbindungen eingezeichnet, die durch den Einsatz von Tunneltechniken zusätzlich möglich sind.

Bei dieser Strukturierung der Komponenten wird durch die Anzahl der Zwischenschritte deutlich, dass zum Beispiel die Kommunikation zwischen einem virtuellen Switch und einem physischen Switch anders realisiert werden muss, als die Kommunikation zwischen zwei physischen Switches. Charakterisiert man die „direkte" Kommunikation zwischen einem physischen und einem virtuellen Switch entlang der ISO OSI Schichten, tritt der offensichtlich an der Kommunikation beteiligte Host nicht in Erscheinung. Gleichzeitig hängt aber die erreichbare Dienstgüte bei der Datenübertragung unter anderem von der Auslastung des Hosts ab.

Berücksichtigt man Virtualisierung und Tunneltechniken so ergibt sich folgende (umfangreichere) Liste an prinzipiellen möglichen Verbindungen die mit Dienstgüteeigenschaften behaftet sein können:

- DEE mit DEE
- virtuelle DEE mit DEE
- virtuelle DEE mit virtueller DEE
- DEE mit Koppelkomponente
- virtuelle DEE mit Koppelkomponente
- Koppelkomponente mit Koppelkomponente
- virtuelle Koppelkomponente mit Koppelkomponente
- virtuelle Koppelkomponente mit virtueller Koppelkomponente

Ein Dienstgütemanagementsystem für Virtualisierungsumgebungen unterscheidet zwischen Pfaden und Pfadsegmenten aus der erweiterten Liste und erstellt letztendlich Konfigurationen für alle Teilsysteme. Die Aktivitäten des Leistungsmanagements dienen dazu sicherzustellen, dass die virtuellen Infrastrukturen der Nutzer bzw. Kunden tatsächlich den zugesicherten Eigenschaften entsprechen.

Anmerkung: Die Unterscheidung zwischen einfachem Host und Server ist hier für das Leistungsmanagement nicht ausschlaggebend, da beide auf OSI Schicht 7 anzusiedeln sind. Der Begriff „virtuelle DEE" bezeichnet in den meisten Fällen und in Abbildung 4.1 VMs und eine VM ist meist ein virtueller Server. Es ist jedoch denkbar, dass auf einer virtuellen Maschine ein Virtualisierer betrieben wird, z.B. für Testzwecke. Rekursive Virtualisierung und sog. „vHosts" werden hier jedoch nicht genauer betrachtet.

3.3 Abgeleitete Zielsetzungen

Eine virtuelle Infrastruktur, die auf die Bedürfnisse eines Kunden hin spezifiziert wurde, wird vom Managementsystem umgesetzt, das heißt, lediglich das Managementsystem verfügt über das Netz einer virtuellen Infrastruktur als Ganzes. Aus diesem Grund ist das Managementsystem nicht auf Leistungsmanagement im Betrieb beschränkt, sondern von Anfang bis Ende an der Bereitstellung und Verwaltung von virtuellen Infrastrukturen beteiligt.

Eine virtuelle Infrastruktur ist ein IT-Dienst, dessen Lebenszyklus nach (Dreo 2002) beschrieben werden kann, insbesondere, da in einer Virtualisierungsumgebung viele virtuelle Infrastrukturen ihren kompletten Lebenszyklus durchlaufen. In diesem Lebenszyklusmodell bedeutet von Anfang bis Ende: von der Bereitstellung über Betrieb und Anpassung bis zur Auflösung. Der Dienstlebenszyklus nach (Dreo 2002) beginnt bereits bei der Formulierung des zu erbringenden Dienstes, noch vor dessen Umsetzung. Das Managementsystem dient der Steuerung der vorhandenen IT-Infrastruktur und ist deshalb erst bei der Umsetzung, also der ursprünglichen Bereitstellung einer virtuellen Infrastruktur, beteiligt.

Die Beschreibung einer virtuellen Infrastruktur inklusive ihrer Dienstgüteeigenschaften wird in das Managementsystem eingegeben. Das Managementsystem kann daraufhin das Netz zwischen den (virtuellen) Endpunkten bestimmen und steuern. Sind die Endpunkte bekannt, können virtuelle Netze und Pfade geschaltet werden. Das Managementsystem kontrolliert isolierte virtuelle Netze, überwacht diese und kann Anwendern Managementfunktionen auf das virtuelle Netz anbieten.

Da das Managementsystem den Verlauf der virtuellen Pfade durch die physische Infrastruktur kennt und steuert, kann es Ressourcenzuweisung und -nutzung koordinieren, d.h. während des Betriebs Veränderungen an der ursprünglich aufgebrachten Infrastruktur vornehmen. Umgekehrt kann es auf Veränderungen reagieren, wie zum Beispiel dem Hinzufügen eines Endpunkts in eine virtuelle Infrastruktur, oder aber das Migrieren eines virtuellen Endpunkts auf einen anderen Host. Letztendlich ist das Managementsystem auch an der Auflösung einer virtuellen Infrastruktur beteiligt indem reservierte Ressourcen freigegeben werden und logische Verbindungen, z.B. Tunnel, abgebaut werden.

Aus dem Ansinnen Leistungsmanagement zu betreiben, der Aufgabe virtuelle Infrastrukturen zu verwalten, der Aufgabe der Managementzugang für Anwender zu sein und dem Lebenszyklus virtueller Infrastrukturen ergeben sich folgende Ansprüche an ein Managementsystem für Dienstgütemanagement für Netze in Virtualisierungsumgebungen:

A1 Es müssen Modelle von physischen und virtuellen Infrastrukturen vorgehalten werden. Das Managementsystem reagiert auch auf Änderungen am Gesamtsystem. Deshalb muss das Managementsystem Repräsentationen der Soll- und Ist-Zustände der einzelnen Topologien, inklusive Dienstgüteparameter, haben um Aktionen entsprechend ableiten zu können.

A2 Der Zugang zu den Informationen (und Funktionen) muss beschränkt werden, um eine Isolation der Infrastrukturen zu garantieren. Der Betreiber nimmt eine Sonderrolle ein, da dieser auch die physischen Komponenten direkt verwaltet.

A3 Das Dienstgütemanagement einer virtuellen Infrastruktur muss möglich sein, ohne zusätzliches Wissen über ihre Umsetzung. Dem Kunden soll eine stabile, sich nicht verändernde Infrastruktur angeboten werden, die komplett isoliert von anderen Infrastrukturen betrachtet werden kann.

A4 Der Anwender arbeitet mit generalisierten Funktionen zur Festlegung und Steuerung von Dienstgüteparametern und löst nicht direkt Managementaktionen an Komponenten aus.

A5 Die von Anwendern ausgelösten Funktionen müssen automatisch auf spezialisierte Anweisungen abgebildet werden. Die spezialisierten Anweisungen beziehen sich auf Teilstrecken, Pfadsegmente, aus der in Abschnitt 3.2 eingeführten Liste. Die Abbildungen werden wiederholt, bis daraus Anweisungen an unmittelbar interagierende physische und virtuelle Komponenten entstehen.

A6 Netzabschnitte müssen zu Pfaden verknüpft werden können um die logischen Verbindungen virtueller Infrastrukturen umzusetzen. Ebenso müssen, als Reaktion auf Einflüsse von außen oder von Anwendern, bestehende Pfade modifizierbar sein.

A7 Das Managementsystem muss alle Komponenten steuern können. Diese wurden in Tabelle 1 in Abschnitt 2.2 aufgeführt. Einige Komponenten, zum Beispiel Virtualisierer, können bereits durch ein anderes Managementsystem verwaltet werden. Ein Managementsystem für Dienstgütemanagement für Netze in Virtualisierungsumgebungen muss aber auch diese Teilsysteme koordinieren.

A8 Für allgemeine Dienstgüteparameter müssen Steuer- und Messfunktionen koordiniert werden, um Aussagen über die Erfüllung von Zusicherungen zu treffen. Da das Managementsystem die Pfade kontrolliert muss es auch die Messungen der Teilabschnitte und des gesamten Pfades koordinieren und daraus Aussagen ableiten.

A9   Analog zu Pfaden müssen auch Messungen und Messabschnitte koordiniert und zusammengefasst werden.

A10 Zur effektiven Durchführung von Leistungsmanagement muss es für Messungen auch Trendanalysen und Frühwarnsysteme geben, um Engpässe zu erkennen.

A11 Bei drohenden Leistungsengpässen muss das Managementsystem warnen, insbesondere wenn ein Anwender eine Managementfunktion auslösen möchte, die einen drohenden Engpass verschlimmern kann. Dazu müssen die Auswirkungen von Managementoperationen vor der effektiven Umsetzung überprüft werden.

Ein Managementsystem, das diesen Zielen entspricht, kann alle Nutzer beim Netzdienstgütemanagement in Virtualisierungsumgebungen unterstützen. Virtuelle Infrastrukturen können mit Dienstgüteattributen versehen werden, die das Gesamtsystem so steuern, dass die Anforderungen der Kunden erfüllt werden.

4 Architekturentwicklung für Dienstgütemanagement für Netze in Virtualisierungsumgebungen

Aus den zuvor besprochenen Herausforderungen und den daraus entwickelten Zielsetzungen kann eine Managementarchitektur für Dienstgütemanagementsysteme für Netze in Virtualisierungsumgebungen entwickelt werden. Architekturen sind im Unified Software Development Process bzw. Unified Process (Jacobson et. al. 1999) konzeptionelle Vorlagen für Implementierungen von Softwaresystemen; genauer handelt es sich also hier um eine Managementarchitektur für Managementsysteme.

Der Kern einer Managementarchitektur entsprechend dem OSI-Referenzmodell wird in (Hegering et. al. 1999) aus vier Teilmodellen zusammengesetzt. Diese beschäftigen sich mit der Beschreibung

- der zu verwaltenden Objekte und ihren Beziehungen zueinander (Informationsmodell),
- der Funktionen, die zur Durchführung von Management umgesetzt werden müssen (Funktionsmodell),
- der Regelung und Verteilung von Kompetenzen und Zuständigkeiten auf Nutzer (Organisationsmodell) und
- der Interaktionen von Teilsystemen und die zu kommunizierenden Inhalte (Kommunikationsmodell).

Dieser Abschnitt zeigt den aktuellen Entwicklungsstand einer Managementarchitektur, fokussierend auf die benötigten Komponenten und deren Interaktion. Der wesentliche Beitrag dieser neu entwickelten Architektur ist die Kombination von Netzmanagement und dem Management virtualisierter Komponenten zum Zwecke des Dienstgütemanagements.

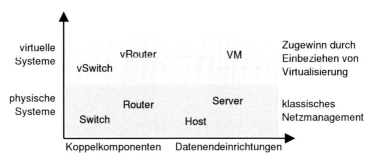

Abbildung 6: Kategorisierung verwaltbarer Komponenten

Dienstgütemanagement mit zugesicherten, überwachten und technisch durchgesetzten Eigenschaften als Teil von klassischem Netzmanagement kann bisher innerhalb von physischen Netzen umgesetzt werden. Die im Folgenden vorgestellte Architektur dehnt diesen Wirkungsbereich auch auf virtuelle Komponenten aus und ermöglicht so Dienstgütemanagement für alle Topologien innerhalb einer Virtualisierungsinfrastruktur. Abbildung 6 visualisiert den Zugewinn als die Einbeziehung von virtuellen Komponenten. Die untere dunklere Fläche beinhaltet die Komponenten zwischen denen heute bereits Dienstgütemanagement umgesetzt werden kann. Die hellere Fläche umfasst die neuen Komponenten, die als Endpunkt einer dienstgütebehafteten Verbindung verwaltet werden können.

Die Erweiterung des Wirkungsbereichs von Dienstgütemanagement wird konzeptionell durch das Einbeziehen der Übergänge zwischen virtuellen und physischen Komponenten und den dadurch ermöglichten logischen Verbindungen im Dienstgütemanagement erreicht. Sofern es Pfade durch ein Netz betrifft, sind dies die in Abschnitt 3.2 aufgezählten Verbindungen die mit Dienstgüteeigenschaften behaftet sein können.

4.1 Behandlung gegenläufiger Ziele

Die im vorausgegangenen Abschnitt 3.3 formulierten Ziele eines Managementsystems beinhalten meistens Abbildung, Verschattung oder Automatisierung. Dies ergibt sich daraus, dass beim Management von Virtualisierungsumgebungen mehrere gegenläufige Aspekte zusammentreffen.

Virtuelle Infrastrukturen werden zusammengefasst und teilen sich dieselben physischen Ressourcen. Dies ist gegenläufig zum Bestreben, virtuelle Infrastrukturen strikt voneinander zu trennen, damit sie sich nicht gegenseitig beeinflussen, und für jede virtuelle Infrastruktur einzeln Dienstgütemanagement zu betreiben.

Dienstgütemanagement benötigt eine sehr präzise Steuerung jeder einzelnen beteiligten Komponente. Hier entsteht Reibung durch die vielen Indirektionen: der Kunde bekommt eine angepasste virtuelle Infrastruktur, die durch Hosts realisiert wird, die über ein Netz verbunden sind, welches virtuelle Leitungen beinhalten kann.

Physische und virtuelle Komponenten unterscheiden sich beim Durchführen von Konfigurations- und Leistungsmanagement voneinander. Da Kunden jedoch nicht mit einer globalen Sicht auf die Virtualisierungsumgebung arbeiten, sondern lediglich ihre jeweiligen virtuellen Infrastrukturen betreuen, müssen die Managementfunktionen zur Durchführung von Dienstgütemanagement einheitlich sein.

Schlussendlich gibt es noch den allgemeinen Aspekt im Dienstgütemanagement, dass Dienstgüteparameter in der Regel für Leitungen bzw. Verbindungen zwischen zwei Komponenten spezifiziert werden. Allerdings findet die Umsetzung mittels Konfiguration und Überwachung in den Komponenten statt.

Zusammenfassend ergibt sich, dass die Architektur prinzipiell darauf ausgerichtet werden muss, Abstraktionen zu bilden bzw. aufzulösen. Gemessene Leistungsdaten werden korreliert um daraus die relevanten Daten für virtuelle Komponenten und Pfade zu extrahieren, und durchgeführte Managementoperationen werden zerlegt und an ausführende Module delegiert.

4.2 Architekturüberblick

Abbildung 7 zeigt die hauptsächlichen Aufgabenbereiche der Architektur und wie sie sich in die Verwaltung von Komponenten einbetten. Die Aufteilung folgt prinzipiell dem Demingkreis bzw. das Demingrad „Plan-Do-Check-Act" für Qualitätsmanagement, wobei die hier beschriebene Reihenfolge am agierenden Benutzer, in der Abbildung als Administrator bezeichnet, verankert ist: Zuerst wird auf der abstrakten Ebene der virtuellen Infrastrukturen ein Soll-Zustand festgelegt (Act). Im nächsten Schritt wird ein Soll-Zustand für die gesamte Virtualisierungsumgebung abgeleitet (Plan). Daraufhin wird das System in den neuen Soll-Zustand überführt (Do) und kontinuierlich zum Zweck des Leistungsmanagements überwacht (Check).

Die vier Kästen mit durchgezogenen Linien repräsentieren die Aufgabengebiete:

1. Bereitstellen eines Managementzugangs zum Verwalten von virtuellen Infrastrukturen

2. Entwicklung und Koordination von Strategien zur Umsetzung von Dienstgüte
3. Steuerung der individuellen Komponenten
4. Sammeln von Leistungsdaten

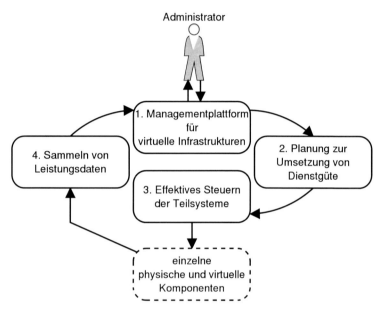

Abbildung 7: Abgedeckte Aufgabenbereiche

Die Nummerierung entspricht der Nummerierung im Bild. Ein Administrator, der Dienstgütemanagement betreibt, benötigt dafür Informationen und setzt Managementbefehle ab, die im Endeffekt die virtuellen und physischen Komponenten der Virtualisierungsumgebung konfigurieren.

Die Pfeile weg vom Administrator in Richtung der Komponenten, dem gestrichelten Kasten in der Abbildung, deuten den Verarbeitungsweg von Managementbefehlen bis zur effektiven Ausführung an. Die Pfeile zum Administrator hin skizzieren den Weg und die Aufbereitung von Informationen um dem Administrator Dienstgütemanagement zu ermöglichen. Die eingezeichneten Befehls- und Informationsflüsse sind exemplarisch. Zwischen den einzelnen funktionalen Komponenten existieren mehrere Beziehungen und Regelkreise (siehe Abschnitt 4.3), die ein konsistentes und reaktives System sicherstellen.

Der Managementzugang implementiert einen wesentlichen Teil der strikten Trennung der unterschiedlichen Infrastrukturen und die geforderten abstrakten Managementfunktionen, um Dienstgütemanagement zu ermöglichen. Das Hauptaugenmerk liegt auf den Modellen mit denen die Infrastrukturen der Kunden repräsentiert werden. Durch das Auswerten vorhandener Daten und das Abbilden auf gespeicherte Modelle wird der Ist-Zustand von virtuellen Infrastrukturen ermittelt und den Nutzern des Systems, sowohl Administrator als auch Kunden, zugänglich gemacht. Umgekehrt werden Änderungen am Modell als neuer Soll-Zustand gespeichert.

Der zweite Aufgabenbereich entwickelt eine generelle Strategie um die Virtualisierungsumgebung in den neuen Soll-Zustand zu überführen. Hier werden die logischen Verbindungen und dienstgütespezifischen Einstellungen bzw. Anforderungen analysiert. Dabei werden logische Verbindungen in ihre Bestandteile aufgeteilt bis alle relevanten Teilabschnitte identifiziert wurden, die nicht mehr weiter aufgeteilt werden können. Anschließend werden die Dienstgüteanforderungen der ursprünglichen logischen Verbindung auf die Teilabschnitte umgelegt. Das Ergebnis ist eine Menge von dienstgütespezifischen Konfigurationen für die Kommunikation direkter Nachbarn. Durch die Umsetzung der Konfigurationen wird die Virtualisierungsumgebung, und damit die virtuellen Infrastrukturen, in den Soll-Zustand überführt.

Die effektive Umsetzung wird im dritten Aufgabenbereich der Architektur realisiert. Dieser Bereich ist der Werkzeugkasten der Architektur zur Steuerung der Dienstgüte zwischen zwei unmittelbar kommunizierenden Komponenten. Für die einzelnen Schritte der Strategie zum Erreichen des Soll-Zustands werden hier für die jeweiligen Komponenten die entsprechenden Managementoperationen ausgewählt und ausgeführt.

Aktivitäten im Leistungsmanagement (vgl. Abschnitt 2.3.2) setzen massiv auf die Interpretation und Auswertung von gemessenen Daten. Der verbleibende Aufgabenbereich ist deshalb die Sammlung von relevanten Daten für das Leistungsmanagement der Virtualisierungsumgebung und insbesondere den virtuellen Infrastrukturen. Die dafür spezifizierten Messverfahren orientieren sich an den Modellen der virtuellen Infrastrukturen über die man Aussagen treffen möchte. Darum können sich Messabschnitte über viele Komponenten und verschieden lange Netzabschnitte erstrecken.

Die folgenden Abschnitte verfeinern diesen Aufgabenbereiche zu funktionalen Komponenten, die als Einheiten die Teilaufgaben wahrnehmen implementiert werden können.

4.3 Funktionale Komponenten

Die Aufteilung in allgemeine Aufgabenbereiche liefert erste Schnittstellen in Form von erwarteten Ergebnissen und benötigten Informationen bzw. Eingaben. Die Verfeinerung von Aufgabenbereichen in funktionale Komponenten, die als Teilsysteme eines Managementsystems implementiert werden können, erfolgt anhand von benötigten Informationen und Teilmodellen innerhalb eines Aufgabenbereichs. Zum Beispiel wird die Strategie um eine bestimmte logische Verbindung zu implementieren im Aufgabenbereich 2 erstellt und in den Aufgabenbereichen 3 und 4 verwendet. Daraus ergibt sich für jedes dieser Gebiete eine funktionale Komponente die sich mit Strategien befasst.

Modelle, Strategien, Zustände und Messdaten werden meist für die Erfüllung mehrerer Aufgaben unterschiedlicher Komponenten benötigt. Für einen Softwareentwurf ist es sinnvoll diese Daten mit einer zentralen Datenbank zu verwalten um vor allem deren Konsistenz und Verfügbarkeit zu garantieren. Die im Folgenden gezeigten Architekturkomponenten und ihre Interaktionen verzichten auf die Datenbank als „Zwischenhändler" für Informationen.

4.3.1 Managementplattform

Die Managementplattform interagiert mit Benutzern bzw. Administratoren und ist der Zugang zur Konfiguration von Dienstgütemanagement in Netzen in Virtualisierungsumgebungen. Mit einem Fokus auf Dienstgütemanagement in Netzen muss die Architektur darauf ausgelegt werden mit anderen Managementsystemen bzw. mit anderen Aufgaben zu interagieren und eventuell integriert zu werden. Das heißt *der Administrator* kann neben einem menschlichen Benutzer, der eine Anwendung bedient, auch ein anderes Softwaresystem sein.

Abbildung 8 zeigt die funktionalen Komponenten der Managementplattform, ihre Interaktionen untereinander, mit dem Benutzer und den anderen Aufgabengebieten. Der Administrator interagiert lediglich mit dem *Managementzugangspunkt*. Hier kann der aktuelle Zustand der virtuellen Infrastrukturen bezüglich Dienstgüte und Leistungsmanagement eingesehen und ein Soll-Zustand definiert werden. Dafür ist es notwendig aus den Messdaten der gemeinsam genutzten Infrastruktur individuelle Werte zu berechnen und Berichte zu erstellen. Datenauswertung geschieht entweder kontinuierlich, oder ausgelöst durch eine Benutzeranfrage. Deshalb ist die Datenauswertung eine selbstständige funktionale Komponente und nicht Teil des Managementzugangspunkts. Die dritte Komponente der Managementplattform dient der Koordination. Managementaktionen können vom Benutzer oder von Automatismen im Leistungsmanagement ausgelöst werden. Auf der anderen Seite muss aus einer gewünschten Konfigurationsänderung erst eine Strategie zur Umsetzung entwickelt werden.

Dienstgütemanagement für Netze in Virtualisierungsumgebungen 71

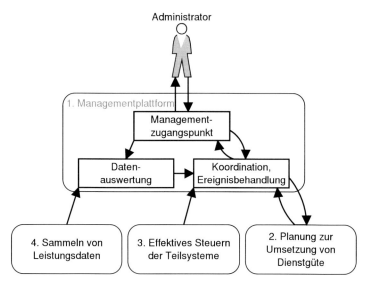

Abbildung 8: Funktionale Komponenten der Managementplattform

Mit Strategieentwicklung, Automatismen und Administratoren gibt es hier mindestens drei voneinander unabhängig arbeitende Architekturteile wodurch eine koordinierende Einheit notwendig wird um sinnvoll effektives Management betreiben zu können. Mit Blick auf die Interaktion mit anderen Komponenten stellt die Koordination sicher, dass ein Soll-Zustand vollständig definiert wurde, bevor andere Komponenten daraus Änderungen an den produktiven Systemen ableiten und ein wirksamer Eingriff in den laufenden Betrieb stattfindet.

4.3.2 Planung

Das Problem ein bestehendes System von einem Ist- in einen Soll-Zustand zu überführen ist pauschal betrachtet nicht spezifisch für Virtualisierung. Ebenso ist es betriebswirtschaftlich intuitiv den Ressourceneinsatz zu minimieren und gleichzeitig die Dienstgüte maximal vieler virtueller Infrastrukturen garantieren zu wollen. Dadurch wird die Problemstellung virtuelle Infrastrukturen in eine Virtualisierungsumgebung einzubetten zu einem Optimierungsproblem.

Da Optimalitätskriterien für jede virtuelle Infrastruktur und sogar für jede logische Verbindung innerhalb des Systems individuell festgelegt werden, können kaum allgemeine Aussagen zu Planung und Optimierung getroffen werden. Sofern es den Betrieb der Virtualisierungsumgebung und das Durchführen von Leistungsmanagement betrifft, ist es zunächst wichtig überhaupt alle Dienstgüteanforderungen erfüllen zu können. Insofern steht der Dienstgüteplaner in Abbildung 9 stellvertretend für beliebige Ansätze die geeignet sind aus dem Modell einer virtuellen Infrastruktur ein technisches Vorgehen abzuleiten, mit dem die Virtualisierungsumgebung konfiguriert werden kann. Für die Qualität eines solchen Planers ist maßgeblich ob die resultierende Konfiguration der Virtualisierungsumgebung geeignet ist die Dienstgüteanforderungen der virtuellen Infrastrukturen umzusetzen.

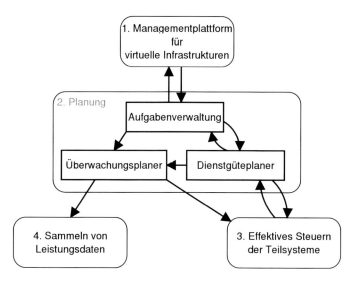

Abbildung 9: Funktionale Komponenten der Planung

Die anderen funktionalen Komponenten in diesem Aufgabenbereich sind die Aufgabenverwaltung und der Überwachungsplaner. Die Aufgabenverwaltung dient vor allem der Überwachung des Fortschritts der Planungen und bietet einen Ansatzpunkt um manche Managementaktionen gegenüber anderen zu priorisieren, zum Beispiel zum zeitnahen Reagieren auf Leistungsengpässe. Der Überwachungsplaner entwickelt Strategien um Messungen im Rahmen des Dienstgütemanagements durchzuführen. Die Strategie zur Datenerhebung hängt von der geplanten Abbildung der virtuellen Infrastruktur auf die zugrunde liegende physische Infrastruktur ab und ist deshalb ebenso eine Teilfunktion der Planung wie die Abbildung selbst.

Abbildung 9 enthält bidirektionale Beziehungen, die Regelkreise zwischen den beteiligten Komponenten andeuten. Da es sich um ein Optimierungsproblem handelt und in der Regel viele virtuelle Infrastrukturen existieren ist es möglich, dass zu einem gewünschten Soll-Zustand erst nach aufwendigeren Berechnungen eine zielführende Strategie entwickelt werden kann. In manchen Fällen kann dies auch unmöglich sein. Um zu verhindern, dass einzelne Teilaufgaben oder Teilsysteme die Verwaltung der kompletten Virtualisierungsumgebung dominieren, oder gar blockieren, sind Regelkreise vorgesehen, die Fehlerbehandlungen und unterschiedliche Grade der Automatisierung ermöglichen.

4.3.3 Komponentensteuerung

Jede beteiligte Komponente verfügt über Ressourcen und besitzt Mechanismen um Ressourcen zu reservieren. Die genaue Umsetzung hängt von der Komponente (und manchmal von dem konkret eingesetzten Produkt) ab. Zum Beispiel verfügt ein Virtualisierer über die CPU(s) eines Hosts und kann einzelnen VMs Rechenzeit zuweisen, während Switche und Router ihre Kapazitäten meist in Tranchen von Nachrichten (oder Bytes) pro Zeiteinheit zuweisen. Im physischen Fall kann man eine Reservierung von Bytes pro Zeiteinheit häufig direkt an die Komponente übermitteln. Handelt es sich um eine virtuelle Koppelkomponente, muss häufig neben der Reservierung in der Komponente zusätzlich der Virtualisierer veranlasst werden der virtuellen Komponenten die zur Erfüllung der Aufgabe benötigten Ressourcen zu garantieren.

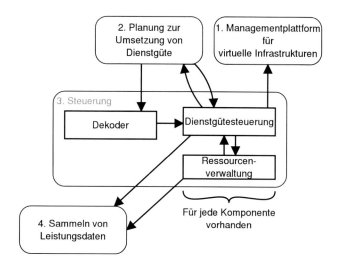

Abbildung 10: Funktionale Komponenten der effektiven Steuerung

In Abbildung 10 ist der Dekoder dafür zuständig aus den entwickelten Strategien alle solchen effektiven Konfigurationsanweisungen zu entwickeln. Dazu gehören auch Anweisungen die Komponenten veranlassen, Messungen durchzuführen und die eigenen Leistungsdaten zu überwachen und zugänglich zu machen. Letzteres kann zum Beispiel durch eine Datenbank implementiert werden, in der jede Komponente in regelmäßigen Abständen ihren Zustand hinterlegt.

Für jede Komponente gibt es eine funktionale Komponente zur Dienstgütesteuerung und eine weitere zur Verwaltung der eigenen Ressourcen. Die Ressourcenverwaltung dient hauptsächlich der Verwaltung von Zuweisungen und dem Erstellen von Berichten bezüglich zugewiesenen und freien Ressourcen. Die Dienstgütesteuerung einer Komponente nimmt Konfigurationsanweisungen entgegen und setzt diese um. Dadurch wird das Verhalten von Komponenten dahingehend gesteuert, dass auf den entsprechenden Pfadsegmenten der logischen und physischen Netze die geforderte Dienstgüte geliefert wird. Im Vorfeld interagiert die Dienstgütesteuerung mit dem Planer während der Strategieentwicklung und gibt darüber Auskunft, ob diese Komponente in der Lage ist die angefragten Dienstgüteeigenschaften zu liefern. Nach der Konfiguration und im Betrieb interagiert sie mit der Ressourcenverwaltung, um auf Nutzungsprofile durch Nachjustieren der Zuweisungen zu reagieren. Wird es der Komponente unerwartet nicht mehr möglich, die zugesicherte Dienstgüte zu halten, wird dies der Koordination in der Managementplattform mitgeteilt.

4.3.4 Datenerhebung

Anhand der Liste von Aktivitäten im Leistungsmanagement (Hegering et. al. 1999) (vgl. Abschnitt 2.3.2) lässt sich ablesen, dass das reine Leistungsmanagement erst nach der Implementierung von dienstgütebehafteten Pfaden virtueller Topologien beginnt. Aus dem laufenden System können drei unterschiedliche Arten von Daten erhoben werden:

- Verfügbare Leistungsdaten einzelner Komponenten
- Registrieren von durchgeführten Managementoperationen aller funktionalen Komponenten und Teilsysteme
- Ergebnisse von gezielt durchgeführten Messungen

Leistungsdaten und Informationen bezüglich Managementoperationen werden von Sensoren in den jeweiligen Komponenten erhoben und gespeichert. Auch hier kann eine Datenbank zum Einsatz kommen um die Daten anderen, insbesondere der funktionalen Komponente zur Auswertung von Daten in der Managementplattform, zur Verfügung zu stellen. Die Sensoren und Aktoren in Abbildung 11 werden in bzw. auf den Komponenten implementiert. Die Aktoren dienen vor allem der Durchführung von Tests und gezielten Messungen. Die Tests werden aus den Überwachungsstrategien entwickelt und regelmäßig bzw.

der Strategie entsprechend von der Teststeuerung ausgeführt. Die Ergebnisse dieser Tests werden zur Auswertung an die Managementplattform übergeben, welche weitere Aktionen auslösen kann, sollte dies notwendig sein.

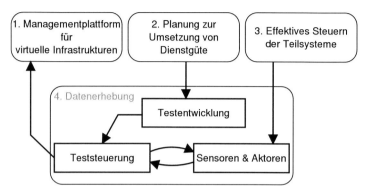

Abbildung 11: Funktionale Komponenten zur Datenerhebung

4.3.5 Zusammenfügung der Komponenten

Fügt man die beschrieben Teilgebiete zusammen, erhält man die in Abbildung 12 dargestellte Übersicht der funktionalen Komponenten einer Architektur für Dienstgütemanagement für Netze in Virtualisierungsumgebungen.

Die Zwischenschritte in der Befehlsverarbeitung, um Managementaktionen des Administrators auf effektive Konfigurationsänderungen in den Komponenten umzusetzen, basieren auf Modellen der Infrastrukturen mit denen Soll- und Ist-Zustände dargestellt werden, entsprechend dem oben formulierten Ziel A1.

Indem die einzige vorgesehene Steuermöglichkeit die Managementplattform ist, kann eine strikte Trennung zwischen virtuellen Infrastrukturen im Management realisiert werden, auch wenn die jeweiligen Komponenten sich dieselbe zugrunde liegende physische Infrastruktur teilen. Dadurch wird Ziel A2 erreicht.

Die Ziele A3, A4, A5 und A6 werden ebenfalls durch die automatisierte Planungsstufe und die darum angeordneten funktionalen Gruppen erreicht. Der Administrator arbeitet lediglich mit einer abstrahierten Sicht, während der Soll-Zustand daraus automatisch abgeleitet wird und die entsprechende Konfiguration der Virtualisierungsumgebung ebenfalls durch Automatismen geschieht.

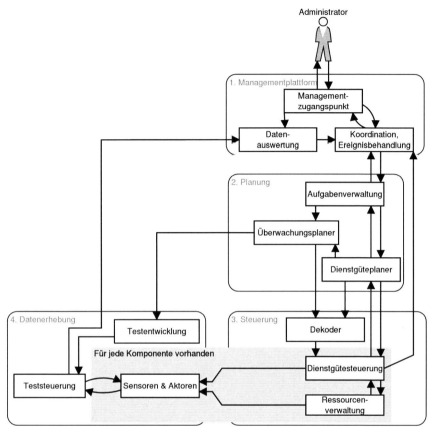

Abbildung 12: Überblick aller funktionalen Komponenten

Um Ziel A7 – alle Komponenten müssen gesteuert werden können – zu erreichen wurde der Aufgabenbereich für Komponentensteuerung aufgeteilt und der „Dekoder" eingeführt. Dadurch werden gewünschte Konfigurationen erst sehr spät im Ablauf für einzelne Komponenten spezialisiert und ein großer Teil der Architektur ist agnostisch gegenüber Technologien und Produkten. Um zusätzliche und andere Arten von Komponenten zu konfigurieren muss lediglich der Dekoder erweitert werden.

Die Ziele A8, A9, A10 und A11 betreffen die Überwachung der Virtualisierungsumgebung und die Durchführung des Leistungsmanagements. Die Aufgaben zur Erfüllung der Anforderungen werden im Wesentlichen im Aufgabenbereich „Datenerhebung" behandelt. Maßgeblich für das Verhalten der entsprechenden funktionalen Komponenten ist ein auf die dienstgütebehafteten Pfade spezialisierter Überwachungsplan. Aus diesem werden Strategien und Messverfahren zur Datenerhebung abgeleitet. In diesem Teilgebiet ist es die Komponente „Testentwicklung" die aus dem Plan konkrete Handlungen ableitet. Diese Komponente kann analog zum Dekoder erweitert werden um mehr und andere Messungen zu ermöglichen. Die Architektur sieht eine Komponente zur Auswertung der Daten vor, die gegebenenfalls Reaktionen des Systems auslösen kann.

5 Anwendungsbeispiel

Dieser Abschnitt verdeutlicht die Funktionsweise eines Managementsystems entsprechend der beschriebenen Architektur an dem Beispielszenario aus Abschnitt 1. Abbildung 13 zeigt erneut die Virtualisierungsumgebung bestehend aus einem Switch und den beiden Hosts A und B und den virtuellen Maschinen VM 1 und VM 2, zwischen denen konstant eine minimalen Übertragungsrate von 64 kbps in jede Richtung zugesichert werden soll.

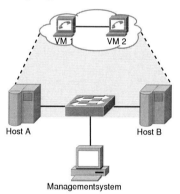

Abbildung 13: Aufbau für Anwendungsbeispiel

Der Switch, die Hosts und die VMs sind mit allen benötigten Komponenten entsprechend der Architektur ausgestattet: Sensoren, Aktoren, Dienstgütesteuerung und Ressourcenverwaltung. Für die effektive Umsetzung wird angenommen, dass VM1 auf Host A und VM2 auf Host B betrieben wird. Das heißt das virtuelle Netz erstreckt sich über die ganze physische Infrastruktur und das Managementsystem erstellt entsprechende Konfigurationen.

In diesem Beispiel wird Dienstgütemanagement betrieben, indem für die Datenübertragung zwischen den beiden VMs explizit für jede Kommunikationsrichtung eine minimale Datenrate von 64 kbps eingerichtet wird. Das heißt ein Administrator benutzt die Managementplattform um diese beiden Regeln an die Verbindung zwischen VM1 und VM2 zu heften. Das veränderte Modell wird als neuer Soll-Zustand der virtuellen Infrastruktur definiert und der Abschluss des Konfigurationsvorgangs als Ereignis vom Managementsystem erkannt.

Aus dieser Managementaktion folgt eine Konfiguration für die Virtualisierungsumgebung um diese Eigenschaft der Datenübertragung zwischen diesen beiden VMs zu garantieren. Das Managementsystem erstellt automatisch eine Strategie, um die Virtualisierungsumgebung in den neuen Soll-Zustand zu überführen, und einen Überwachungsplan, um zu überprüfen ob die Änderungen wirksam sind. Der neue Soll-Zustand sieht vor, dass

- die Hosts die Nutzung ihrer Anbindung an den Switch dahingehend verwalten, so dass speziell für den Datenverkehr zwischen VM 1 und VM 2 mindestens 64 kbps in jede Richtung zur Verfügung stehen und
- der Switch zwischen Host A und Host B mindestens 64 kbps pro Richtung garantiert.

Die Konfiguration wird auf den Hosts und dem Switch umgesetzt und es werden Daten gesammelt. Der Kunde erhält daraus relevante Informationen zu seiner formulierten Dienstgüteanforderung und gleichzeitig wird Leistungsmanagement im Sinne der frühzeitigen Erkennung und Vermeidung von Engpässen durchgeführt.

Der Dienstgüteplaner erkennt zunächst, dass der Datenfluss über die logische Leitung zwischen VM 1 und VM 2 effektiv die Host A und B sowie den Switch passiert. Daraufhin wird die Anforderung nach zweimal 64 kbps für die einzelnen Netzabschnitte neu formuliert. Der Teilabschnitt zwischen Host A und Host B kann Bestandteil vieler ähnlicher logischer Leitungen sein. Die Neuformulierung heißt in diesem Fall, dass der Teilabschnitt die bisher zugesicherte Datenrate und weitere 64 kbps pro Richtung zusichern muss.

Daraufhin kommuniziert der Planer mit den beteiligten Komponenten (Host A, Host B, Switch) um festzustellen, ob die einzelnen Teilsysteme in ihrem gegenwärtigen Zustand in der Lage sind die zusätzlichen Anforderungen zu erfüllen. Ist dies der Fall wird der Plan akzeptiert und damit steht fest, welchen Weg die Daten durch das Netz nehmen sollen und welche Eigenschaften auf den einzelnen Teilabschnitten zugesichert werden müssen.

Der Überwachungsplaner leitet aus den geplanten Änderungen am System Messungen ab. Hier muss die Datenrate auf den einzelnen Anschlüssen der

Komponenten gemessen werden, um den Datenfluss zwischen VM 1 und VM 2 nachzuvollziehen.

Der Dekoder erstellt die effektiven Konfigurationen. Dazu werden die Hosts und der Switch konfiguriert um einerseits Übertragungsrate für den gewünschten Datenfluss bereit zu stellen und andererseits um den Datenfluss zu beobachten. Über die Datenrate können Komponenten in der Regel Aussagen bezüglich der aktuellen Auslastung und ungenutzten Kapazitäten machen. Diese Information wird gespeichert und vom Managementsystem ausgewertet. Damit kann der Kunde über die erreichten Datenraten auf dem Weg zwischen VM 1 und VM 2 informiert werden. Ferner kann gewarnt werden, sollten die ungenutzten und damit freien Kapazitäten stetig geringer werden, wodurch sich ein Leistungsengpass ankündigen kann.

In diesem Beispiel kann der Kunde seine Dienstgüteanforderungen für das Modell seiner Infrastruktur spezifizieren und das Managementsystem übernimmt die Abbildung auf die Teilsysteme der gesamten Virtualisierungsumgebung. Nach der Konfiguration werden Daten erhoben um die Dienstgüte zu messen und zu überprüfen.

6 Zusammenfassung

Die Bereitstellung von angepassten Infrastrukturen durch Virtualisierung hat ihre Vorteile vor allem darin, dass nicht für jeden Auftrag neue, dedizierte Geräte angeschafft und Verbindungen gesteckt werden müssen. Stattdessen kann man mit virtuellen Komponenten Topologien zusammenstellen ohne den physischen Aufbau verändern zu müssen.

Durch den Einsatz von Virtualisierung und der damit beabsichtigten Mehrfachnutzung der zugrunde liegenden physischen Infrastruktur entstehen neue Berührungspunkte und mehrere Komponenten konkurrieren um beschränkte Ressourcen. Dienstgütemanagement verfolgt das Ziel, Netze und ihre Nutzung so zu steuern, dass Leistungsengpässe vermieden werden und alle Leistungsanforderungen erfüllt werden können.

Während die mit Virtualisierung erzeugten Infrastrukturen in ihrer Anwendung ihren physischen Vorbildern gleichwertig sind, weisen sie Alleinstellungsmerkmale auf, die im Management eine Rolle spielen und ggf. anders behandelt werden müssen. Um Dienstgütemanagement zu ermöglichen benötigt man Werkzeuge, um auf der einen Seite mit der Heterogenität zwischen physischen und virtuellen Systemen umzugehen und auf der anderen Seite aus der Virtualisierungsumgebung sinnvolle Aussagen für abstrahierte Sichten abzuleiten.

Dieser Beitrag formuliert Ziele für eine Architektur für Dienstgütemanagementsysteme die in Virtualisierungsumgebungen eingesetzt werden können. Im

Anschluss daran werden einzelne funktionalen Aspekte einer solchen Architektur und ihre Arbeitsweisen an einem Beispiel erläutert. Benutzer führen Management an abstrakten Modellen durch um die Komplexität des Gesamtsystems zu verbergen und einen Soll-Zustand zu definieren, der in einem separaten Schritt umgesetzt wird. Zwischenschritte, die in Implementierungen automatisiert ablaufen können, planen Konfigurationsänderungen die das Gesamtsystem in den Soll-Zustand überführen. Durch das Sammeln und Auswerten von Leistungsdaten werden die abstrakten Modelle für die Interaktion mit dem Benutzer mit aktuellen Daten versorgt.

Dienstgütemanagement beinhaltet Planung für den Einsatz von Ressourcen und dementsprechend auch eine Reservierung freier Kapazitäten. Die hier vorgestellte Architektur zum Durchführen von Dienstgütemanagement in virtuellen Netzen ist ein Fortschritt dahingehend, dass nun auch virtuelle Komponenten und Verbindungen verwaltet werden können. Dies ist eine Voraussetzung um im weiteren Verlauf Dienstgütemanagement von virtuellen Netzen mit denen von virtuellen Servern zu integrieren. Letztendlich kann man so integriertes Dienstgütemanagement für IT-Dienste realisieren, analog zu rein physischen Infrastrukturen.

Literaturverzeichnis

Dreo Rodosek, G. (2002): *A Framework for IT Service Management*. Habilitation, Ludwig-Maximilians-Universität München.

Hegering, H.-G.; Abeck, S.; Neumair, B. (1999): *Integrated Management of Networked Systems − Concepts, Architectures and their Operational Application*. Morgan Kaufmann Publishers, ISBN 1-55860-571-1.

Jacobson, I.; Booch, G.; Rumbaugh, J. (1999): *The Unified Software Development Process*. Addison-Wesley, ISBN-13: 978-0201571691.

Tanenbaum, Andrew S.; Wetherall, David J. (2010): *Computer Networks*. 5. Aufl.: Prentice Hall, ISBN13: 978-0132126953.

Vom Tanz der Signifikanten
Die theologischen Wurzeln der Virtualität

Klaus Müller[*]

Abstract

Der medientheoretische Grundbegriff der Virtualität hat seine tiefsten Wurzeln in der christlichen Theologie, genauer: im regelgeleiteten Spiel der Bedeutungen, zu dem das immer neue verstehen Müssen der biblischen Texte in Gestalt der Allegorese provoziert. Auf dieser Basis kann eigentlich gar nicht mehr überraschen, dass Theoreme der Theologie zu Interpretationsrastern medialer Programme werden: der Sprachenwirrwarr beim Turmbau von Babel nicht anders als sein Gegenbild, das Pfingstereignis, da jeder den anderen in seiner Muttersprache versteht, also sich die Dimension einer universalen Kommunikation öffnet. Doch zugleich kippt diese Technotheologie um in eine digitale Spiritualität, die die menschliche Leiblichkeit wegen ihrer Anfälligkeit für Funktionsdefizite und speziell wegen der Sterblichkeit als zu überwindendes Hindernis in der Entwicklung der Menschheit denunziert und dadurch in heftigen Konflikt mit der Anthropologie der Weltreligionen Judentum, Buddhismus und Christentum gerät.

---

[*] Prof. Dr. phil. Dr. habil. Klaus Müller | mullekl@uni-muenster.de
Westfälische Wilhelms-Universität Münster | Seminar für Philosophische Grundfragen der Theologie | Robert-Koch-Str. 40 | 48149 Münster

1 Ein kaum beachtetes Terrain

Zum Zentrum der derzeit laufenden medialen Durchformung der Lebenswelten gehört der Begriff der Virtualität längst mit einer Selbstverständlichkeit, die nicht mehr lange nach seinem genauen Gehalt fragen muss. Dass medial vorgegebene Bilder bearbeitet oder hochkomplexe Bildwelten, in denen durchaus auch deren Schöpfer selbst nochmals in einer Selbstrepräsentation auftreten kann, neu geschaffen werden können, dass überdies die Demarkationslinie zwischen Sein und Schein, Faktum und Fiktum fließend wird, bildet in etwa den Kernbegriff des Virtuellen. Fragen der Anthropologie, speziell diejenige nach menschlicher Identität, die in der medialen Selbstdarstellung Gegenstand eines Spiels mit Möglichkeiten werden kann, schließen sich an. Dass eine solche Veränderung – vielleicht kann man sagen: Verflüssigung – des Wirklichkeitsbegriffs auch die Ethik und die Metaphysik (wenn man denn eine solche für möglich hält) nicht unberührt lässt, liegt auf der Hand. Der Terminus „Virtualität" selbst scheint mittellateinischer Provenienz (13. Jahrhundert) zu sein[1] und begegnet markant bei dem großen Scholastiker Duns Scotus im Kontext ontologischer Probleme.[2] In der Folgezeit hat er nicht zuletzt etwa auch für die Differenzierung theologisch-symbolischer Präsenzweisen Verwendung gefunden: Man sagte, im Gnadenbild etwa eines Wallfahrtsortes ist die/der Heilige virtualiter gegenwärtig, der eucharistische Christus im Altarsakrament von Brot und Wein dagegen realiter.[3] Die religiös-theologischen Wurzeln des Virtualitätsbegriffs reichen allerdings ungleich tiefer.

2 Quellort Bibelhermeneutik

Auf eine fundamentale Schicht des Spirituellen im Begriff der Virtualität hat Gianni Vattimo im Zuge seiner religionsphilosophischen Wiederentdeckung des Christentums aufmerksam gemacht. Die wissenschaftlich-objektivistische Wahrheitsform besitze, so Vattimo, ausweislich ihrer eigenen Geschichtlichkeit ihr Monopol nur als Vermeintliches. Und damit öffne sich überhaupt erst wieder der Raum für die so offenkundige Wiederkehr des Religiösen.[4] Geschichtlich gesehen stehe dieses Geschick der Metaphysik und der Ethik in Verwandtschaft mit der biblisch-christlichen Tradition der Inkarnation, des Sich-klein-Machens Gottes, der „kenosis", wie Vattimo gern mit einem Terminus aus der paulinischen

---

1 Vgl. dazu Roth, Peter et al. (2000).
2 Vgl. dazu Honnefelder, Ludger (2005) S. 65ff.
3 Vgl. dazu Henkel, Georg (2004). Hier S. 78-94. Bes. S. 78-86.
4 Vgl. Vattimo, Gianni (2004).

Tradition sagt (vgl. Philipperbrief 2,7): dass das, worüber hinaus Größeres nicht gedacht werden kann, seine größte Größe im Verzichten auf diese Größe und so in der Preisgabe seiner Transzendenz erweise. Zur Ausfaltung dieses geschichtsphilosophisch aufgeladenen Brückenschlags verweist Vattimo auf den mittelalterlichen Abt und Theologen Joachim von Fiore. Für Joachim war nach dem Reich des Vaters (Altes Testament) und des Sohnes (Neues Testament) mit dem Auftreten des benediktinischen Mönchtums ein „drittes Zeitalter" angebrochen, das Reich des Geistes, das alte Regeln und Grenzen hinter sich lässt, durch nichts aufzuhalten ist und eine ins Hier und Heute gezogene Erlösung gewährt. Übrigens beziehen sich auch viele maßgebliche Programmschriften über die Chancen der informationstechnischen Kulturrevolution von heute auf dieses Denkmuster und namentlich auch auf Joachim. Die einschlägigen Schriften von Yoneji Masuda, von Edward Feigenbaum und Pamela McCorduck, K. Erik Drexler, Frank Ogden und Nicholas Negroponte, Hans Moravec und Ray Kurzweil etwa folgen diesem Motiv exemplarisch;[5] was sie über alle Differenzen hinweg verbindet, ist der „apokalyptische Ernst"[6] dieser Programme, der zugleich den ungeheuren – auch finanziellen – Aufwand entsprechender technischer Projekte legitimiert und allein schon deshalb nicht als überdrehte Spekulation mit ungedeckten Verheißungen abgetan werden kann.

Für Vattimo repräsentiert der millenaristische Abt Joachim par excellence die Grundfigur einer nach vorne offenen Heilsgeschichte inklusive einer prospektiven Prophetie und Hermeneutik, deren Charakteristikum eben darum ausmacht, nicht mehr am festen Buchstaben zu kleben, sondern im Geist der Freiheit die Zeichen der Zeit zu deuten.[7] Spiritualisierung generiert verflüssigten Sinn und nimmt so

„[...] die Bedeutung jener Schwächung der starken Strukturen des Seins an, die das Resultat des Triumphs der Technik in unserer Welt zu sein scheint [...]; heute ist sie vor allem Informationstechnologie, welche die Wirklichkeit schwächt, indem sie sie immer expliziter als Spiel von Interpretationen zeigt."[8]

Doch schon lange vorher, in der Interpretationspraxis des mehrfachen Schriftsinnes, wie ihn der größte Theologe der frühen griechischen Kirche, Origenes, bereits theoretisch grundgelegt hat,[9] so gut wie alle Kirchenväter und dann auch

---

5 Vgl. Masusa, Yoneji (1980) – Feigenbaum, Edward A.; Mc Corduck, Pamela (1983) – Drexler, K. Eric (1986) – Moravec, Hans (1990) – Negroponte, Nicholas (1995) – Ogden, Frank (1995) – Kurzweil, Raymond (2001).
6 Jochum, Uwe (2003), S. 17.
7 Vgl. Vattimo, Gianni (2004), (Anm. 4), S. 40-58. Hier bes. S. 45f.
8 Vattimo, Gianni (2004), (Anm. 4), S. 71.
9 Vgl. Reventlow, Henning Graf (1990), S.170-193 – Müller, Klaus (1994), S. 59-67.

Joachim sie in besonders konsequenter Weise praktizieren, vollzieht sich das von Vattimo sogenannte „pensiero debole" (schwaches Denken): eine Absenkung von Geltungsansprüchen kraft der Mehrheit möglicher Sinne in dem *einen* Buchstaben. Gemeint ist: Früh anhebend und dann bis zur Reformation sich durchhaltend bestand darüber Konsens, dass der Wortlaut der Heiligen Schrift neben dem buchstäblichen auch einen oder mehrere geistige, spirituelle, übertragene, also nicht einfach objektive Sinne umgreife.

Um es an einem Beispiel zu verdeutlichen: Wenn in der Bibel der Name „Jerusalem" fällt, kann er bedeuten (a) die Stadt in Judäa als historisch-geographischer Ort – buchstäblicher Sinn; (b) die Kirche als Ort der Glaubensvermittlung und Gottespräsenz – allegorischer Sinn; (c) die Seele des einzelnen Menschen als der Ort des Gewissensrufes – moralischer Sinn; (d) das himmlische Jerusalem als der Ort eschatologischer (endzeitlicher) Herrlichkeit, zu dem hin die Glaubenden unterwegs sind – anagogischer Sinn (vom griechischen „anagein", „hinaufführen zu einer hochgelegenen Stätte" und „heimkehren").

Konsequent durchgeführt mündet dieses hermeneutische Programm für Vattimo in die Perspektive der Virtualität als eines Spiels mit einer Pluralität von Bedeutungspotenzialen:

> „Die Schwächung des Seins, auf die hin meiner Hypothese zufolge die Geschichte unserer Zivilisation ausgerichtet ist, lässt sich anscheinend als Heilsgeschichte vorstellen, insofern sie ein Geschehen ist, das die Verschiebung des Realen auf die Ebene der sekundären Qualitäten, des Geistigen, des Ornamentalen – wir könnten vielleicht sogar hinzufügen, des Virtuellen – vorbereitet."[10]

Noch weit über Vattimos Gewährsinstanzen hinaus ließe sich übrigens zeigen, dass die geistliche Schriftauslegung schon im Mittelalter in weiten Bereichen – namentlich der Spiritualität und Mystik – den Charakter einer Art heiligen Spiels mit Bedeutungen angenommen hatte – etwa in den sogenannten Abecedarien. Darunter versteht man eine Art Litaneien von Christus-Bezeichnungen, die für jeden Buchstaben des Alphabets biblische oder wenigstens biblisch begründete Namen Jesu Christi aufführen. So wird aus Christus-Prädikationen gleichsam ein Teppich gewebt dergestalt, dass dabei aus den Anfangs- oder Endbuchstaben der nebeneinander geschriebenen Namen an allen vier Seiten des äußeren Randes und in der Mitte des Gesamttextes (in Kreuzform) nochmals Namen entstehen. Eines der faszinierendsten dieser Werke stammt von dem irischen Mönch Josephus, der mit Karl d. Großen in Verbindung kam. Auch eine ganz andere Traditionslinie kennt solches Spielen mit den Buchstaben: die jüdische Hermeneutik und zudem der Talmud. Nur bleiben diese ganz und gar auf der literalen Ebene; die christlichen Namensteppiche und Abecedarien operieren zugleich auf der

---

10 Vgl. Vattimo, Gianni (2004), (Anm. 4), S. 74.

Ebene der Allegorie. Anders kämen sie gar nicht zu der unglaublichen Vielzahl von Christusnamen, die sie brauchen. Oder leuchtet spontan ein, dass man Jesus auch als „auserlesenen Pfeil", als „Einhorn", „armes Kind", „Panther", „Wolke" und „Apfelbaum" titulieren kann? Ein Florilegium („Blütenlese") des Mönches Anastasios Sinaites, der um 700 Abt auf dem Berg Sinai war, tut das. Zwar verfügen alle diese Namen über einen biblischen Anhalt. Aber ihre Übertragung auf Jesus setzt eben jenen Gedankensprung voraus, der die Allegorie charakterisiert, so wenn der Titel „auserlesener Pfeil" von der Apostelgeschichte 1,37 her gewonnen wird, wo es heißt, die Pfingstpredigt des Petrus habe seine Hörerschaft „mitten ins Herz" getroffen.[11]

Dabei gerät die Frage der sogenannten Referenz der Signifikanten, also ob den sprachlichen Ausdrücken auch eine Wirklichkeit korrespondiere, auf die sie sich beziehen, wie von selbst an den Rand.[12] Auf diese Weise kommt freilich eine höchst knifflige Frage auf: Könnte es sein, dass auf diese Weise die ganze Rede von Gott und alles, was dazu gehört, zu Dichtung, schärfer noch: zu Erdichtung und damit zu Fiktion wird? Was ist – gesetzt, es verhalte sich so – mit der Frage der Wahrheit? Und – noch brisanter – liegen die Wurzeln der generellen kulturellen Dynamik aufs Virtuelle möglicherweise in der biblisch-christlichen Hermeneutik? Es gibt aber noch eine zweite, nicht minder bedeutsame Motivquelle für die religiöse Aufladung des Virtualitätsgedankens. Ich stelle sie unter das Stichwort:

3 Digital Spirituality

„Spiritualität digital" steht nicht dafür, dass in beträchtlichem Umfang Religiöses durch das Netz geistert. Nicht nur die bereits existierenden Kirchen, Religionen, Kulte von Satanisten über Voodoo, New Age und Scientology bis zu Neogermanen klinken sich ein. Auch entstehen in rascher Folge virtuelle, also ausschließlich aus Daten und im Netz bestehende Kirchen und Sekten. Verlässliche Zahlen lassen sich diesbezüglich nicht nennen: Dauernd kommen neue spirituelle Anbieter hinzu, aufgetretene verschwinden wieder. Doch all das ist mit „Spiritualität digital" nicht gemeint. Der Terminus steht vielmehr für ein ganz bestimmtes Selbstverständnis zumindest eines Teils der Cyber-Avantgarde. Der Ansatz ist dabei ein anthropologischer: Ich kann mich im Raum der Virtualität weitreichend von meiner leiblichen Identität abkoppeln, kann mir in der Selbstpräsentation auf meiner Homepage oder im Chatroom Eigenschaften zuschreiben, die ich gerne hätte, aber nicht habe, ebenso natürlich welche auslassen, die die meinen

---

11 Vgl. Stock, Alex (1995).
12 Vgl. dazu ausführlicher Müller, Klaus (2008). Teil B. Kap. 1.2.

sind, obwohl ich sie nicht haben möchte. Es ist bezeichnend, dass in der Welt der Cyborgs (Cyber-Organismen) eine zum Teil drastische, beinahe manichäistische Abwertung des Leibes verbreitet ist: Er wird häufig einfach als „Stück Fleisch" oder „wetware" (Feucht-Ausstattung) gegenüber der PC-Hard- und Software bezeichnet und gilt als eine ausgesprochen stümperhafte Konstruktion, die dringend der Verbesserung bedarf, sofern die menschliche Physis sich der menschlichen Intelligenz und des von ihr technisch zu Realisierenden als hoffnungslos unterlegen zeige:

> „Dieser Primatenkörper, der sich in den letzten vier Millionen Jahren nicht verändert hat, kann mit den Visionen unseres Geistes nicht Schritt halten. Unser Geist ist draußen im Universum, greift nach den Sternen und nach der Unsterblichkeit, und diese armseligen, schlampigen Körper fesseln uns hier unten an den Dschungel"[13]

– so ein Autor, der unter dem Pseudonym Futurist FM-2030 an der Realisierung einer – so wörtlich – „postbiologischen" Menschheit arbeitet. Was diesbezüglich an Ideen, Visionen, Programmen und Experimenten in den USA umläuft, mutet einen normalerweise als schiere Science-Fiction an, wird aber dort auf eine Weise ernstgenommen, die die europäische Szene nicht kennt. Hochbrisant, auf wen sich einschlägige Protagonisten dabei berufen:

> „Alle Wesen bisher schufen Etwas über sich hinaus: und ihr wollt die Ebbe dieser grossen Fluth sein und lieber noch zum Tiere zurückgehn, als den Menschen überwinden?"[14]

Das ist ein Zitat aus Nietzsches „Also sprach Zarathustra". Und wer auch nur einen Hauch von Nietzsche kennt, ahnt, dass sich bereits an dieser Stelle eine Konfliktlinie zwischen den klassischen Hochreligionen und der Cyber-World aufbaut: Nietzsche hatte ja den Religionen, namentlich dem Buddhismus und dem Christentum vorgeworfen, ihr Gedanke des Mitleids, ihr Eintreten für die Schwachen und Kleinen sei ein aus dem Ressentiment der Zu-kurz-Gekommenen geborenes Verbrechen an der Höherentwicklung der Menschheit, weil durch das Erhaltenwerden der Schwachen die Stärke der Starken kontaminiert werde. Die Cyborg-Propheten teilen genau diese Sicht: Religion, sagen sie, sei eine entropische Kraft, die der posthumanen Gesellschaft entgegenstehe. Das Prädikat „entropisch" leitet sich dabei vom Entropiebegriff im Sinn des zweiten Hauptsatzes der Thermodynamik her, demgemäß ein geschlossenes physikalisches System einem irreversiblen Ausgleich aller Energiedifferenzen zustrebt, weshalb das Universum notwendig einem Kältetod entgegengeht. Religion trage

---

13 Futurist FM 2030. Zit. nach: Freyermuth, Gundolf S. (1996), S. 212.
14 Nietzsche, Friedrich (1988), S. 14.

dazu insofern bei, als sie sich radikalen Veränderungen in den Weg stelle – wie etwa denen der Cyber-Protagonisten, die sich darum selbst als „Extropianer" bezeichnen. Das alles zusammengenommen bildet den Hintergrund dessen, was man Cyber-Spiritualität nennen kann, eine Spiritualität allerdings, die sich – gemessen am klassischen Theismus – als atheistisch, weil immanentistisch versteht.[15]

Die Cyber-Propheten betrachten nämlich das Netz und seine technischen Möglichkeiten als singuläre Chance, aus den Beengungen alles Materiellen freizukommen. Das erklärte Ziel der Netz-Kommunikation besteht darin, Materielles in Immaterielles zu transformieren. „Heute wird das Fleisch so gewissermaßen Wort"[16], sagt der als Net-Prophet bekannte John Perry Barlow. Im Netz kann darum Geist mit Geist über prinzipiell unendliche Distanzen in unmittelbaren Kontakt treten – was manche veranlasst, durch das Netz eine Art übermenschlicher Kollektiv-Intellekt oder -seele entstehen zu sehen, ein Gedanke, der weit weniger exotisch als vielmehr dramatisch und übrigens alles andere als neu ist: Die großen arabischen Aristoteles-Kommentatoren des Mittelalters, allen voran ein Averroës (1126–1198), hatten die These vertreten, beim intellectus agens, also dem tätigen Verstand, dem sich alles Erkennen im Letzten verdankt, handle es sich um eine transhumane Instanz, und alles menschliche Erkennen sei nur Partizipation an dieser – mit weitreichenden Folgen für den Begriff des Individuums, weshalb sich etwa ein Thomas von Aquin (1224/25–1274) intensiv mit Averroës auseinandersetzt.[17]

Zu einer Cyberspiritualität und -"theologie" im strengen Sinn kommt es durch den nächsten Schritt auf der Basis der Transformation von Materiellem in Immaterielles und der Unmittelbarkeit von Geist zu Geist. Der Schritt ist relativ einfach und besteht darin, dass sich für diesen ganzen Prozess der Übersetzung von Realität in prinzipiell universal zugängliche Daten ein Ziel formulieren lässt: nämlich jede und jeden mit jeder und jedem und damit alles mit allem zu verbinden. So entstehe eine spirituelle Realität, mit der es erstmals ein wirkliches Gegenüber für Gott gebe oder – so andere – die mehr oder weniger mit dem Reich Gottes in eins falle, einschließlich einer – wohlgemerkt! – linearen Todesüberwindung, also einem ewigen Leben, das in der digitalen Prolongation und Konservation meiner bisherigen mentalen Existenz besteht:

„Die Essenz einer Person, mein Selbst, ist das Muster und der Proceß, der in meinem Gehirn und Körper abläuft, nicht die Maschinerie, die diesen Proceß ermög-

---

15 Vgl. Lévy, Pierre (1997), S. 100.
16 Zit. nach: Freyermuth, Gundolf S. (1996), (Anm. 13). S. 134.
17 Vgl. dazu Müller, Klaus (1999). Hier S. 382-385.

licht. Wenn der Prozeß erhalten wird, werde ich erhalten. Der Rest ist einfach Brei"[18],

sagt einer der Großen der Szene, Hans Moravec. Vor diesem Hintergrund gewinnt Johann Baptist Metz' Insistenz darauf, dass der Gedanke der befristeten Zeit zu den Essentials des jüdisch-christlichen Selbstverständnisses gehört, eine ganz neue Brisanz und markiert erneut die Demarkationslinie zu einer möglicherweise sich derzeit vor unseren Augen (und doch von vielen unbemerkt) konstituierenden neuen – virtuellen – Weltreligion.

Darüber darf auch nicht hinwegtäuschen, dass ausgerechnet ein katholischer Theologe und Philosoph der ersten Hälfte des 20. Jahrhunderts zum erstrangigen spirituellen Kultautor der Cyber-Szene geworden ist: der Jesuit Pierre Teilhard de Chardin (1881–1955). Nach allem, was man weiß, hat kein Geringerer als der Medientheorie-Papst Marshall McLuhan – seinerseits bekennender Katholik – Teilhard in der Szene bekannt gemacht. Teilhard hatte sich – kurz gesagt – auf der Basis paläontologischer und anthropologischer Forschungen die Aufgabe gestellt, christliches Denken und die Evolutionstheorie zu vermitteln. Teilhard kam in diesem Zusammenhang zur Überzeugung, dass Materie, weil sie offenkundig in der Lage ist, Geist bis hin zu Selbstbewusstsein hervorzubringen, von Anfang an nicht einfach tote Materie sein kann. Die Urmaterie müsse konstitutiv beseelt sein, ohne dass das an ihr bereits zur Geltung komme. Je komplexer ihre Außenstruktur aber werde, desto mehr trete auch jene Innenseite an ihr hervor, um schließlich im Auftreten des Menschen ihrer selbst bewusst zu werden. Ab diesem qualitativen Sprung werde der Mensch zum Träger des Geschehens, das seinerseits teleologisch strukturiert sei und auf den sogenannten Omega-Punkt zulaufe, einer Einheit aller Kultur und Wirklichkeit, die Teilhard im Letzten christologisch interpretiert, d.h. als Epiphanie des verherrlichten Christus, in dem und auf den hin alles geschaffen ist, wie es in der Paulinischen Tradition des Neuen Testaments heißt.

Um nachvollziehen zu können, warum Teilhard eine solche Faszination auf die Cyber-Szene ausübt, braucht man nur einmal etwas in eines seiner Hauptwerke hineinzuhören. In dem Buch mit dem signifikanten Titel *Die Zukunft des Menschen* findet sich die folgende Passage:

„Um den inneren Konflikt zu lösen, der die angeborene Hinfälligkeit der Planeten dem auf ihrer Oberfläche durch das planetisierte Leben entwickelten Irreversibilitätsbedürfnis entgegenstellt, genügt es nicht, das Gespenst des Todes zu verhüllen oder zurückzuschieben, es geht vielmehr darum, es von der Wurzel her aus unserem Gesichtsfeld zu vertreiben.

---

18   Hans Moravec, zit. nach: Merkle, Ralph D. (1994).

> Wird uns nicht gerade das durch die Idee ermöglicht [...], daß es nach vorn oder, genauer, im Herzen des entlang seiner Achse der Komplexität verlängerten Universums ein göttliches Zentrum der Konvergenz gibt: bezeichnen wir es, um nichts zu präjudizieren und um seine synthetisierende und personalisierende Funktion zu betonen, als den Punkt Omega. Nehmen wir an, daß von diesem universellen Zentrum, von diesem *Punkt Omega*, dauernd Strahlen ausgehen, die bisher nur von denen wahrgenommen wurden, die wir die mystischen Menschen nennen. Stellen wir uns nun vor: da die mystische Empfänglichkeit oder Durchlässigkeit der menschlichen Schicht mit der Planetisation zunimmt, werde die Wahrnehmung des Punktes Omega allgemein, so daß sie die Erde zur selben Zeit psychisch erwärmt wie letztere physisch erkaltet. Wird es so nicht denkbar, daß die Menschheit am Zielpunkt ihrer Zusammenziehung und Totalisation in sich selbst einen kritischen Punkt der Reifung erreicht, an deren Ende sie, während sie die Erde und die Sterne langsam zu der verblassenden Masse der ursprünglichen Energie zurückkehren läßt, sich psychisch von dem Planeten löst, um sich mit dem Punkt Omega, der einzigen irreversiblen Essenz der Dinge, zu verbinden. Ein äußerlich einem Tod gleichendes Phänomen, vielleicht: in Wirklichkeit aber eine einfache Metamorphose und Zugang zur höchsten Synthese."[19]

Wüsste man nicht, dass das Teilhard geschrieben hat – man müsste den Autor, lässt man den weiteren Kontext beiseite, in der Tat für einen der avantgardistischen Extropianer halten. Dass deren durch die Neuen Medien ermöglichte Denkform, die doch – wie gezeigt – ausgesprochen nietzscheanisch ansetzt, die problemlose Rezeption einer ihrerseits christozentrischen Konzeption erlaubt, verrät im Übrigen die postmoderne Tiefenstruktur der Cyber-Spiritualität.

Dem korrespondiert, dass sich dieser digitalen Spiritualität bruchlos zugleich Züge aus ganz anderen Traditionszusammenhängen als den christlichen einschreiben. Die strukturellen Analogien zwischen dem Internet und dem Talmud einerseits, der Kabbala andererseits sind längst gesehen.[20] Im ersteren Fall besteht die Nähe darin, dass es sich beide Male um ein Meer von Botschaften und Gegenbotschaften handelt, die sich letztendlich nicht ordnen und kategorisieren lassen und so in ihrer Chaotik zu einem Ausdruck unendlicher, also göttlicher Kreativität werden – und in der Tat ist die Ähnlichkeit zwischen dem graphischen Aufbau einer Talmud-Seite (der auszulegende Schriftvers umgeben von einer Corona von Kommentaren und Kommentar-Kommentaren) und einer Webpage mit ihren Links verblüffend. Das Kabbalistische am Internet wiederum besteht in seiner Magie der Schriftzeichen, ihrer endlos neuen und überraschen-

---

19 Teilhard de Chardin, Pierre (1963). Hier 163f.
20 Vgl. dazu Rosen, Jonathan (2000) – Dibbell, Julian (1993). Zit. nach: Dery, Mark (1997), S. 77f. – Müller, Klaus (1999), (Anm. 17). S. 389-392.

den Kombinierbarkeit und der damit einhergehenden Relativierung der Demarkationslinie zwischen Realität und Symbol.[21]

Unbeschadet dieses basalen Pluralismus im Kategorialen lassen sich für die Interpretation der Cyber-World als eines nicht zuletzt spirituellen Phänomens auch formale – man könnte sogar sagen: transzendentale – Indizien namhaft machen. Zum einen erkaufen die Mitglieder der Cyber-World – je mehr sie ihr anzugehören trachten, desto mehr – ihr Dabeisein mit einem Ausmaß an Askese und Opfer in materieller, temporaler und unmittelbar face-to-face-kommunikativer Hinsicht, das ohne Übertreibung archaisch genannt werden kann, und tun damit etwas elementar Religiöses:[22] Wer sich Netz-intern an vorderster Front bewegen will, hat wenig Mittel und noch weniger Zeit für andere und anderes. Zum anderen orientiert sich die digitale Spiritualität klar an einem der religionsphilosophischen Grundparadigmata: Unterscheiden lassen sich das personalistisch-pluralontologische Modell der westlichen Offenbarungsreligionen Judentum, Christentum und Islam und das apersonal-monistische der östlichen Hochreligionen Hinduismus und Buddhismus.[23] Vor allem der Extropianismus schreibt sich klar dem östlichen monistischen, die Einzelperson überschreitenden und auf Alleinheit gehenden Streben ein, verfolgt dieses Ziel aber nicht mit den klassischen östlichen Mitteln wie etwa der Meditation, sondern mit der bis auf die Spitze getriebenen typisch westlichen instrumentellen Rationalität, weshalb das Alleine nichts Statisches sein kann, sondern durch und durch Bewegung. Einschlägige Extropianer wissen um diesen religionsphilosophischen Zusammenhang und sprechen ihn mehr oder weniger direkt sogar aus. Jedenfalls setzt einer von ihnen, Max More, sein Ideal einerseits kategorisch dem Christentum entgegen, bezeichnet es aber im gleichen Atemzug als eine dem östlichen Denken kontradiktorische „westliche Idee".[24]

Nun ist freilich die Idee einer solchen West-Ost-Synthese des Denkens genau besehen gar nichts Neues. Zweimal gab es nämlich bereits in der westlichen Philosophie der Neuzeit den Versuch, mit spekulativ erweiterten „westlichen" Mitteln eine monistische Form der Welt- und Selbstbeschreibung zu entwickeln: Es handelt sich zum einen um Hegels, zum anderen um Whiteheads Metaphysik. Insofern kann gar nicht überraschen, dass die Cyber-Szene schon längst einen einschlägigen Anspruch erhebt:

---

21 Zur Magie der Schriftzeichen vgl. Ouaknin, Marc-Alain (1990) – Müller, Klaus (2000), S. 76-84.
22 Dass das Christentum mit dem religiösen Opfergedanken radikal bricht – und dieser sich in immer wieder neuen Formen innerhalb christlich-theologischer Traditionen ein „Revival" zu schaffen sucht –, wäre eigens umfänglich zu bedenken; die Entdeckung eines weiteren Konfliktpotenzials zwischen Christentum und digitaler Spiritualität gehörte zu den Resultaten einer solchen Reflexion.
23 Vgl. dazu ausführlicher Müller, Klaus (2001).
24 Freyermuth, Gundolf S. (1996), (Anm. 13). S. 221.

",Extropianismus ist die erste neue Philosophie nach dem Scheitern der traditionellen Denksysteme am Ende dieses Jahrhunderts.' [...] ,Wir entwickeln die erste systematische Philosophie für das nächste Millennium. Wir sind die neue Aufklärung.'"[25]

Das freilich wird sich zeigen müssen. Außer Frage aber steht, dass die digitale Spiritualität Topthema jeder künftigen Theologie zu sein hat.

Literaturverzeichnis

Dery, Mark (1997): *Cyber. Die Kultur der Zukunft*. Aus dem Amerikanischen v. Andrea Stumpf. Berlin.
Dibbell, Julian (1993): *A Rape in Cyberspace*. In: *Village Voice* vom 21.12.1993, S. 42.
Drexler, K. Eric (1986): *Engines of Creation*. Garden City.
Feigenbaum, Edward A.; Mc Corduck, Pamela (1983): *The Fifth Generation. Artificial intelligence and Japan's computer challenge to the world*. Reading, MA. u.a.
Freyermuth, Gundolf S. (1996): *Cyberland. Eine Führung durch den High-Tech-Underground*. Berlin.
Henkel, Georg (2004): *Rhetorik und Inszenierung des Heiligen. Eine kulturgeschichtliche Untersuchung zu barocken Gnadenbildern in Predigt und Festkultur des 18. Jahrhunderts*. Weimar. S. 78-94.
Honnefelder, Ludger (2005): *Duns Scotus*. München.
Jochum, Uwe (2003): *Kritik der Neuen Medien. Ein eschatologischer Essay*. München.
Kurzweil, Raymond (2001): *Homo s@piens. Leben im 21. Jahrhundert – was bleibt vom Menschen?* 3. Aufl. München.
Lévy, Pierre (1997): *Die kollektive Intelligenz. Für eine Anthropologie des Cyberspace*. Mannheim.
Masusa, Yoneji (1980): *The Information Society*. Washington.
Merkle, Ralph D. (1994): *The Molecular Repair of the Brain*. In: *Cryonics* 1/1994.
Moravec, Hans (1990): *Mindchildren. Der Wettlauf zwischen menschlicher und künstlicher Intelligenz*. Hamburg.
Müller, Klaus (1994): *Homiletik. Ein Handbuch für kritische Zeiten*. Regensburg.
Müller, Klaus (1999): *Das 21. Jahrhundert hat längst begonnen. Philosophisch-theologische Beobachtungen zur Cyber-Kultur*. In: Ebertz, Michael N./Zwick, Reinhold (Hrsg.): *Jüngste Tage. Die Gegenwart der Apokalyptik*. Freiburg i. Br., Basel, Wien, S. 379-401.
Müller, Klaus (2000): *Philosophische Grundfragen der Theologie. Eine Enzyklopädie mit Quellentexten*. Unter Mitarbeit v. Saskia Wendel. Münster.

---

25 Max More im Gespräch. Zit. nach: Freyermuth, Gundolf S. (1996), (Anm. 13), S. 253.

Müller, Klaus (2001): *Mehr als Kitt und Stolperstein. Erwägungen zum philosophischen Profil von Religion in der Moderne.* In: Knapp, Markus/Kobusch, Theo (Hrsg.): *Religion – Metaphysik(kritik) – Theologie im Kontext der Moderne/Postmoderne.* Berlin, New York, S. 41-55.

Müller, Klaus (2008): *Glauben – Fragen – Denken.* Bd. 2: Weisen der Weltbeziehung. Münster.

Negroponte, Nicholas (1995): *Being digital.* Reading MA. u.a.

Nietzsche, Friedrich (1988): *Also sprach Zarathustra.* In: Ders.: *Sämtliche Werke. Kritische Studienausgabe.* Bd. 4. Hrsg. von Giorgio Colli und Mazzino Montiniari. 2. Aufl., München, Berlin, New York.

Ogden, Frank (1995): *Navigating in Cyberspace. A Guide to the Next Millennium.* Toronto.

Ouaknin, Marc-Alain (1990): *Das verbrannte Buch. Den Talmud lesen.* Aus dem Französischen v. Dagmar Jacobsen u. Lutz Mai. Weinheim, Berlin.

Reventlow, Henning Graf (1990): *Epochen der Bibelauslegung.* Bd. 1: Vom Alten Testament bis Origenes. München.

Rosen, Jonathan (2000): *Der Talmud und das Internet. Eine Reise zwischen Welten.* In: *Neue Rundschau.* 111. Heft 2, S. 11-20.

Roth, Peter; Schreiber, Stefan; Siemons, Stefan (Hrsg.) (2000): *Die Anwesenheit des Abwesenden. Theologische Annäherungen an Begriff und Phänomene von Virtualität.* Augsburg.

Stock, Alex (1995): *Poetische Dogmatik. Christologie. Bd. 1: Namen.* Paderborn, München, Wien, Zürich.

Teilhard de Chardin, Pierre (1963): *Leben und Planeten (1945).* In: Ders.: *Die Zukunft des Menschen.* Werke Bd. 5., Olten, Freiburg i. Br., S. 133-165.

Vattimo, Gianni (2004): *Jenseits des Christentums. Gibt es eine Welt ohne Gott?* Aus d. Ital. v. Martin Pfeiffer. München u.a.

Virtuelle Produktion
Die Virtual Production Intelligence im Einsatz

Daniel Schilberg, Tobias Meisen, Rudolf Reinhard[*]

Abstract

Die virtuelle Produktion soll einen Beitrag leisten, dass in Hochlohnländern produzierende Industrien weiterhin Konkurrenzfähig sind und sogar Ihren Entwicklungsvorsprung in Hochtechnologien halten und ausbauen können. Um die virtuelle Produktion in diesem Kontext effektiv einsetzen zu können, muss eine Basis geschaffen werden, die eine ganzheitliche, integrative Betrachtung der eingesetzten IT-Werkzeuge im Prozess ermöglicht. Ziel einer solchen Betrachtung soll die Steigerung von Produktqualität, Produktionseffizienz und -leistung sein. In diesem Beitrag wird ein integratives Konzept vorgestellt, das durch die Integration, die Analyse und die Visualisierung von Daten, die entlang simulierter Prozesse innerhalb der Produktionstechnik erzeugt werden, einen Basisbaustein zur Erreichung des Ziels der virtuellen Produktion darstellt. Unter Berücksichtigung der Anwendungsdomäne Produktionstechnik und der eingesetzten kontextsensitiven Informationsanalyse mit der Aufgabe den Erkenntnisgewinn der untersuchten Prozesse zu erhöhen, wird dieses Konzept als Virtual Production Intelligence bezeichnet.

---

[*] Prof. Dr.-Ing. Daniel Schilberg | daniel.schilberg@ima-zlw-ifu.rwth-aachen.de
Dr.-Ing. Dipl.-Inform. Tobias Meisen | tobias.meisen@ima-zlw-ifu.rwth-aachen.de
Dipl.-Math. Rudolf Reinhard | rudolf.reinhard@ima-zlw-ifu.rwth-aachen.de
IMA/ZLW & IfU – RWTH Aachen University | Dennewartstr. 27 | 52068 Aachen

1 Einleitung

Der Markt für industriell gefertigte Güter verändert sich immer schneller, so müssen sich Unternehmen der Herausforderung stellen, das einerseits individuelle Kundenanforderungen stetig zunehmen, der für ein Produkt zu erzielende Preis jedoch, trotz des zusätzlichen Aufwands, nur gering steigt. Dies betrifft insbesondere Unternehmen, die in Hochlohnländern agieren, da der globale Wettbewerb für wenig individualisierte Produkte besonders durch die BRICS (Brasilien, Russland, Indien, China, Südafrika) Staaten dominiert wird (Chandler 2004). Durch die Individualisierung und Leistungssteigerung von Produkten nimmt jedoch die Komplexität von Produkten und Produktionsprozessen in der maschinellen und automatisierten Fertigung stetig zu. Dies wiederum resultiert in neuen Herausforderungen an die Planung von Produkten und die verbundene Planung der Produktfertigung (Schuh et al. 2011).

Um sich diesen Herausforderungen zu stellen werden Maßnahmen benötigt, die den Anforderungen, die aus der höheren Komplexität resultieren, gerecht werden. Eine Maßnahme, um dieses Problem handhabbar zu gestalten, ist eine intensivere Produktdesign- und Produktfertigungsplanung, die durch den massiven Einsatz von Simulationen und weiteren IT-Werkzeugen die Anwender in die Lage versetzt, die an ein Produkt und deren Fertigung gestellten Anforderungen zu erfüllen. Zur weiteren Verbesserung des Einsatzes der Simulationen und IT-Werkzeuge ist es wichtig diese nicht einzeln zu betrachten sondern in ihrem Einsatzkontextes, d.h. welches Werkzeug wird zu welchem Zweck an welcher Stelle des Planungs- oder Fertigungsprozess eingesetzt. Es muss eruiert werden welche Informationen mit welchem Aufwand zwischen den Werkzeugen ausgetauscht werden. Um eine entsprechende Maßnahme zu formulieren und auszuführen, muss eine Basis geschaffen werden, die eine ganzheitliche, integrative Betrachtung der eingesetzten Werkzeuge im Prozess ermöglicht. Ziel einer solchen Betrachtung soll die Steigerung von Produktqualität, Produktionseffizienz und -leistung sein (Brecher 2011).

Aufgrund der rapiden Entwicklung der nutzbaren Rechenleistung von Computern ist der Einsatz von Simulationen in der Produktdesign- und Produktfertigungsplanung schon länger etabliert und die Anwender werden immer weiter in die Lage versetzt Zusammenhänge immer detaillierter virtuell abzubilden. Dies hat einen Wechsel hinsichtlich der Art und Weise verursacht, wie Vorbereitungs- und Planungsaktivitäten in der Produktion durchgeführt werden. Anstelle der frühzeitigen Entwicklung von physisch existierenden Prototypen wird der Betrachtungsgegenstand zunächst als digitales Model entwickelt, das eine Abstraktion der wesentlichen Charakteristika oder Verhaltensweisen der Prototypen repräsentiert. In der anschließenden Simulation wird das digitale Model genutzt, um Aussagen über Verhalten und Eigenschaften der zu untersuchenden Systeme und Prozesse abzuleiten. Dieser Einsatz von digitalen Modellen in der Produktion wird durch den Begriff der virtuellen Produktion beschrieben, die eine „durchgängige, experimentierfähige Planung, Evaluation und Steuerung von Produktionsprozessen und -anlagen mit Hilfe digitaler Modelle" (VDI 2008, VDI 2011) bezeichnet.

In diesem Beitrag wird ein integratives Konzept vorgestellt, das durch die Integration, die Analyse und die Visualisierung von Daten, die entlang simulierter Prozesse innerhalb der Produktionstechnik erzeugt werden, einen Basisbaustein zur Erreichung des Ziels der virtuellen Produktion darstellt. Unter Berücksichtigung der Anwendungsdomäne Produktionstechnik und der eingesetzten kontextsensitiven Informationsanalyse mit dem Ziel den Erkenntnisgewinn der untersuchten Prozesse zu erhöhen, wird dieses Konzept als Virtual Production Intelligence bezeichnet. Zur Illustration dieses Ansatzes wird zunächst die Problemstellung genauer spezifiziert, danach wird die Vision der Digitalen Fabrik aufgespannt, um mit diesen Kenntnissen ein tieferes Verständnis für die Problematik von Heterogenität von IT-Werkzeugen zu schaffen. Ziel des Beitrags ist die Darstellung wie die Virtual Production Intelligence zur Überwindung der adressierten Herausforderungen beiträgt.

2 Problemstellung

Als Kernproblem der virtuellen Produktion kann die heterogene IT-Landschaft in produzierenden Unternehmen identifiziert werden. Es werden wie in der Einleitung dargestellt unterschiedlichste Softwarewerkzeuge zur Unterstützung verschiedenster Prozesse eingesetzt, wobei Daten und Informationen nicht ohne großen Aufwand zwischen den Softwarewerkzeugen ausgetauscht werden können. Die Automatisierungspyramide bietet eine gute Möglichkeit diese Problematik genauer zu beschreiben. In Abbildung 1 sind die Ebenen der Automatisierungspyramide mit den für die Ebene korrespondierenden eingesetzten IT-Werkzeugen sowie der Informationsfluss zwischen den Ebenen dargestellt. Hierdurch wird deutlich, dass es auf jeder Ebene Werkzeuge gibt, die die jeweiligen Prozesse unterstützen. So werden auf der obersten Ebene Steuerungs- und Kontrollentscheidungen für die Unternehmensleitung mit Hilfe von Enterprise Ressource Planning (ERP) Systemen unterstützt. Diese Systeme ermöglichen es den Entscheidern im Management den unternehmensweiten Ressourceneinsatz vom Mitarbeiter über Maschinen bis hin zu Rohstoffen zu überwachen.

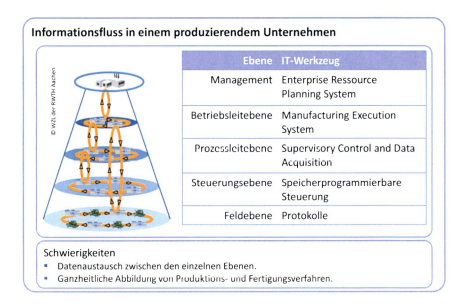

Abbildung 1   Automatisierungspyramide (Lauber u. Göhner 1999)

Auf den Ebenen darunter sind die Manufacturing Execution Systems (MES), die Betriebsdatenerfassung (Supervisory Control and Data Acquisition SCADA) sowie die Speicherprogrammierbaren Steuerungen (SPS) zu finden und auf der untersten Ebene, der Feldebene, liegt die Datenübertragung auf Basis von entsprechenden Protokollen. Die Softwarewerkzeuge sind auf der jeweiligen Ebene sehr weit entwickelt, um die entsprechenden Prozesse zu unterstützen. Was mit Blick auf die virtuelle Produktion aber nicht realisiert ist, ist das auch vom Verein Deutscher Ingenieure (VDI) adressierte einheitliche Datenmanagement und damit eine Möglichkeit Daten und Informationen über alle Ebenen hinweg verwenden zu können. So ist es in der Regel nur mit sehr großen Aufwänden für Konvertierungen und Aggregieren möglich, die Daten eines SPS über das SCADA und MES bis hinauf zum ERP System zu übertragen, so dass auf Basis von aktuellen Maschinensteuerungsdaten Ressourcenplanungen durchgeführt werden können bzw. sich aus der Ressourcenplanung Steuerungsdaten für die SPS ergeben. Zurzeit gibt es in den meisten Unternehmen nur einen Datenaustausch zwischen einzelnen Ebenen und keinen Informationsfluss über alle Ebenen hinweg. Dadurch ist eine ganzheitliche Abbildung von Produktions- und Fertigungsverfahren nicht möglich (Kagermann et al. 2012).

Zurzeit ist ein durchgängiger Informationsfluss nur bei dem Einsatz von maßgeschneiderten Architekturen und Adaptern vorhanden, um die Problematik der Heterogenität zu überwinden. Dies ist mit hohen Kosten verbunden, daher liegt meist bei kleinen und mittleren Unternehmen (KMU) keine Integration aller vorhandenen Daten in ein System vor. Es existiert eine hohe Anzahl unterschiedlicher IT-Werkzeuge für die virtuelle Produktion. Diese ermöglichen die Simulation verschiedenster Prozesse, wie etwa in der Fertigungstechnik die realitätsnahe Simulation von Wärmebehandlungs- und Walzverfahren oder die digitale Betrachtung komplexer Maschinen wie Laserschneidmaschinen. Hierbei haben sich unabhängig voneinander unterschiedliche Datenformate und -strukturen zur Darstellung der digitalen Modelle entwickelt. Während hierdurch die unabhängige Simulation einzelner Aspekte der Produkt- und Produktionsplanung durch einzelne Simulationen möglich ist, ist die integrative Simulation komplexer Produktionsprozesse nicht ohne hohe Kosten- und Zeitaufwand möglich, da in der Regel keine Interoperabilität zwischen den heterogenen IT-Werkzeugen entlang der Automatisierungspyramide gegeben ist.

Ein Lösungsansatz zur Überwindung der Heterogenität ist die Homogenisierung durch die Definition eines einheitlichen Datenstandards, hierdurch ist die Überführung der heterogenen Datenformate in diesen Standard durch den Einsatz von den zuvor erwähnten spezifischen Adaptern möglich. Dieser Lösungsansatz ist für das betrachtete Szenario jedoch aus zwei Gründen nicht praktikabel. Zum einen führt die Vielfalt möglicher IT-Werkzeuge, die eingesetzt werden, zu einem komplexen Datenstandard, wodurch dessen Verständnis, Pflege und Nutzung zeit- und kostenintensiv wird. Zum andren sind Probleme der Kompatibilität zu einzelnen Versionen des Standards zu adressieren (siehe STEP (DIN EN ISO 10303)). So muss der Standard zu älteren Versionen kompatibel sein und ständig weiterentwickelt werden, um aktuelle Entwicklungen von IT-Werkzeugen zu berücksichtigen und der fortschreitenden Weiterentwicklung durch Forschung zu entsprechen (Nagl und Westfechtel 2003, Horstmann 2011).

Ein anderer Ansatz, der in dem vorliegenden Beitrag als Basis gewählt wird, beinhaltet die Nutzung von Konzepten der Daten- und Anwendungsintegration, bei denen die Definition eines einheitlichen Standards nicht erforderlich ist. Damit kein Standarddatenformat notwendig ist, muss die Interoperabilität der IT-Anwendungen auf eine andere Art und Weise gewährleistet werden. Dies geschieht durch die Abbildung der Aspekte der verschiedenen Datenformate und -strukturen auf ein sogenanntes integriertes Datenmodell oder kanonisches Datenmodell (Horstmann 2011, Schilberg 2010). In aktuellen Ansätzen werden diese Konzepte, um den Einsatz semantischer Technologien erweitert. Die semantischen Technologien ermöglichen ein kontextsensitives Verhalten des Integrationssystems. Die Fortführung dieses Ansatzes ermöglicht die sogenannte adaptive Anwendungs- und Datenintegration (Meisen et al. 2011, Reinhard et al. 2013).

Die Integration aller im Prozess erfassten Daten in eine konsolidierte Datenhaltung ist aber nur der erste Schritt zur Lösung der Problemstellung. Die größere Herausforderung, die es zu überwinden gilt, ist die weitere Verarbeitung der integrierten Daten entlang eines Produktionsprozesses, um eine Verknüpfung der IT-Werkzeuge über alle Ebenen der Automatisierungspyramide zu erreichen. Die Fragestellung der Analyse von Daten aus heterogenen Quellen wird seit einiger Zeit bei der Analyse von Unternehmensdaten angegangen. Die Anwendungen, die eine Integration und Analyse der Daten ermöglichen, werden unter der Bezeichnung „Business Intelligence" (BI) zusammengefasst. Den BI Anwendungen ist gemein, dass sie die Identifikation und das Sammeln von Daten, die in Unternehmensprozessen aufkommen, sowie deren Extraktion und Analyse, bereitstellen (Byrne et al. 2008, West 2011). Das Problem bei der Anwendung der BI auf die virtuelle Produktion ist, dass die Umsetzung der BI die Herausforderungen der Integration von heterogenen Daten- und Informationsquellen in erster Linie konzeptionell löst und dies bei der Implementierung funktionsfähiger Systeme erhebliche Probleme verursacht. So wird im Konzept bspw. eine Übersetzung der Daten in ein einheitliches Datenformat und die kontextsensitive Annotation vorgesehen, aber eine Übersetzung kann evtl. nicht erreicht werden, da es sich um proprietäre Daten handelt und für die Annotation die Bedeutung nicht bekannt ist. Dies ist auch der Grund warum so viele BI Integrationen bisher fehlgeschlagen sind (Yeoh und Koronios 2010).

Im Folgenden wird dargestellt, dass mit der Vision der Digitalen Fabrik die zuvor adressierten Probleme gelöst werden sollen. Da die Vision jedoch noch nicht realisiert ist wird in den Kapiteln *Heterogenität von Simulationen* und *Lösungsansatz: Virtual Production Intelligence* darauf eingegangen wie die nächsten Schritte zur Digitalen Fabrik realisiert werden können. Der Begriff „Virtual Production Intelligence" wurde in Anlehnung an den in der Problemstellung eingeführten Begriff „Business Intelligence" gewählt, der Anfang bis Mitte der 1990er Jahre populär geworden ist. Dabei bezeichnet „Business Intelligence" Verfahren und Prozesse zur systematischen Analyse (Sammlung, Auswertung und Darstellung) von Daten eines Unternehmens in elektronischer Form. Sie verfolgt das Ziel, auf Basis der gewonnenen Erkenntnisse bessere operative oder strategische Entscheidungen in Hinsicht auf die Unternehmensziele zu treffen. „Intelligence" bezieht sich in diesem Kontext nicht auf Intelligenz im Sinne einer kognitiven Größe, sondern beschreibt die Erkenntnisse, die durch das Sammeln und Aufbereiten von Informationen gewonnenen werden. Dies entspricht der Verwendung des Wortes „Intelligence", wie es auch im Kontext für geheimdienstliche Tätigkeiten in der englischen Sprache Verwendung findet (bspw. Central Intelligence Agency – CIA).

3 Vision: Digitale Fabrik

Die Digitale Fabrik (Abbildung 2) wird durch den VDI Arbeitskreis in der VDI-Richtlinie definiert (VDI 2009) als

> „der Oberbegriff für ein umfassendes Netzwerk von digitalen Modellen und Methoden, u. a. der Simulation und 3D-Visualisierung. Ihr Zweck ist die ganzheitliche Planung, Realisierung, Steuerung und laufende Verbesserung aller wesentlichen Fabrikprozesse und -ressourcen in Verbindung mit dem Produkt."

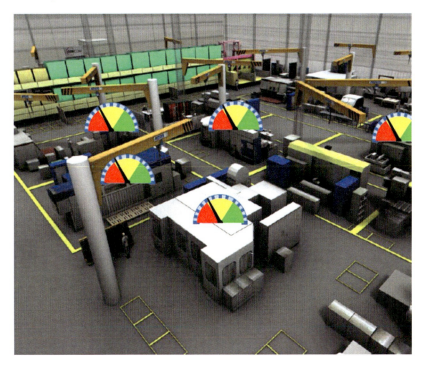

© WZL der RWTH Aachen
& IMA der RWTH Aachen

Abbildung 2: Digitale Fabrik mit Indikatoren die anzeigen ob ein Prozess läuft

Gemäß der VDI-Richtlinie 4499 umfasst das Konzept der Digitalen Fabrik nicht einzelne Aspekte der Planung oder Produktion sondern den gesamten Produktlebenszyklus (Abbildung 3). Es sollen alle Prozesse von der Entstehung über den Einsatz bis hin zur Außerdienststellung modelliert werden. Das heißt, die Betrachtung startet bei der Erhebung der Anforderung am Markt, die Entwurfsphasen inkl. aller notwendigen Dokumente, das Projektmanagement, Prototypen (digitale Mockups), die notwendigen internen und externen logistischen Prozesse, die Planung der Montage und Fertigung, die Planung der entsprechenden Fertigungsanlagen, die Montage und Inbetriebnahme der Fertigungsanlagen, das Anlaufmanagement (Ramp Up), die Serienproduktion, der Vertrieb bis zur Wartung und das Recycling bzw. Entsorgung des Produkts sind damit Teil der Digitalen Fabrik. Zurzeit existiert keine Plattform, die dieser Integrationsaufgabe gerecht wird. Es sind aber schon einige Elemente der Digitalen Fabrik auf unterschiedlichsten Ebenen der Automatisierungspyramide oder in Phasen des Produktlebenszyklus realisiert. So gibt es Produktlebenszyklus Management (PLM) Software, die Unternehmen unterstützt den Produktlebenszyklus zu planen, zu überwachen und in Teilen auch zu steuern. Diese Anwendungen sind jedoch meist Insellösungen und ermöglichen nur die Integration von IT-Werkzeugen, die über die gleichen Schnittstellen zum Datenaustausch verfügen und vom gleichen Hersteller bereitgestellt werden. Die Detailtiefe der Abbildung einzelner Phasen des Produktlebenszyklus erreicht dabei nicht die hohe Ortsauflösung von Spezialanwendungen zur Beschreibung einzelner Phasen des Produktlebenszyklus oder von IT-Werkzeugen die sich auf Teilaspekte einzelner Phasen konzentrieren. Die Empfehlung des VDI, Datenmanagement, und -austausch möglichst homogen zu gestalten, kann daher nur bei Neuentwicklungen berücksichtigt werden. Davon abgesehen existiert bis heute kein Ansatz, wie ein Standard für einen solchen homogenen Datenaustausch umzusetzen ist und wie die angesprochene und wohl bekannten Probleme eines Standardisierungsprozesses verhindert beziehungsweise umgangen werden können. Demnach kann selbst ein Vorhaben, das sich gezielt als Beitrag zur Umsetzung der Vision sieht, nicht zu einer Homogenisierung des Informationsflusses beitragen, da nicht definiert ist, wie ein solcher Zustand auszusehen hat. Dazu kommt, dass es keinen Standard gibt und sich Standardisierungsbemühungen wie bspw. Standard for the Exchange of Product Model Data (STEP) gegen proprietäre Formate behaupten müssen. Hierbei muss berücksichtigt werden, dass die proprietären Formate auch genutzt wurden um das Wissen und Fähigkeiten des Softwareanbieters zu schützen.

Mit Blick auf die Visualisierung der Digitalen Fabrik liegen Werkzeuge der Virtual Reality und Augmented Reality vor, die es den Anwendern ermöglichen 3D-Modelle von Fabrikanlagen mit und ohne Menschen zu realisieren und mit diesen auch zu interagieren und mit Informationen zu annotieren. Es ist jedoch keine Echtzeitsteuerung einer physisch vorhandenen Anlage über eine virtuelle Repräsentation der Anlage möglich, bei der die Daten aus dem Betrieb in der virtuellen Anlage dargestellt und für Analysezwecke weiter verarbeitet werden, da die Laufzeiten einzelner Simulationen die Echtzeitanforderung nicht erfüllen. Mit den vorliegenden Techniken, deren Weiterentwicklungen und Neuentwicklungen soll das Ziel der Digitalen Fabrik erreicht werden.

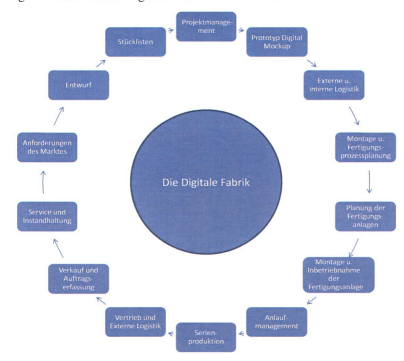

Abbildung 3: Produktlebenszyklus (VDI Richtlinie 4499)

Die Virtual Production Intelligence dient als Basisbaustein für die Digitale Fabrik. Zur Erreichung dieses Zieles ist es nicht notwendig die gesamt Vision der Digitalen Fabrik zu adressieren sondern es ist vielmehr ausreichend den Bereich der simulationsbasierten virtuellen Produktion zu fokussieren (vgl. Abbildung 4). Auch hier wird zur Definition der virtuellen Produktion die VDI-Richtlinie 4499 zitiert:

> „Simulativ durchgeführte vernetzte Planung und Steuerung von Produktionsprozessen mit Hilfe digitaler Modelle. Zweck der virtuellen Produktion ist die Optimierung von Produktionssystemen und flexible Anpassung der Prozessgestaltung vor einer prototypischen Realisierung."

Die Produktionsprozesse werden hierbei in einzelne Prozessschritte zerlegt, die durch Simulationen beschrieben werden. Die Simulation der einzelnen Prozessschritte geschieht unter Verwendung moderner Simulationswerkzeuge, mit deren Hilfe sich selbst komplexe Produktionsverfahren präzise abbilden lassen. Ungeachtet der hohen Genauigkeit einzelner Simulationen besteht die zentrale Herausforderung bei der virtuellen Produktion jedoch in der Zusammenfassung der einzelnen Prozessschritte zu einer Wertschöpfungskette.

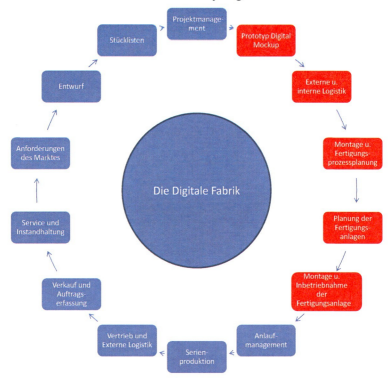

Abbildung 4: Verortung der virtuellen Produktion innerhalb des Produktlebenszyklus nach VDI Richtlinie 4499

Die bereits erwähnte Virtual Production Intelligence (VPI) wird entwickelt, um in einem ersten Schritt die Interoperabilität von heterogenen IT-Werkzeugen herzustellen und zwar mit deutlich geringerem Aufwand bei Einsatz der zuvor erwähnten maßgeschneiderten Lösungen. In einem zweiten Schritt werden die integrierten Daten, die konsolidiert vorliegen, analysiert und weiterverarbeitet. Bei der VPI handelt es sich um ein ganzheitliches, integratives Konzept zur Unterstützung der kollaborativen Durchführung von Technologie- und Produktentwicklung und der Fabrik- und Produktionsplanung. mit dem Ziel die frühzeitige Identifikation und Beseitigung von Fehlerquellen in Prozessen zu ermöglichen wodurch Optimierungspotenziale erkannt und nutzbar gemacht werden. Zum besseren Verständnis werden die Begriffe ganzheitlich, integrativ und kollaborativ folgendermaßen eingegrenzt:

- *Ganzheitlich*: Es werden alle Teile der adressierten Prozesse berücksichtigt.
- *Integrativ*: Nutzung und Zusammenführung vorhandener Lösungsansätze.
- *Kollaborativ*: Berücksichtigung aller in den adressierten Prozessen involvierten Rollen und deren Kommunikation untereinander.

Im nächsten Abschnitt werden die bereits erwähnten Heterogenitäten, die durch den Einsatz der VPI überwunden werden sollen, näher betrachtet.

4 Heterogenität von Simulationen

Nach ISO/IEC 2382-01 liegt Interoperabilität zwischen Softwareanwendungen vor, wenn die Fähigkeit zu kommunizieren, Programme auszuführen, oder Übertragung von Daten zwischen verschiedenen Funktionseinheiten in einer Weise ermöglicht wird, ohne dass der Benutzer Informationen über die Eigenschaften der Anwendung hat. Abbildung 5 fasst die Heterogenitäten zusammen, die wesentlich dazu beitragen, dass keine Interoperabilität ohne maßgeschneiderte Adapter erreicht wird (Daconta et al. 2003, Schilberg et al. 2008, Schilberg et al. 2013).

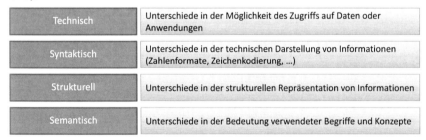

Abbildung 5: Arten der Heterogenität von Simulationen

Mit technischer Heterogenität werden die Unterschiede in der Art und Weise wie auf Daten oder Anwendungen von Benutzern oder weiteren Anwendungen zugegriffen wird bezeichnet. Die syntaktische Heterogenität beschreibt die Unterschiede in der Abbildung von Daten, bspw. unterschiedliche Codierungsstandards wie ASCII oder Binär Codierung, oder die Abbildung von Fließkommazahlen als float oder double und ihre interne Repräsentation. Diese beiden Arten der Heterogenität können relativ einfach durch den Einsatz von Adaptern überwunden werden, jedoch ist hier ein möglichst generisches Konzept zu verfolgen, so dass eine weitere Verwendung dieser Adapter ermöglicht wird. Für die technische Heterogenität stehen hierfür eine Vielzahl unterschiedlicher Bibliotheken und Lösungen zur Verfügung. Ebenso verfügen moderne Programmierkonzepte über implizite Typanpassungen und ermöglichen ebenso die kontrollierte explizite Umwandlung von Daten (Daconta et al. 2003, Schilberg et al. 2008, Schilberg et al. 2013)..

Die Überwindung der strukturellen und der semantischen Heterogenität stellt die ungleich größere Herausforderung dar. Bei der strukturellen Heterogenität werden Unterschiede in der Repräsentation von Informationen adressiert. Semantische Heterogenität beschreibt die Unterschiede in der Bedeutung der domänenspezifischen Entitäten und der für ihre Auszeichnung verwendeten Begriffe. So können zwei Simulationen den Begriff der Umgebungstemperatur verwenden, bei Simulation A wird damit die Hallentemperatur beschrieben in der ein Aufheizofen steht und in Simulation B wird damit die Temperatur im Ofen in unmittelbarer Umgebung des aufzuheizenden Objekts ausgezeichnet. Im Folgenden wird die VPI vorgestellt, die Methoden bereitstellt um diese Arten von Heterogenität zu überwinden und die notwendige Interoperabilität zwischen den Anwendungen zu gewährleisten (Daconta et al. 2003, Schilberg et al. 2008, Schilberg et al. 2013).

5 Lösungsansatz: Virtual Production Intelligence

Die Analyse der Daten erfolgt mit Hilfe von analytischen Konzepten und IT-Systemen, welche die Daten über das eigene Unternehmen, Mitbewerber oder die Marktentwicklung im Hinblick auf den gewünschten Erkenntnisgewinn auswerten.

Die „Virtual Production Intelligence" hat das Ziel, die in einem Simulationsprozess entstandenen Daten zu sammeln, zu analysieren und zu visualisieren, um Erkenntnisse zu generieren, die eine ganzheitliche Bewertung der einzelnen Simulationsergebnisse und des aggregierten Simulationsergebnisses ermöglichen. Grundlage der Analyse sind Expertenwissen sowie physikalische und mathematische Modelle. Durch eine immersive Visualisierung werden die Anforderungen an eine „Virtual Production Intelligence" vollständig abgedeckt.

Die Integration von Ergebnissen eines Simulationsprozesses in ein einheitliches Datenmodell ist der erste Schritt, um Erkenntnisse aus diesen Datenbeständen zu gewinnen und die Extraktion von versteckten, validen, nützlichen und handlungsrelevanten Informationen zu realisieren. Diese Informationen umfassen beispielsweise die Qualität der Ergebnisse eines Simulationsprozesses oder in konkreteren Anwendungsfällen auch die Ursachen für die Entstehung von Inkonsistenzen. Zur Identifikation solcher Aspekte stehen dem Analysten zurzeit nur begrenzte Möglichkeiten zur Verfügung. Mit der Realisierung einer Integrationslösung aber wird die Möglichkeit einer einheitlichen Betrachtung aller Daten ermöglicht. Dies umfasst zum einen die Visualisierung des gesamten Simulationsprozesses in einer Visualisierungskomponente, zum anderen die Untersuchung und Analyse der Daten über den gesamten Simulationsprozess. Hierzu können unterschiedliche Explorationsverfahren herangezogen werden.

Der beschriebene Sachverhalt der Datenexploration und -analyse ist in Abbildung 6 zusammenfassend dargestellt: Zunächst werden die Daten entlang des Simulationsprozesses in ein kanonische Datenmodell integriert, dass in Form eines relationalen Datenmodells umgesetzt wurde, so dass eine einheitliche und konsolidierte Sicht auf die Daten möglich ist. Anschließend werden die Daten in der Analyseebene durch den Anwender unter Verwendung der Visualisierung analysiert.

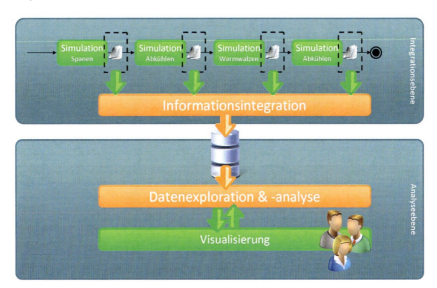

Abbildung 6: Datenexploration und -analyse

Dabei wird der Anwender mittels Datenexploration und -analyseverfahren unterstützt, die direkt innerhalb der immersiven Umgebung angesteuert werden können. Durch die Möglichkeit zum Feedback an die Analysekomponente kann der

Benutzer gezielt den Explorationsprozess beeinflussen und Parametrisierungen von Analysen zur Laufzeit der Ergebnisdarstellung vornehmen.

Neben der nachträglichen Analyse durch Experten ist es ebenso sinnvoll, eine Überwachung der Daten während des Simulationsprozesses zu realisieren, da eine solche Prozessüberwachung beispielsweise die Einhaltung von Parameterkorridoren oder anderen Randbedingungen ermöglicht. Würde ein Simulationswerkzeug Parameterwerte außerhalb der definierten Parameterkorridore liefern, würde dies zu einem Abbruch des Simulationsprozesses führen. Die bisherigen Ergebnisse könnten dann in der Datenanalyse durch Experten analysiert werden, um anschließend eine gezielte Anpassung der Simulationsparameter durchzuführen. Außerdem wäre die Bewertung von Zwischenergebnissen durch Gütefunktionen denkbar, die nach dem Durchlauf und der Integration der Simulationsergebnisse geprüft werden. Ebenso könnte eine Prozessüberwachung die Extraktion von Point-of-Interests (POI) auf Basis von Funktionen ermöglichen, die anschließend in der Visualisierung hervorgehoben werden würden. Der beschriebene Sachverhalt ist in Abbildung 7 zusammenfassend dargestellt.

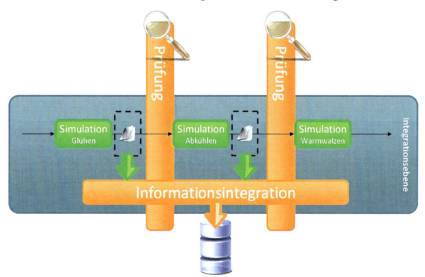

Abbildung 7: Prozessüberwachung als querschnittliche Funktion

Abbildung 8 zeigt die Komponenten eines Systems zur Realisierung einer „Virtual Production Intelligence". Die Applikationsebene umfasst die Simulationen, die entlang eines definierten Simulationsprozesses aufgerufen werden. Diese sind über eine Middleware miteinander verbunden, die den Datenaustausch realisiert und für die Sicherstellung der Datenintegration und Datenextraktion inner-

Virtuelle Produktion 107

halb des Simulationsprozesses verantwortlich ist. Dazu wird ein Integrationsserver bereitgestellt, der über einen serviceorientierten Ansatz Dienste zur Integration und Extraktion zur Verfügung stellt. Der Datenbankserver bildet das zentrale Datenmodell ab und dient als zentraler Datenspeicher für alle im Prozess generierten Daten. Folgendes Beispiel illustriert die Einsatzmöglichkeit der VPI bei der Unterstützung im Fabrikplanungsprozess.

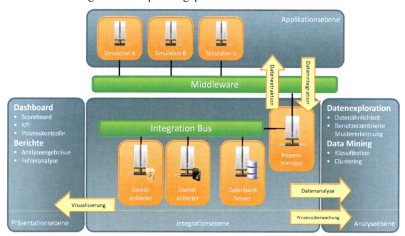

Abbildung 8: Komponenten der Virtual Production Intelligence

Abbildung 9 fasst die Unterstützung in der Fabrikplanung zusammen.

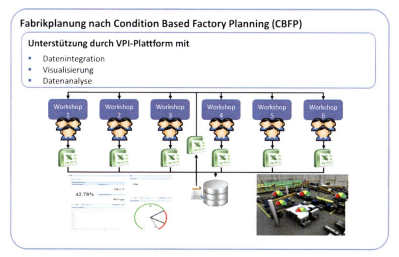

Abbildung 9: Unterstützung in der Fabrikplanung

Durch die Anwendung des VPI-Konzeptes auf das CBFP werden vielfältige Möglichkeiten für einen innovativen Produktionsplanungsprozess geschaffen, da eine Zusammenfassung der Planungsmodule in ein gemeinsames Informationsmodell ermöglicht wird. Insbesondere lassen sich durch die zentralisierte Verwaltung von Prozessdaten der verschiedenen Simulationsvorgänge neue Möglichkeiten der Analyse und Visualisierung realisieren. Um eine umfassende und kompakte Darstellung der Ergebnisse und Planungsgrößen der verschiedenen Simulationsmodule zu gewährleisten, wurde aufbauend auf dem VPI-Plattformkonzept eine Web-2.0 Modul entwickelt, die dem Benutzer vielfältige Möglichkeiten der Analyse, Interaktion und Optimierung entlang des Fabrikplanungsprozesses ermöglicht. In Form einer Web-Applikation, welche in jedem modernen Browser ausgeführt werden kann, werden die am Planungsprozess beteiligten Personen mit aktuellen Prozessgrößen aus der Datenbasis versorgt. Somit ist eine Synchronisation der in der Web-Applikation abgebildeten Prozesse und Analysen stets gewährleistet. Der Benutzer hat die Möglichkeit, Anfragen an die Datenbasis zu senden, Manipulationen an den Ein- und Ausgangsgrößen der Simulationen und Änderungen an ihrer Darstellung vorzunehmen. Es wird ermöglicht eine umfassende Prozessketten-Analyse durchzuführen, die insbesondere die Abhängigkeiten mit der Kapazitätsplanung sowie Produktionsstrukturplanung berücksichtigt. Eine wirksame Optimierung verschiedener Produktionsstrukturen, wie etwa die Festlegung der Anzahl der Prozessketten und Produktionssegmente wird erst durch Abbildung der Interdependenzen verschiedener Planungsmodule ermöglicht.

6 Zusammenfassung

Mit der VPI wird ein wesentlicher Beitrag zur Realisierung der Vision der Digitalen Fabrik erreicht. Die VPI ist zum einen eine Integrationsplattform, die es ermöglicht heterogene IT-Werkzeuge im Bereich der Produkt- und Produktionsplanung mit einander zu verknüpfen und zum anderen ein auf dem englischen „Intelligence"-Begriff basierendes Analyse Werkzeug, um Wirkzusammenhänge zu identifizieren und zu bewerten. Da die virtuelle Produktion mit der Produkt- und Produktionsplanung Kernbereich der Digitalen Fabrik ist, wurde im Rahmen des Beitrags auf diesen Teil fokussiert. Basis für die VPI ist die Etablierung von Interoperabilität, Die Funktionsweise der VPI wird dargestellt und mithilfe des Beispiels der Fabrikplanung verdeutlicht. Der Einsatz der VPI ermöglicht eine deutliche Aufwandsreduzierung im Engineering zur Erstellung Maßgeschneiderter Integrations- und Analysewerkzeugen, da mit der VPI eine adaptive Lösung vorliegt. Es ist nun möglich mit einer prozessorientierten und damit kontextsensitiven Informationsverarbeitung zu beginnen. Informationen liegen jetzt nicht nur bezogen auf einen einzelnen Prozessschritt vor, in dessen Zusammenhang sie entstanden sind, sondern stehen im Bezug zu dem gesamt Prozess, so dass die Bedeutung und die Gültigkeit von Informationen intensiver betrachtet werden kann.

Die zukünftigen Arbeiten im Rahmen der VPI werden im Bereich der interaktiven explorationsbasierten Datenanalyse liegen. Dabei ist zu evaluieren, inwiefern sich die durch Explorationsverfahren extrahierten Informationen bewerten lassen. Außerdem ist zu untersuchen, wie diese Informationen dem Benutzer in einer immersiven Umgebung dargestellt werden können und wie sich Zusammenhänge von Informationen verständlich und nachvollziehbar präsentieren lassen. Hierzu bieten sich unterschiedliche feedbackgestützte Techniken an, in denen Experten über Feedbackschnittstellen der Visualisierung Analyseergebnisse bewerten und optimieren. Die Kommunikation verläuft dabei bidirektional, das heißt der Benutzer gibt dem System über eine Schnittstelle Feedback, das wiederum vom Analysesystem verwendet wird, um die dargestellte Information zu korrigieren oder zu präzisieren. Das System versucht dabei, das Feedback zu interpretieren, um zukünftig unpräzise, fehlerhafte Aussagen zu vermeiden.

Literatur

Brecher, C. (2011): *Integrative Produktionstechnik für Hochlohnländer*. Springer Verlag (Vdi-buch).

Byrne, B.; Kling, J.; McCarty, D.; Sauter, G.; Worcester, P. (2008): *The information perspective of SOA design, Part 4: The value of applying the canonical modeling pattern in SOA*.

Chandler, A. D. (2004): *Scale and Scope. The Dynamics of Industrial Capitalization*. Cambridge, Mass., London: Belknap Press of Harvard University Press.

Daconta, M.; Obrst, L.; Smith, K. (2003): *The Semantic Web: The Future of XML, Web Services, and Knowledge Management*.

Horstmann, C. (2011): *Integration und Flexibilität der Organisation Durch Informationstechnologie*. 1. Aufl., Gabler Verlag, S. 156-162.

Kagermann, H.; Wahlster, W.; Helbig, J. (2012): *Umsetzungsempfehlungen für das Zukunftsprojekt Industrie 4.0 – Abschlussbericht des Arbeitskreises Industrie 4.0. Forschungsunion im Stifterverband für die Deutsche Wissenschaft*. Berlin.

Lauber, R.; Göhner, P. (1999): *Prozessautomatisierung 1*. 3. Aufl. Berlin: Springer.

Meisen, T.; Meisen, P.; Schilberg, D.; Jeschke, S. (2011): *Application Integration of Simulation Tools Considering Domain Specific Knowledge*. In: Proceedings of the 13th International Conference on Enterprise Information Systems.

Nagl, M.; Westfechtel, B. (2003): *Modelle, Werkzeuge und Infrastrukturen zur Unterstützung von Entwicklungsprozessen*. In: Symposium (Forschungsbericht (DFG)). 1. Aufl.: Wiley-VCH, S. 331-332.

Reinhard, R.; Meisen, T.; Beer, T.; Schilberg, D.; Jeschke, S. (2012): *A Framework Enabling Data Integration for Virtual Production.* In: Hoda A. ElMaraghy (Hrsg.): *Enabling Manufacturing Competitiveness and Economic Sustainability; Proceedings of the 4th International Conference on Changeable, Agile, Reconfigurable and Virtual production (CARV2011), Montreal, Canada, 2-5 October 2011.* Berlin, Heidelberg: Springer, S. 275-280.

Schilberg, D., Gramatke, A., Henning, K. (2008): *Semantic Interconnection of Distributed Numerical Simulations Via SOA.* In: International Association of Engineers (Hrsg.): *Proceedings World Congress on Engineering and Computer Science 2008.* Hong Kong: Newswood Limited, S. 894-897.

Schilberg, D. (2010): *Architektur eines Datenintegrators zur durchgängigen Kopplung von verteilten numerischen Simulationen.* Aachen: VDI-Verlag.

Schilberg, D.; Meisen, T.; Reinhard, R.; Jeschke, S. (2013): *Simulation and Interoperability in the Planning Phase of Production Processes.* In: Jeschke, S.; Isenhardt, I.; Hees, F.; Henning, K. (Hrsg.): *Automation, Communication and Cybernetics in Science and Engineering 2011/2012.* Springer.

Schuh, G.; Aghassi, S.; Orilski, S.; Schubert, J.; Bambach, M.; Freudenberg, R. et al. (2011): *Technology roadmapping for the production in high-wage countries.* In: *Prod. Eng. Res. Devel. (Production Engineering).* Bd. 5, S. 463–473.

VDI Richtlinie 4499, Blatt 1 (2008): *Digitale Fabrik.*

VDI Richtlinie 4499, Blatt 2 (2011): *Digitale Fabrik.*

West, M. (2011): *Developing High Quality Data Models.* 1. Aufl. Burlington, MA: Morgan Kaufmann.

Yeoh, W.; Koronios, A. (2010): *Critical success factors for business intelligence systems.* In: *Journal of computer information systems.* Bd. 50, Nr. 3, S. 23.

Die Erweiterung der Architektur[1]

Marco Hemmerling[*]

Abstract

Die Digitalisierung unserer Lebenswelt schreitet mit Siebenmeilenstiefeln voran. Neue Technologien bewirken unabhängig von ihren Inhalten eine Veränderung der Wahrnehmung und des Denkens. Sie stellen neue Realitäten her. Die Vision vom *Cyberspace* als kybernetischer Datenraum, den der US-amerikanische Science Fiction Autor William Gibson in seinem Buch *Neuromancer*[2] erstmals beschreibt, scheint heute greifbar zu sein. Die Grenzen der uns bekannten Physik werden gesprengt und wir stoßen auf das Versprechen Dinge zu tun, die sonst nur in unseren Träumen existieren. Doch trotz der rasanten Weiterentwicklung der Informationstechnologie, der verbesserten Rechnerleistungen und immer realistischeren grafischen Darstellungen: Wir kommen dem *Cyberspace* nicht wirklich näher. Vielmehr leben wir in einer hybriden Welt aus physischen und digitalen Wirklichkeiten, deren Grenzen zunehmend verschwimmen. Die Überlagerung realer und virtueller Räume führt dabei nicht nur zu einer veränderten Erscheinungsform der Räume und Dinge, sondern auch zu einer Erweiterung unserer Realitätswahrnehmung.

Digitale Inhalte beeinflussen die Räume in denen wir leben, die Objekte die uns umgeben, die Bilder, die wir sehen und die Geräusche die wir hören. Sie formen darüber eine erweiterte Erkenntnis und Empfindung unserer Realität.

---

[*] Prof. Dipl.-Ing. Marco Hemmerling MA | marco.hemmerling@hs-owl.de
Detmolder Schule für Architektur und Innenarchitektur | Lehrgebiet Computer Aided Design
Hochschule Ostwestfalen-Lippe, University of Applied Sciences
Emilienstraße 45 | 32756 Detmold | www.hs-owl.de/fb1 | www.m-cdc.de

[1] Dieser Aufsatz basiert auf dem Vortrag *Informierte Räume*, den der Verfasser am 05. November 2012 auf der Konferenz *Exploring Virtuality* an der RWTH Aachen gehalten hat. Er entspricht in weiten Teilen der Veröffentlichung *Die Erweiterung der Realität* in: Hemmerling, M. (Hrsg.), *Augmented Reality – Mensch Raum und Virtualität*, S. 13-24, Wilhelm Fink Verlag, München 2011.

[2] *Gibson, M. (1984).*

Diese Entwicklung hat nicht nur einen radikalen Wandel unserer Umwelt zur Folge, sondern erzeugt vor allem einen Gestaltungs- und Handlungsraum. Der vorliegende Beitrag beschäftigt sich vor diesem Hintergrund mit der Einordnung der erweiterten Realität und dem sich daraus ergebenden Gestaltungspotenzial für die Entwicklung unserer räumlichen Umgebung. Der Einsatz digitaler Werkzeuge hat nicht nur die Arbeitsweise von Architekten und Designern maßgeblich verändert, sondern auch die formale Gestaltung und die daraus resultierende Erscheinung und Wahrnehmung von Räumen und Objekten. An der Schnittstelle von gebauter und virtueller Architektur untersucht, analysiert und bewertet der Forschungsschwerpunkt *PerceptionLab* an der Hochschule Ostwestfalen-Lippe daher die menschliche Wahrnehmung im räumlich-medialen Kontext. Die gewonnenen Erkenntnisse werden in Verbindung mit konkreten Erfahrungen zu einem Instrumentarium für Gestaltung und Planung entwickelt.

Neben dem Aufbau einer solchen Methodenkompetenz geht es auch um die Frage welche Anforderungen zukünftig an Gestalter gestellt werden. Wie beeinflussen und verändern digitale Medien das Verhältnis von Mensch und Raum? Wie können wir sie bewusst als Gestaltungsmittel für die Entwicklung neuer Raumszenarien einsetzen und welche Chancen und Risiken verbergen sich hinter der Digitalisierung unserer Gesellschaft?

1 Einführung

Historisch betrachtet lässt sich die Rolle der Computertechnologie im Informationszeitalter mit dem Einfluss der industriellen Massenproduktion auf die Industriegesellschaft oder der Landwirtschaft auf die Agrargesellschaft vergleichen. Durch die veränderten Produktionsmittel hat sich immer auch die Gesellschaft und damit verbunden die Architektur gewandelt[3]. Der zunehmende Einfluss digitaler Technologien auf die Konzeption, Entwicklung und Umsetzung von architektonischen Entwürfen ist in den letzten Jahren bereits deutlich sichtbar geworden. In fast allen Architekturbüros hat der Computer und mit ihm die entsprechenden Programme und Anwendungen Einzug gehalten. Im Bereich der architektonischen Formfindung spielen generative Entwurfsmethoden, *Building Information Modeling* (BIM)[4] und digitale Fertigung eine zunehmend bedeutende Rolle. Durch die umfassende Darstellung von dreidimensionalen Gestaltungskonzepten mittels digitaler Simulationen und die direkte Interaktion mit dem virtuellen Modell im Entwurfsprozess wird die Wahrnehmung von räumlichen Zusammenhängen wesentlich erweitert. Von der ersten Konzeptvisualisierung

---

3   Vgl. Schmitt, G. (1996).
4   Dt.: Gebäudedatenmodellierung.

bis zum fertigen 3D-Gebäudedatensatz bildet der Computer mittlerweile den kompletten Entwurfs- und Planungsprozess ab. Vor diesem Hintergrund werden klassische Aufgabenbereiche des Architekten neu definiert. Hier gilt es sich mit einer neuen Sprache vertraut zu machen und die Methoden, die sich hinter den digitalen Technologien verbergen, zu verstehen. Erkennt man die daraus resultierenden Potentiale, ergeben sich nicht nur neue Möglichkeiten für den Entwurf. Vor allem rückt der Architekt wieder ins Zentrum der gesamten Architekturproduktion – von der ersten Idee bis zum fertigen Gebäude. Dies verspricht eine Vereinfachung der Prozesse in vielen Bereichen der Architekturentwicklung: Eine schnellere Anpassungen an Veränderungen im Entwurf, Zeitersparnis durch Automatisierung, höhere Wirtschaftlichkeit durch Zeitersparnis, Begrenzung der Schnittstellen und Fehlerquellen sowie die direkte Umsetzbarkeit des Digitalen ins Physische über computergestützte Fabrikationsmethoden.[5]

2 Informierte Räume

Neue Technologien bewirken unabhängig von ihren Inhalten eine Veränderung der Wahrnehmung und des Denkens. Sie stellen neue Realitäten her. Oder wie es der kanadische Medientheoretiker Marshall McLuhan formulierte: *„Wir formen unser Werkzeug, und danach formt das Werkzeug uns"*[6]. Für McLuhan wirkt die Entwicklung der Medientechnologien demnach als Triebfeder für sozialen Wandel. Digitale Inhalte beeinflussen die Räume in denen wir leben, die Objekte, die uns umgeben, die Bilder, die wir sehen und die Geräusche, die wir hören. Sie formen darüber eine erweiterte Erkenntnis und Empfindung unserer Realität. Diese Entwicklung hat nicht nur einen radikalen Wandel unserer Umwelt zur Folge, sondern erzeugt vor allem einen Gestaltungs- und Handlungsraum. Der Einsatz digitaler Werkzeuge hat eben nicht nur die Arbeitsweise von Architekten und Designern maßgeblich verändert, sondern auch die formale Gestaltung und die daraus resultierende Erscheinung und Wahrnehmung von Räumen und Objekten. Mit Hilfe der heutigen Computersoftware lassen sich Entwürfe generieren, wie sie technisch und formal vorher kaum möglich waren. Dabei löst die Computertechnologie diese in starkem Maße von den herkömmlichen Produktionsbedingungen. Sowohl im Entwurfs- als auch im Produktionsprozess verschieben sich die Abhängigkeiten von analogen zu digitalen Operationen.

Der Computer entgrenzt die Fantasie und erlaubt Operationen, die früher an den begrenzten technischen und zeitlichen Mitteln gescheitert wären. Die Folgen dieser Faszination für das digital Machbare gehen aber selten über Formexperi-

---

5 Siehe hierzu auch: Hausschild, M.; Karzel, R. (2010).
6 McLuhan, M. (1970).

mente hinaus, die trotz ihrer geometrischen Komplexität oft erschreckend eindimensional wirken. Greg Lynn, selbst einer der Protagonisten freier digitaler Formenwelten, hat diese formale Abhängigkeit bereits vor zehn Jahren kritisch beurteilt: *„Es gibt eine Sprache der Gestaltung, die der Computer mit sich bringt, und zuerst macht man, was die Software gut kann"*[7]. Das Potenzial des rechnergestützten Entwerfens und Bauens ist jedoch weitaus vielversprechender als dieses Zitat vermuten lässt. Es setzt allerdings ein Verständnis der informationstechnologischen Grundlagen voraus, die der Computer zur Verfügung stellt. Das Ergebnis einer solchen digitalen Gestaltentwicklung folgt anderen Vorgaben und Randbedingungen. Es basiert auf einem neuen methodischen Verständnis, sowohl auf der Ebene des Entwurfs, wie auch in der Realisierung. Grundsätzlich kann man feststellen, dass die Einführung der Informationstechnologie zu einer Ausweitung der Berufsfelder geführt hat: Denjenigen Architekten und Innenarchitekten, die den digitalen Technologien gegenüber aufgeschlossen sind, eröffnen sich interessante Betätigungsfelder. Neben der veränderten Arbeitsweise im Entwurf lassen sich die gestalterischen Fähigkeiten eines Experten im Räumlichen in viele Bereiche der Medien- und Informationstechnologie sowie der Bau- und Produktionstechnologie übertragen.

Der Einfluss digitaler Medien im Entwurfs- und Realisierungsprozess auf die Architektur lässt sich aus zwei Evolutionssträngen ableiten. Auf der einen Seite unterstützt der Computer die Entstehung von Konzepten mit Hilfe digitaler Werkzeuge. Durch die umfassende Darstellung von dreidimensionalen Gestaltungskonzepten mittels digitaler Simulationen und der direkten Interaktion mit dem virtuellen Modell im Entwurfsprozess wird die Wahrnehmung von räumlichen und funktionalen Zusammenhängen wesentlich erweitert. So dienen computergenerierte Darstellungen einer frühen und ganzheitlichen Betrachtung, Bewertung und Vermittlung von räumlichen Konzepten. Von der ersten digitalen Skizze, über die Konzeptvisualisierung bis zum fertigen 3D-Datensatz bildet der Computer mittlerweile den kompletten Entwurfs- und Planungsprozess ab.

Auf der anderen Seite hat gerade in den vergangenen Jahren eine sichtbare Zunahme von computergestützten Bau- und Produktionsprozessen über CAD-CAM-Schnittstellen[8] und *Rapid Prototyping*[9] Verfahren eingesetzt. Das Besondere dieser Technologie ist, dass mit ein und demselben Herstellungsverfahren unterschiedlichste Formen produziert werden können. Da der Arbeitsvorgang vollständig automatisiert ist, bleibt der Herstellungspreis prinzipiell gleich. Auf diese Weise ergeben sich in der Architekturproduktion neue gestalterische Freiheiten, da die kostenrelevante Abhängigkeit vom Standardprodukt weitestgehend

---

7   Zit. nach Cachola Schmal, P. (2002).
8   CAD: Computer Aided Design, CAM: Computer Aided Manufacturing.
9   Überbegriff für unterschiedliche computergestützte Produktionsverfahren (z.B. 3D Drucken) zur schnellen Herstellung von Musterbauteilen, ausgehend von digitalen Konstruktionsdaten.

aufgehoben ist. Die Herstellung von individuellen Produkten, unter Verwendung neuer Produktionsmethoden, ermöglicht eine entwurfs- und kundespezifische Fertigung, wie sie sich in einigen Produktionsbereichen bereits durchgesetzt hat. Ein Blick auf die wesentlichen Einsatzbereiche digitaler Werkzeuge macht deutlich, wie weit verzweigt computergestützte Methoden schon heute Einfluss haben, insbesondere auf die Architekturproduktion.

3 Digitales Entwerfen

Entwurfsprozesse sind von einer intuitiven Herangehensweise geprägt, die sich scheinbar nur schwer über den Computer erzeugen lässt. Die wenigsten Architekten und Designer benutzen alleinig das Medium Computer bei der Entwurfsfindung. Dennoch lässt sich gerade bei den Studierenden und der jüngeren Generation die Ablösung des Stiftes durch den Computer bereits in der frühen Konzeptphase des Entwurfs beobachten. Das Potenzial des digitalen Entwerfens basiert jedoch nicht auf der Simulation von vormals analogen Operationen, sondern auf der Nutzbarmachung rechnerimmanenter Prozesse zur Erfassung, Verknüpfung, Verarbeitung und Auswertung komplexer Wechselbeziehungen. Hier liegt ein wesentlicher Unterschied zur klassischen CAD-Anwendung, die zwar den Zeichenprozess unterstützt, aber keine neue Qualität der Entwurfsmethodik an sich darstellt.

Digitale Werkzeuge unterstützen es hingegen durchaus neue Wege zu gehen und räumliche sowie gegenständliche Konzepte unter dem Einfluss von unterschiedlichen Parametern prozesshaft zu entwickeln. Da die Ergebnisse in Echtzeit dargestellt werden entsteht ein direkter Dialog zwischen Entwerfer und Entwurf.[10] Die Ausgangsgeometrie wird dabei mit Algorithmen, also mathematischen Handlungsanweisungen versehen, die es erlauben, vielfältig Einfluss auf die Formentwicklung zu nehmen. Viele Softwareapplikationen bieten heute die Möglichkeit eigene Skripte und Algorithmen zu programmieren, worüber sich individuell die Randbedingungen für die Entwurfserzeugung definieren lassen. Oder anders formuliert: Architekten und Designer entwickeln ihre Werkzeuge selbst. Diese prozessorientierten Verfahren erlauben innerhalb der Entwurfsentwicklung die maßstabsübergreifende Manipulation der Gesamtstruktur, ohne dass die Verknüpfungen der einzelnen Teilelemente untereinander verloren gehen. Die Entwurfstätigkeit wird bei diesem Prozess in hohem Maße von der Informationstechnologie unterstützt, die gleichsam einen intuitiven Zugang bietet. Programmierte parametrische Modelle befördern in diesem Sinne eine neue

---

10 Vgl. Hemmerling, M.; Tiggemann, A. (2011).

Entwurfsmethodik, die sowohl architektur-, raum- oder objektspezifische als auch computerspezifische Kenntnisse voraussetzt. Auf die Architektur übertragen lassen sich über parametrische Modelle anpassungsfähige Strukturen erzeugen, die auf äußere Einflüsse, wie Sonneneinstrahlung und Windbelastung oder innere Einflüsse, wie Nutzerverhalten und Funktionsabläufe reagieren. Durch die jeweilige Art der Verknüpfung und die Priorisierung einzelner Parameter entsteht die architektonische Gestalt. Das Entwerfen verschiebt sich von einem formal-grafischen Prozess zu einem strategisch-evolutionären Prozess. Der Gestalter entwirft vielmehr ein System als ein konkretes Ergebnis. Ein Vorteil dieser Herangehensweise liegt – neben der Sichtbarmachung von Abhängigkeiten im Entwurf – in der Flexibilität jederzeit auf die Programmierung Einfluss zu nehmen und somit zeitnah unterschiedliche Konzepte oder Varianten einer Entwurfslösung entwickeln und bewerten zu können. Die räumliche Komplexität wird dadurch zugänglich und steuerbar für den Entwerfer.

4 Digitale Nachhaltigkeit

„Perfektion ist nicht dann erreicht, wenn man nichts mehr hinzufügen, sondern, wenn man nichts mehr weglassen kann."[11] Die Natur ist in scheinbarem Widerspruch zu ihrer Diversität dennoch so strukturiert, dass diese Forderung stets erfüllt ist. Die Optimierung erfolgt durch Auslese in nie vollendeten Schritten. Genau dies ist mit den digitalen Prozessen möglich. Und genau dies ist eine nächste Herausforderung an Architektur und Design: Wie kann eine fortgesetzte ständige Verbesserung, eine Evolution, in alle Prozesse eingefügt werden? Weitergedacht, führt das zu einem mit der Natur vergleichbaren Kreislauf – zu einer echten Nachhaltigkeit. Dazu müssen Materialien und Prozesse entwickelt werden, die sich der Natur und ihren Prinzipien annähern. Und schließlich liegt im Überschreiten der Nutzerorientierung hin zur Affordanz, wie sie die Natur anbietet durch ihre selbstverständliche Komplexität, die uns vertraut ist, ein Schlüssel zur Definition einer Ästhetik und einer Ausrichtung in einer neuen Einheit von Natur und Kultur.

Derzeit füttern wir Daten in die Computer, bestimmen Umfang von Recherche und Grundlagen, Idee und Konzept. In Zukunft werden die Maschinen selbst lernfähig sein und sich oder ihre ausführenden Arme befähigen, selbständig die bestmöglichen Wege zu suchen, Konzepte in Form zu bringen, zu informieren. Das große Potential, das in diesen Entwicklungen steckt, greift der postgraduale Masterstudiengang *Computational Design and Construction* (M-CDC) an der

---

11 de Saint-Exupéry, A. (1939).

Detmolder Schule für Architektur und Innenarchitektur, Hochschule Ostwestfalen-Lippe auf. Er zielt auf ein Berufsbild, das die digitalen Entwurfs- und Fertigungsmethoden in einer ganzheitlichen Betrachtung verknüpft. Neben den relevanten fachlichen Inhalten der Architektur und Innenarchitektur werden daher auch Grundlagen der Informatik und der computergestützten Produktion vermittelt. Die Komplexität des Planungsprozesses wird nicht zuletzt durch die vielfältigen Anforderungen aus den Fachdisziplinen definiert, die vom Entwurf bis zur Realisierung integriert werden müssen. Hierbei werden gestalterische, planerische und technische, sowie organisatorische und kommunikative Fähigkeiten von den Planern gefordert. Ein besonderer Fokus der Lehre liegt daher auf den Schnittstellen zwischen den unterschiedlichen Planungsphasen und Disziplinen. Das Angebot reagiert damit auch auf die zunehmende Nachfrage nach hochqualifizierten Hochschulabgängern im interdisziplinären Bereich zwischen Informationstechnologie, Architektur und Design[12].

Aber wie lassen sich die unterschiedlichen Methoden für die Entwicklung einer nachhaltigen Architektur und Raumgestaltung nutzen? Und wie kann sich darüber ein eigenständiger Ausdruck definieren, der die zeitgenössischen und zukünftigen Anforderungen erfüllt?

Ein wesentlicher Vorteil in der Verwendung computergestützter Methoden liegt in den vielfältigen Möglichkeiten, die einzelnen Prozesse strategisch miteinander zu verknüpfen, Synergien zu nutzen und Probleme frühzeitig zu erkennen und Strategien für deren Lösung zu entwickeln. Grundlage solcher prozessorientierter Ansätze ist die Entwicklung eines konsistenten und anpassungsfähigen Entwurfsmodells, das im fortschreitenden Planungsprozess gestalterisch weiterentwickelt und durch zusätzliche Informationen sukzessive ergänzt und erweitert wird. Im Ergebnis entsteht eine integrative Architektur aus der Wechselwirkung von unterschiedlichen Einflussgrößen wie Raumwirkung, Formfindung, Materialisierung, Konstruktions- und Produktionsbedingungen sowie Nutzerverhalten, Nachhaltigkeitskriterien und Kostenrahmen.

Das digitale Entwerfen erzeugt eine direkte Verbindung zwischen dem Denkbaren und dem Baubaren. In diesem Sinne hat sich der Computer von einem reinen Zeichenwerkzeug, das lediglich traditionelle Instrumente simuliert, zu einem integrativen Entwurfsmedium mit eigenen Qualitäten und Anforderungen entwickelt. Der Computer ist sicherlich das umfassendste und dynamischste Medium, das dem Gestalter je für seine Arbeit zur Verfügung stand. Zur Ausgestaltung dieses Potenzials bedarf es jedoch der Fähigkeit den Computer als interaktives Instrument einzusetzen und seine künstliche Intelligenz als kreative Erweiterung zu begreifen. Wir sind aufgefordert diese Rolle in unserer Informati-

---

12 Weitere Informationen zu Inhalt und Struktur des post-gradualen Masterstudiengangs *Computational Design and Construction* unter: www.m-cdc.de, zuletzt aufgerufen am 25.01.2013.

onsgesellschaft auszufüllen und durch die Befähigung im Umgang mit digitalen Medien zukünftige Räume zu schaffen oder wie es Marcos Nowak formulierte: *„Neue Arten des Raumes erfordern neue Arten der Architektur"*[13].

5 PerceptionLab

Wie kommen wir zu diesen neuen Arten des Raumes, die gleichsam virtuelle und physische Komponenten in sich tragen? Vor allem aber: Wie wirken diese Architekturen auf den Menschen? Die im ersten Teil ausgeführten Entwicklungen im digitalen Entwurfs- und Realisierungsprozess und deren Auswirkungen auf den formalen Ausdruck sowie die technischen und funktionalen Aspekte führen letztendlich zu einer veränderten Wahrnehmung und Wirkung von Architektur und Raum. Wie der Mensch wahrnimmt, ist wichtig für sein Befinden und für die Entwicklung und Nutzung seiner Fähigkeiten. Unter dem Titel *Perception-Lab*[14] haben sich Professorinnen und Professoren der Fachbereiche Architektur, Innenarchitektur und Medienproduktion an der Hochschule Ostwestfalen-Lippe mit dem Ziel zusammengeschlossen, die Wahrnehmung von Objekten, Räumen und medialen Umgebungen durch den Menschen in den Mittelpunkt von Forschung und Lehre zu stellen. Mit dem Labor zur Beobachtung, Analyse und Bewertung der menschlichen Wahrnehmung im räumlichen und medialen Kontext wird angestrebt, empirisch ermittelte Erkenntnisse in Verbindung mit konkreten Erfahrungen aus der Planungspraxis zu einem anwendungsorientierten Instrumentarium für Gestaltung und Planung zu entwickeln. In einem mehrstufigen Ansatz verfolgt das *PerceptionLab* folgende Ziele:

- Die Ermittlung der nachhaltigen Wirkung von Räumen und Raumkonzepten auf Psyche und Lebensqualität des Menschen.
- Die Grundlagen einer nachvollziehbaren Urteilsfähigkeit für die ästhetische Bewertung von Räumen zu schaffen.
- Die Entwicklung eines anwendungsbezogenen Planungs- und Gestaltungsinstrumentariums.
- Die Etablierung nachhaltiger Forschung in den Bereichen Architektur und Innenarchitektur.

Durch anwendungsbezogene Untersuchungen zur Orientierung, Wirkung, Akzeptanz und *Usability*[15] werden Produkt-, Raum- und Umfeldoptimierungen

---
13 Novak, M. (2002).
14 Weitere Informationen und Forschungsberichte unter www.perceptionlab.de, zuletzt aufgerufen am 25.01.2013.
15 hier: Nutzerfreundlichkeit.

erzielt. Daraus entwickelt das *PerceptionLab* Konzepte und Lösungen für Objekte und Räume mit besonderem Augenmerk auf Themen des *Universal Design*[16] und auf nachhaltige Lösungsansätze. Durch die Beteiligung unterschiedlicher Fachrichtungen aus der Gestaltung, Planung und Visualisierung und durch die zusätzliche Einbindung von externen Fachleuten, beispielsweise aus dem Bereich Psychologie, wird ein ganzheitlicher und interdisziplinärer Ansatz verfolgt. Das Betätigungsfeld des Forschungsschwerpunkts ist breit gefächert und deckt unterschiedlichste Raum- und Gebäudetypologien wie Wohnräume, Arbeitsumgebungen, Kommunikations- und Erlebnisräume, Betreuungs-, Therapie- und Dienstleistungsbereiche sowie Bildungs- und Lernorte ab. Als Forschungsinstrument untersucht und bewertet das *PerceptionLab* in interdisziplinären Teams der unterschiedlichen Lehrgebiete und Fachbereiche Aufgabenstellungen, in denen Objekte, Räume und mediale Umgebungen in einem Systemzusammenhang gestellt werden. Als Lehrinstrument wird das *PerceptionLab* in alle Phasen des Studiums einbezogen. Die Untersuchungen lassen die Beziehungen vom Menschen zum Objekt, zum Raum und zum medialen Umfeld lesbar werden. In die Lehre integriert, werden diese Bezüge in einer Form begreifbar, die für die Studierenden nachprüfbar und nachvollziehbar ist, sowohl als ganzheitliches System, als auch im Detail.

Für die Planung, die virtuelle und physische, zwei- und dreidimensionale Visualisierung und die Untersuchung von Oberflächen, Räumen und Objekten arbeiten die Beteiligten mit unterschiedlichen Methoden und Technologien. Neben einem Raumlabor, das eine Umsetzung im Maßstab 1:1 ermöglicht, kommt eine Powerwall[17] zur Darstellung von virtuellen Umgebungen zum Einsatz. Für Untersuchungen von Objekt- und Raumwirkung sind ein Eye Tracking System, sowie ein BioFeedback System zur Messung unterschiedlicher Körperfunktionen vorhanden. Ziel der Anwendung virtueller Szenarien ist es zum einen einer Architektur näher zu kommen, die vor ihrer physischen Realisierung in möglichst vielen ihrer Konsequenzen bekannt und erfahrbar ist.

Die so erzeugte digitale Umgebung macht über Interaktion und Immersion[18] Aspekte der Realität zugänglich, die verschieden Sinne des Menschen ansprechen. Auf der anderen Seite werden digitale Realitäten untersucht, die als eigenständige räumliche Szenarien wirken und nicht als Vorschau auf eine physische Realität.

---

16 Gestaltung von Produkten, Umfeldern, Programmen und Dienstleistungen, die von allen Menschen im größtmöglichen Umfang genutzt werden können. Siehe auch http://www.ud-germany.de, zuletzt aufgerufen am 25.01.2013.
17 Stereoskopische Projektionstechnik zur dreidimensionalen Visualisierung von Objekten und Räumen.
18 Lat.: immergere, eintauchen, einbetten.

Abbildung 1: Wahrnehmungsstudie an der Powerwall im PerceptionLab
Quelle: Fotomontage, Lehrgebiet CAD, Detmolder Schule für Architektur und Innenarchitektur

Die Grenzen zwischen dem Virtuellen und dem Realen sowie dem Digitalen und dem Physischen sind zunehmend fließend und werfen die Frage nach der Definition von Realität auf. *„Hattest Du schon mal einen Traum, Neo, der Dir vollkommen real erschien? Was wäre, wenn Du aus diesem Traum nicht mehr aufwachst. Woher würdest Du wissen, was Traum ist und was Realität?"*[19]

6 Was ist real?

Gibt es eine objektive, empirische Wirklichkeit oder teilt sich die Realität in eine Vielzahl subjektiver Erlebenswirklichkeiten? Ist sie an die Dinglichkeit, an das Vorhandensein einer physischen Außenwelt gebunden oder existiert sie als rein metaphysische Innenwelt in unserer Gedanken, so wie es der französische Schriftsteller Gustave Flaubert Ende des 19. Jahrhunderts formulierte? Die Frage nach der Definition von Realität ist sicher nicht einfach zu beantworten und es finden sich zahlreiche Begriffserklärungen, sowohl für die eine wie auch die

---

19 Zitat von Morpheus aus dem Film *The Matrix, 1999,* Regie: Andy und Larry Wachowski.

andere Sichtweise. Interessant für eine weitere Betrachtung scheint demnach die Verknüpfung beider Auffassungen – der äußeren und inneren Realität. Außen- und Innenwelt verbinden sich über unsere physiologische Wahrnehmung und unsere sensorischen Fähigkeiten zu einem Erfahrungsraum. Die Sinnesorgane leiten Impulse an das Gehirn weiter, die für unser Bewusstsein zu einem Gesamterlebnis verknüpft werden. Je mehr dieser Impulse sich zu einer eindeutigen Erfahrung zusammenfügen, desto realer erscheint uns der Sinneseindruck. Sieht man das Bild eines Apfels, so weiß man, dass es nur ein Bild und kein realer Apfel ist. Kann man ihn jedoch anfassen und fühlt er sich an wie ein Apfel so steigt der Realitätsgehalt. Riecht er nach einem Apfel und ergibt ein Biss den üblichen Geschmack und das vertraute Kaugefühl, so fängt man an, ihn für einen realen Apfel zu halten[20]. Realität wird folglich als Gesamtheit einzelner Teile erfahren[21] oder wie Gerhard Roth es ausgedrückt: *„Alles was wir sehen, hören, riechen, schmecken, denken und fühlen, ist das Ergebnis einer gigantischen Konstruktionsleistung des Gehirns"*[22]. Die Realität ist demnach ein emergentes Phänomen, das in unserem Gehirn entsteht.

Eine ganz ähnliche Auffassung vertrat Platon, der Schüler Sokrates bereits vor mehr als zweieinhalbtausend Jahren und legte sie in seinem berühmten Höhlengleichnis dar. Im siebten Buch der *Politeia*[23] entwirft er ein Szenario in dem Menschen in einer unterirdischen Höhle gefangen und von Geburt an, an Stühle gefesselt sind, sodass sie sich nicht bewegen und nur in eine Richtung, an die Höhlenwand vor Ihnen sehen können. Hinter den Gefesselten steht eine Mauer, oberhalb der ein Feuer brennt, welches die Höhle mit Licht versorgt. Hinter der Mauer tragen andere Menschen verschiedene Gegenstände umher und sprechen dabei. Die Vorgänge sind für die gefesselten Zuschauer, außer allem Hörbaren, nur durch die Schatten an der Höhlenwand vor ihnen zu beobachten, die durch die Gegenstände und das stets brennende Feuer verursacht werden. In der Höhle gibt es auch einen Eingang zum Licht, der über einen steilen, holprigen Aufstieg zu erreichen ist.

Der Dialog den Platon zwischen Sokrates und Glaukon im Höhlengleichnis führen lässt, handelt von der Vorstellung was passieren würde, wenn einer der Gefesselten befreit würde und dazu gezwungen wäre sich in der Höhle umzusehen, ins Feuer zu schauen, durch den Eingang ins Licht zu treten und ihn so mit einer, ihm fremden Realität zu konfrontieren.

---

20 Vgl.: Hörz, M., *Virtualität und Realität*, http://philmath.org zuletzt aufgerufen am 25.01.2013.
21 Dies bedeutet im Umkehrschluss auch, dass die Teile ohne das Ganze nicht real sind.
22 Roth, G. (2001).
23 Platon, *Politeia*, 514a–517a.

Abbildung 2: Platons Höhlengleichnis

Quelle: Stich von Jan Saenredam, 1604, nach einem Gemälde von Cornelis Corneliszoon van Haarlem

Platon lässt Sokrates die Frage aufstellen, wie der Betroffene reagieren würde und ob er die neue Realität auch wirklich als die Ursprüngliche anerkennen könnte oder ob er die Schattenwelt in der Höhle weiterhin als Wirklichkeit definiert? Und wenn der Befreite nun in seiner neuen Welt nach und nach immer besser zurecht kommen würde und sich über seinen erweiterten Horizont erfreuen kann, wie würde er dann an seine Welt der Schatten zurückdenken[24]. Die Menschen im Höhlengleichnis stehen nach Platon nicht für sich selbst, sondern für die Seelen der Menschen, die ihren Grad der Erkenntnis selbst wählen können. Platon stellt dar, dass es zum menschlichen Leben gehört, immer nur auf einen kleinen Ausschnitt der Wirklichkeit fixiert zu sein. Demnach sind wir an unsere Sinne gebunden, um uns ein Bild von der Welt zu machen und können die wirkliche Welt nicht wahrnehmen, sondern bloß ihren Schatten.

---

24 Vgl.: Loske, B. (2002).

7 Von der Höhle zur CAVE

Ähnlich den Menschen im Höhlengleichnis sind wir in unserer heutigen, computerisierten Welt Gefangene einer eingeschränkten Wahrnehmung der Wirklichkeit, auch wenn die digitalen Technologien anderes verheißen. Die Reduktion unseres Blickfelds auf den Bildschirm und die fixiert Haltung vor dem Computer erinnern zu stark an die Situation der Menschen in Platons Parabel, als das man den Vergleich hier auslassen könnte. Darüber hinaus muss die Frage nach der Wirklichkeit im digitalen Zeitalter neu gestellt werden. Nicht nur die zwischenmenschliche Kommunikation und Interaktion hat sich durch das Web 2.0, über *Facebook, Twitter, YouTube* und Co., gewandelt sondern darüber auch die Definition und Wahrnehmung unserer Lebenswirklichkeit. Neben der Wirkmacht sozialer Netzwerke ist die Entstehung virtueller Realitätsräume im Internet nicht zuletzt durch die rasante Entwicklung der Computerspielindustrie befördert worden. Vom ersten digitalen Bildschirmspiel *Tennis for Two*[25] von 1958 über die Konsolenspiele[26] der 1980er und 1990er Jahre bis hin zu den Online-Rollenspielen[27], bei denen mehrere tausend Spieler gleichzeitig über das Internet gegen- oder miteinander antreten, hat sich Computerspielbranche zur führenden Unterhaltungsindustrie entwickelt. Entstanden sind wirkungsvolle Realitäten, die selbst darauf ausgelegte Konzepte wie *SecondLife* bei weitem nicht erreicht haben. Zum einen liegt dies in der audiovisuellen Präsenz begründet, die über hochauflösende und realitätsnahe Darstellungen sowie hohe Bildwechselraten in Verbindung mit akustischen und taktilen Effekten erzeugt wird. Zum anderen ist das Interaktionsniveau und die Wechselwirkung mit der jeweiligen Spielsituation entscheidend. Die kognitive Ausrichtung auf das Spiel wird zusätzlich über Navigations- und Steuergräte mit den motorischen Fähigkeiten des Spielers verknüpft. Computerspiele der neueren Generation, wie die Konsole *Nintendo Wii*, setzen daher verstärkt auf reale Bewegungen im virtuellen Raum, um das Spielerlebnis zu steigern[28].

---

25 Entwickelt von dem US-amerikanischen Physiker William Higinbotham.
26 Z.B.: Sony PlayStation, Microsoft Xbox und Nintendo Wii.
27 Engl.: MMORPG, Massively Multiplayer Online Roleplaying Games. Das kommerziell erfolgreichste Spiel World of Warcraft zählt ca. 10 Mio. angemeldet Spieler weltweit, Stand Oktober 2012.
28 Vgl.: Hemmerling, M. (2010).

Abbildung 3: Über 10.000 Spieler auf der größten LAN-Party in Jönköping, Schweden.
Foto: Lukas Roth, 2007

Parallel zur Entwicklung digitaler Spiele entstanden die ersten computergestützten Grafik- und Bildbearbeitungsprogramme als Vorläufer der heute eingesetzten Echtzeitvisualisierungen, die in ihrer Darstellungsqualität kaum mehr von realen Bildern zu unterscheiden sind. Die Grenzen der uns bekannten physischen Gegebenheiten werden gesprengt und neue Raumszenarien, Interaktions- und Wahrnehmungsebenen werden für uns erfahrbar. Ein wesentlicher Schritt auf dem Weg zu dreidimensional erlebbaren virtuellen Welten war das 1968 von Ivan Sutherland am *Massachusetts Institute of Technology* (MIT) vorgestellt *Head Mounted Display* (HMD), ein Datenhelm zur Erzeugung stereoskopischer Projektionen[29]. Die Wahrnehmung der realen Umgebung wird dabei für den Nutzer weitestgehend ausgeblendet, sodass er umfassend in das virtuelle Szenario eintaucht. Bereits 1962 meldete der Kameramann und Filmemacher Morton Heilig ein Patent für das von ihm entwickelte *Sensorama* an, das neben der stereoskopi-

---

29 Stereoskopie ist die Wiedergabe von Bildern mit einem räumlichen Eindruck von Tiefe, der physikalisch nicht vorhanden ist, basierend auf dem binokularen Augensystem.

schen Projektion über eingespielte Vibrationen, Gerüche und sogar Wind einen ganzheitlichen Eindruck des gezeigten Films erzeugen sollte.

Ziel des Aufbaus einer *Virtuellen Realität* (VR) ist es einen möglichst hohen Grad an Immersion zu erzeugen und somit die Verschmelzung der menschlichen Wahrnehmung mit der computergenerierten Simulation zu erreichen.

Abbildung 4: Virtuelle Umgebung in einer CAVE[30]

Quelle: http://prehysteries.blogspot.com/2008/10/virtual-reality-vr.html, zuletzt aufgerufen am 25.01.2013

Neben den visuellen Signalen können akustische und olfaktorische Reize sowie haptische Impressionen und Temperaturempfinden über sogenannte *Full Body Sensing* Anzüge in der VR-Umgebung simuliert werden. Zusätzlich zur Immersion ist die Interaktion ein wichtiger Bestandteil von VR-Systemen. Die Echtzeitdarstellung ermöglicht es dem System auf Aktionen des Benutzers oder andere Veränderungen direkt zu reagieren und die Darstellung entsprechend anzupassen. Im Gegensatz zur Animation, die der Nutzer lediglich rezipiert, kann in der VR-Umgebung aktiv Einfluss auf das Geschehen ausgeübt werden. Die Interaktion verstärkt das Gefühl der Immersion zusätzlich. Der US-amerikanische Soziologe Jeremy J. Shapiros beschreibt vor diesem Hintergrund VR als eine poly-

---

30 Engl.: Cave Automatic Virtual Environment.

sensuelle Illusion die drei Hauptmotiven[31] folgt. Zum einen der Tendenz zur Illusion in Bilddimension, Farbe, Proportion, Plastizität und Licht. Zweitens dem Element der Bewegung und drittens der Option zur Interaktion mit dynamisch immer neu errechneten Bildern, die eine zunehmende Anzahl von Sinnen ansprechen.

8 Das RV Kontinuum

Vielversprechender als die getrennte Betrachtung der physischen und der virtuellen Realität scheint die Verbindung beider Realitäten zu sein, zumal sie längst unseren Alltag bestimmt. Wir tragen unsere mobilen Endgeräte, wie Smartphone, Notebook oder Tablet-Computer mit uns herum; wir wickeln unsere Finanzgeschäfte, Buchungen und Einkäufe über das Internet ab; wir orientieren uns mit Hilfe von GPS-gestützten Navigationssystemen, die unser Bewegungsprofil aufzeichnen; wir interagieren mit kapazitiven Oberflächen und berührungsloser Sensortechnik; wir haben bewusst oder unbewusst mehrere Profile von uns im Internet erstellt und vertrauen der *Cloud* und *Facebook* unsere Daten an, auf die wir mit jedem beliebigen Endgerät jederzeit zugreifen können. Durch diese allgegenwärtige Datenpräsenz entsteht für den Nutzer ein subjektives Raumkontinuum, unabhängig von Ort und Zeit. Der Computer als physische Einheit, die in Form des Desktop-Rechners auf unserem Schreibtisch steht, rückt in den Hintergrund zugunsten einer nicht sichtbaren Einbettung des Virtuellen in das Reale. Die sichtbaren Schnittstellen zwischen Mensch und Raum verschwinden. Die Bedeutung der physischen und materiellen Umgebung wird in dem Maße geringer, wie die Attraktivität des Informationskontextes steigt[32]. Der US-amerikanische Informatiker Mark Weiser beschrieb diese Allgegenwärtigkeit digitaler Inhalte Anfang der 1990er Jahre mit dem Begriff *Ubiquitous Computing.*

Diese fortschreitende Digitalisierung der Umwelt beeinflusst unsere Realität und schafft gleichermaßen Risiken wie Möglichkeiten. Den Architekten und Gestaltern bietet sie vor allem aber einen neues Handlungsfeld. Die Voraussetzungen für diesen Gestaltungsraum in dem physische Gegebenheiten über digitale Inhalte erweitert werden hat der US-amerikanische Forscher Ronald T. Azuma 1997 als *Augmented Reality*[33] (AR) bezeichnet und wie folgt beschrieben:

„In contrast with virtual reality, which refers to a situation in which the goal is to immerse a user in a completely synthetic environment, augmented reality refers to a

---

31 Shapiro, J. (2003).
32 Vgl.: Hemmerling, M.; Tiggemann (2009).
33 Dt.: Erweiterte Realität.

situation in which the goal is to supplement a user's perception of the real world through the addition of virtual objects"[34].

AR basiert demnach auf der Kombination von realen und virtuellen Inhalten in einer realen Umgebung. Weiterhin definiert Azuma als wesentliche Voraussetzungen für ein AR-System Interaktivität und Echtzeit, sowie die Anordnung von realen und virtuellen Objekten zueinander, die sogenannte Registrierung. AR ist aber nur Teil einer größeren Betrachtung, die von Paul Milgram in das Modell einer *Mixed Reality* eingeordnet wurde, dem *Reality-Virtuality-Continuum*[35]. In diesem Modell existieren reale und virtuelle Umgebungen als separate Entitäten, die an den gegensätzlichen Enden des RV Kontinuums liegen. Je nach dem welcher Anteil dominiert verschiebt sich das Szenario innerhalb der *Mixed Reality* zu den Polen Realität oder Virtualität.

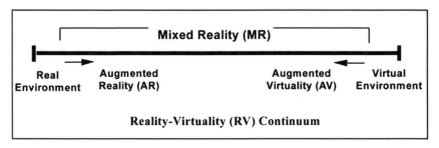

Abbildung 5: Vermischte Realitäten: Reality-Virtuality-Continuum

Quelle: Milgram, Paul, u.a.: Augmented Reality: A class of displays on the reality-virtuality continuum, in: Proceedings of Telemanipulator and Telepresence Technologies, 1994

9 Willkommen in der Matrix

Der französische Medientheoretiker Jean Baudrillard setzt die Koexistenz beider Pole als Bedingungen für unsere Wahrnehmung voraus indem er sagt: *„Sowenig es möglich ist, eine absolute Ebene des Realen auszumachen, ist es möglich, Illusion zu inszenieren. Beide Unmöglichkeiten gehören der gleichen Ordnung an"*[36]. Die Auswirkungen auf unsere Gesellschaft und die Gestaltungspotenziale, die sich aus der Verbindung von realen und virtuellen Welten ergeben werden

---

34 Azuma, R. (1997).
35 Milgram, P. et al. (1994).
36 Baudrillard, J. (1978).

nicht erst seit der Filmtrilogie *Matrix*[37] in der größten Illusionsmaschine, dem Kino verhandelt. Dennoch gilt das Werk der Wachowski Brüder aufgrund seiner visionären Kraft als wegweisend für die Auseinandersetzung mit vermischten Realitäten. In den drei Filmen treffen Realität und Virtualität als Bildmotive aufeinander und erzeugen einen immersiven Raum in dem beide Welten miteinander verschmelzen. „*Das ist alles nicht wirklich*" lautet eine zentrale Feststellung des Protagonisten Neo im ersten Teil *The Matrix*. Und doch ist es gerade die Frage nach der Realität, die sich im Zusammenhang mit digitalen Technologien verstärkt stellt und in den Blickpunkt des Mediums Film rückt. Zum einen verändern sie den Film selbst. Die Möglichkeiten, phantastische und in unserer physischen Welt unmögliche Bilder zu erzeugen, die den Anschein des Realen haben nehmen stetig zu. Auf der anderen Seite ist zu beobachten, dass nicht mehr die Bilder an der Realität gemessen werden, sondern umgekehrt die Realität an der Illusion[38]. Zukunftsvisionen, die mit Hilfe ausgereifter 3D-, Animations- und Soundtechnik wirkungsvoll im Kino vorgeführt werden beeinflussen unsere Wahrnehmung der Wirklichkeit und die Realität zieht in immer kürzeren Abständen nach.

Parallel zur *Matrix Trilogie* kam ein anderer für die Wahrnehmung erweiterter Realitäten entscheidender Film in die Kinos. Der Science Fiction Thriller *Minority Report*[39] zeichnet ein Bild der Zukunft des Jahres 2054 in dem die Beziehung von Mensch, Zeit und Raum über interaktive Schnittstellen, Gesten- und Sprachsteuerungen, Sensortechnik und Laserscanner bestimmt wird. Das Virtuelle im Realen ist allgegenwärtig und definiert das Bewusstsein und die Identität der handelnden Personen.

Der Mensch wird durch die Technologie transparent und kontrollierbar. Das Geheimnis löst sich auf und die Realität verschiebt sich[40]. In der Vorbereitung zum Film haben Zukunftsforscher Szenarien für die Evolution der Informations- und Kommunikationstechnologie, der Architektur und Stadtplanung sowie dem Automobilbau und der Robotik entworfen. Zu Beginn des Jahrtausends wirkt diese Darstellung der Welt in der Tat noch als Blick in eine ferne Zukunft. Knapp zehn Jahre später sind diese Technologien in unserem Alltag angekommen und verfügbar. Die Fiktion als treibende Kraft für die Realität ist nicht neu, die Geschwindigkeit in der die Visionen umgesetzt werden hingegen schon.

---

37 The Matrix 1999, Matrix Reloaded 2003 und Matrix Revolutions 2003, Regie: Andy und Larry Wachowski.
38 Vgl.: Richter, S. (2001).
39 Minority Report, 2002, Regie: Steven Spielberg, basierend auf einer Kurzgeschichte von Philipp K. Dick, 1956.
40 Vgl.: Han, Byung-Chul (2011).

Abbildung 6: Virtuelle Gestensteuerung: Tom Cruise in Minority Report
Quelle: 20th Century Fox Film Corporation

Ein wichtiger Innovationsschub für die Integration virtueller Anwendung in unsere Lebenswirklichkeit geht dabei wieder einmal vom MIT in Boston aus. 2009 stellte Pattie Maes auf der TED-Konferenz in Long Beach, Kalifornien, die von Pranav Mistry und der *Fluid Interface Group* entwickelte interaktive Gestensteuerung *Sixth Sense* vor[41]. Über eine Kamera und einen Kleinprojektor, die mit einem tragbaren Minicomputer verbunden sind werden Wände, Produkte und sogar Körperteile in interaktive Displays verwandelt. Die Kamera registriert die Hand- und Fingerbewegungen und der Projektor überträgt die digitalen Inhalte auf jedes beliebige Objekt, das dadurch zur Bedienoberfläche wird. Eine ähnliche Anwendung berührungsloser Gestensteuerung wurde 2010 als *3-D Gesture-Based Interaction System* vom Frauenhofer Institut vorgestellt[42].

Wesentlich für die Akzeptanz und Gebrauchstauglichkeit von AR-Systemen ist, neben den neuesten technischen Erfindungen der führenden Wissenschaftsinstitute, die Zugänglichkeit und individuelle Anpassbarkeit der Technologie. Der

---

41 http://www.ted.com/talks/pattie_maes_demos_the_sixth_sense.html, zuletzt aufgerufen am 25.01.2013.
42 http://www.fit.fraunhofer.de/en/fb/cscw/projects/3d-multi-touch.html, zuletzt aufgerufen am 25.01.2013.

US-Amerikaner Johnny Chung Lee[43] entwickelt, basierend auf der Steuerkonsole *Wii,* interaktive Anwendungen, die er über das Internetportal *YouTube* einem breiten Publikum zugänglich macht. Vom Touchscreen über gestengesteuerte 3D-Projektionen bis zum *Headtracking* zielen diese Anwendungen auf eine einfache und intuitive Erweiterung der Mensch-Computer-Interaktion. Gerade die Verfügbarkeit dieser Technologie und die Offenlegung der Programmierung und Bauanleitung treiben die Entwicklung neuer Ideen und Anwendungen rasant voran. Ein weiteres Beispiel für diesen Prozess der Aneignung ist die 2010 von Microsoft für die Spielkonsole Xbox 360 eingeführte Gestensteuerung *Kinect*. Das Gerät erkennt über eine Tiefensensorkamera, ein 3D-Mikrofon und eine Farbkamera menschliche Bewegungsabläufe und Sprache im Raum. Schon kurz nach Erscheinen der *Kinect* gab es zahlreiche kreative Modifikationen dieses neuen Werkzeugs[44]. Die Beispiele zeigen, dass Technologie keine Qualität an sich darstellt, sondern die Art und Weise wie wir mit ihr umgehen und welche Anwendungen wir daraus formen entscheidend ist.

10 Emergente Räume

Digitale Technologien verändern die Wahrnehmung und Identität unserer räumlichen Umgebung stetig. Die Vision einer Cyberwelt, wie sie vor einigen Jahren noch bestimmend war und in der sich das Physische zugunsten des Digitalen auflöst, hat sich jedoch nicht erfüllt. Vielmehr entsteht durch die Überlagerung von realen und virtuellen Szenarien ein hybrider Raum, den es zu gestalten gilt. Die erste Realität des physischen Raumes und die virtuelle Realität digital geschaffener Umgebungen verschmelzen zu einer emergenten Gesamterfahrung. Der Handlungsraum dehnt sich aus und die Gestaltungsmittel, die uns zur Verfügung stehen werden vielfältiger. Vor allem schaffen sie eine Verbindung zwischen den Welten. Hani Rashid, Mitgründer des New Yorker Architekturbüros Asymptote beschreibt dieses Gestaltungsfeld der erweiterten Realität wie folgt:

> „We will continue to see experiments with the virtual that leave the confines of the screen, and merge the virtual with the real, spaces that will ultimately blur the distinctions of what we currently think constitutes a real experience versus a virtual experience"[45].

---

43 http://johnnylee.net, zuletzt aufgerufen am 25.01.2013.
44 Beispiele unter http://www.kinecthacks.net und http://www.kinecthacks.com, zuletzt aufgerufen am 25.01.2013.
45 Rashid, H. (2002).

Eine Abgrenzung der einen zur anderen Wirklichkeit wird zunehmend schwieriger. So wie sich Teilerlebnisse zu einem Ganzen in unserem Bewusstsein verdichten wird es darauf ankommen die Anteile physischen und virtuellen Lebens zusammen zu denken und zu gestalten. Emergenz entsteht demnach durch die Verbindung unterschiedlicher Teile zu einer neuen ganzheitlichen Qualität von Raum. Das dies eine Aufgabe für Architekten und Gestalter ist liegt in ihrer Profession begründet, an der Schnittstelle von Mensch und Raum.

Literaturverzeichnis

Azuma, R. (1997): *A Survey of Augmented Reality, Presence: Teleoperators and Virtual Environments.* Bd. 6, Nr. 4, S. 355-385.
Baudrillard, J. (1978): *Agonie des Realen.* Berlin, S. 35.
Cachola Schmal, P. (2002): *digital real – Blobmeister.* Berlin: Birkhäuser, S. 38.
de Saint-Exupéry, A. (1939): *Terre des Hommes, III:* L'Avion, Paris, S. 60.
Gibson, M. (1984): *Neuromancer.* New York: Ace Books.
Han, Byung-Chul (2011): *Nur eine Maschine ist transparent.* In: *brandeins.* 07/2011, S. 44-49.
Hausschild, M.; Karzel, R. (Hrsg.) (2010): *Digitale Prozesse.* München: Detail Verlag.
Hemmerling, M.; Tiggemann, A.: *Digital Design Manual.* Berlin: DOM Publishers.
Hemmerling, M. (2011): *Die Erweiterung der Realität.* In: Hemmerling, M. (Hrsg.): *Augmented Reality – Mensch Raum und Virtualität.* München: Wilhelm Fink Verlag, S. 13-24.
Hemmerling, M. (2010): *Let's Play! Computerspiele und die digitale Revolution der Architektur.* In: Hofmann, M.L., (Hrsg.): *Design im Zeitalter der Geschwindigkeit.* München, S.187-200.
Hemmerling, M.; Tiggemann, A. (2009): *Digitales Entwerfen.* UTB-Reihe, München, S. 204-205.
Hörz, M. (2013): *Virtualität und Realität.* http://philmath.org, zuletzt aufgerufen am 25.01.2013.
Loske, B. (2002): *Schein und Wirklichkeit, Bilder einer Höhle.*
McLuhan, M. (1979): *Die magischen Kanäle – Understanding Media.* Düsseldorf, Wien.
Milgram, P. et al. (1994): *Augmented Reality: A class of displays on the reality-virtuality continuum.* In: *Proceedings of Telemanipulator and Telepresence Technologies.* S. 282-292.
Novak, M. (2002): *Liquid-, Trans-, Invisible-: The Ascent an Speciation of the Digital in Architecture.* In Cachola-Schmal, P. (Hrsg.): *digital-real. Blobmeister.* Berlin: Birkhäuser.
Platon: *Politeia.* 514a–517a.
Rashid, H. (2002): In: Rashid, H. und Couture, L.A.: *Flux.* London: Phaidon Press.
Richter, S. (2001): *Wirklichkeit und Virtualität als Bildmotive, Der Traum von der Wirklichkeit.*

Roth, G. (2001): *Wir selbst sind Konstrukt.* In: *Die Gewissheit der Ungewissheit.* Carl-Auer-Systeme Verlag.
Schmitt, G. (1996): *Architektur mit dem Computer.* Braunschweig: Vieweg Verlagsgesellschaft, S. 28-31.
Shapiro, J. (2003): *Digitale Simulation. Theoretische und geschichtliche Grundlagen.* In: *Zeitschrift für kritische Theorie.* Heft 17.

Virtuelle Realität als Gegenstand und Werkzeug der Wissenschaft

Torsten Kuhlen[*]

Abstract

Dieser Beitrag stellt die Disziplin der Virtuellen Realität (VR) als eine wichtige Ausprägung von Virtualität vor. Die VR wird als eine spezielle Form der Mensch-Computer-Schnittstelle verstanden, die mehrere menschliche Sinne in die Interaktion einbezieht und beim Benutzer die Illusion hervorruft, eine computergenerierte künstliche Welt als real wahrzunehmen. Der Beitrag zeigt auf, dass umfangreiche Methodenforschung über mehrere Disziplinen hinweg notwendig ist um dieses ultimative Ziel zu erreichen oder ihm zumindest näher zu kommen. Schließlich werden drei unterschiedliche Anwendungen vorgestellt welche demonstrieren, auf welch vielfältige Art und Weise die VR als Werkzeug in den Wissenschaften eingesetzt werden kann.

---

[*] Prof. Dr. rer. nat. Torsten Kuhlen | Kuhlen@vr.rwth-aachen.de

Virtual Reality Group, RWTH Aachen University | JARA – High-Performance Computing | Seffenter Weg 23 | 52074 Aachen

1 Einführung

Als Virtuelle Realität (Virtual Reality, VR) bezeichnet man die Darstellung und gleichzeitige Wahrnehmung der Wirklichkeit und ihrer physikalischen Eigenschaften in einer in Echtzeit interaktiven, computergenerierten Welt. Definiert man Virtualität als „die Eigenschaft einer Sache, nicht in der Form zu existieren, in der sie zu existieren scheint, aber in ihrem Wesen oder ihrer Wirkung einer in dieser Form existierenden Sache zu gleichen" (Wikipedia), kann die Virtuelle Realität also als Spezialfall von Virtualität aufgefasst werden, in der die „Sache" durch die (physikalische) Realität bzw. die Wirklichkeit repräsentiert wird. Diese Wirklichkeit kann sich auf Gegenwart, Vergangenheit und Zukunft beziehen. So stellen die Wiederauferstehung antiker Stätten und insbesondere die Planung von Gebäuden und Stadtteilen in der Virtuellen Realität wichtige Anwendungsszenarien dar. Von besonderer Faszination sind auch virtuelle Umgebungen, die in der physikalischen Realität nicht erfahrbar sind: Da sich virtuelle Welten in beliebiger Weise räumlich skalieren lassen, ist der Mikrokosmos virtuell genauso erfahrbar wie ein Ausflug zur Marsoberfläche.

Im Unterschied zu einer reinen Animation ist in der Virtuellen Realität eine Interaktion mit der künstlichen, computergenerierten Umgebung in Echtzeit möglich (Kuhlen et al. 2006), d.h. der Benutzer kann in der virtuellen Welt frei navigieren und virtuelle Objekte manipulieren. Von einem Computerspiel, in dem die Echtzeit-Interaktion offensichtlich ebenfalls ein wesentliches Merkmal darstellt, unterscheidet sich die VR dadurch, wie mit der virtuellen Welt interagiert wird: Zum einen findet die Interaktion im dreidimensionalen Raum statt. Statt von außen in die virtuelle Welt hineinzuschauen, steht der Benutzer „mitten drin" bzw. ist vollständig von der virtuellen Szene umgeben. Man spricht hier auch von „Immersion". Zum anderen ist die Interaktion in der VR multimodal, bezieht also möglichst mehrere – wenn nicht alle – menschlichen Sinne mit ein. Durch eine Kombination von Immersion und Multimodalität verfolgt die VR das Ziel, ein Gefühl der „Präsenz" zu bewirken. Obwohl der Benutzer lediglich in einem technischen System in der physikalischen Wirklichkeit interagiert, welches ihm eine künstliche Umgebung nur vortäuscht, soll er der Illusion erliegen sich in der Tat in der computergenerierten künstlichen Welt zu befinden und diese als real wahrzunehmen („the sense of being there").

Im Idealfall kann er mit der virtuellen Welt auf eine Weise interagieren, die von einer Interaktion mit der realen Welt nicht mehr zu unterscheiden ist. Schon im Jahr 1965, also weit bevor es leistungsfähige Computer gab, hat der berühmte Informatiker Ivan Sutherland die visionäre Idee eines „Ultimate Displays" bereits wie folgt zusammengefasst (Sutherland 1965):

„The ultimate display would, of course, be a room within which the computer can control the existence of matter. A chair displayed in such a room would be good enough to sit in. Handcuffs displayed in such a room would be confining, and a bullet displayed in such a room would be fatal. With appropriate programming, such a display could literally be the Wonderland into which Alice walked."

2 Die Virtuelle Realität als Gegenstand der Forschung

So einfach und einprägsam die Vision einer Virtuellen Realität auch ist, so schwierig stellt sich ihre Realisierung dar, wobei die Herausforderungen sowohl technischer als auch algorithmischer Natur sind. In den letzten Jahren hat sich deutlich gezeigt, dass diese Herausforderungen nur in einer Zusammenarbeit über die Grenzen einzelner Disziplinen hinweg zwischen Informatikern, Ingenieuren und Psychologen angegangen werden können. Aus diesem Grund organisiert sich die VR-Methodenforschung insbesondere an Universitäten oftmals in Form interdisziplinärer Kompetenz-Cluster. So hat die RWTH Aachen University bereits im Jahr 2000 das „Virtual Reality Center Aachen" gegründet, in dem aktuell über 50 Professoren unterschiedlicher Fachbereiche gemeinsam neue VR-Techniken und -Methoden, aber auch Anwendungen entwickeln (VRCA 2012).

2.1 Technische Herausforderungen

Ein VR-System muss über Ein-/Ausgabegeräte verfügen, die eine dreidimensionale, immersive Präsentation von und Interaktion mit der virtuellen Umgebung erlauben. Zur visuellen Präsentation virtueller Welten kommen alternativ kopffeste Anzeigesysteme, sogenannte Head-Mounted Displays (HMDs), oder projektionsbasierte Systeme zum Einsatz. Schon Ivan Sutherland hatte mit HMDs experimentiert. Da in HMDs zwei kleine Displays direkt vor den Augen des Benutzers platziert sind, ergibt sich ein Immersionseffekt auf natürliche Weise. Allerdings wird die Illusion dadurch getrübt, dass der eigene Körper durch das Display nicht mehr sichtbar ist und bestenfalls durch ein computergraphisches Pendant repräsentiert wird. Aus diesem Grund haben sich im technisch-wissenschaftlichen Umfeld Projektionssysteme weitgehend durchgesetzt. Hier werden mehrere Leinwände zu einem begehbaren Raum zusammengesetzt. Solche „CAVE-Systeme" wurden erstmals Anfang der Neunziger Jahre realisiert (Cruz-Neira et al. 1992). Der 3D-Effekt wird hier über stereoskopische Projektionen, ähnlich wie im 3D-Kino, erzeugt. Abbildung 1 zeigt das im Oktober 2012 installierte VR-System der RWTH Aachen, eines der modernsten und größten CAVE-Systeme weltweit. Die Vorteile eines solchen Systems hinsichtlich Illusion und Ergonomie stehen einem hohen Platzbedarf sowie hohen Anschaffungs- sowie

Betriebskosten gegenüber, so dass ich eine solche Installation in der Regel nur für größere Labs und bei entsprechendem wissenschaftlichem und/oder wirtschaftlichem Nutzen rechnet.

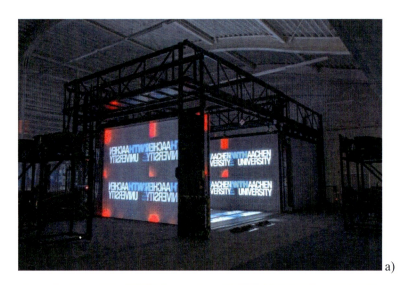

a)

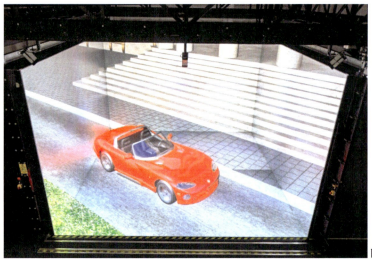

b)

Abbildung 1: a und b: Die aixCAVE der RWTH Aachen

Die Entwicklung von Systemen zur Umsetzung akustischer Stimuli im dreidimensionalen virtuellen Raum hat in den letzten Jahren große Fortschritte gemacht, auch wenn diese dem visuellen Analogon bislang immer noch unterlegen sind. Trotzdem begnügen sich viele VR-Systeme mit der von Heimkinoanlagen her bekannten Dolby Surround Technik, die jedoch lediglich Effekte nachbilden kann. Im Bereich der „echten" räumlichen Audiowiedergabesysteme stellen die „Wellenfeldsynthese" und die „binaurale Synthese" zwei konkurrierende Verfahren dar.

Für eine Wellenfeldsynthese (Springer et al. 2006) ist die Installation von Lautsprecherfeldern erforderlich. Jeder dieser Lautsprecher erzeugt dann eine Elementarwelle. Über geeignete Rechenverfahren steuert ein Computer die einzelnen Lautsprecher so an, dass sich die Vielzahl von Elementarwellen zu einer gemeinsamen Wellenfront einer virtuellen Schallquelle überlagern („von Huygens Prinzip"). Die Wellenfeldsynthese kann ein Schallfeld vollständig, also für jede Position im 3D-Raum, rekonstruieren. Neben dem hohen technischen Aufwand dieser Methode besteht allerdings zudem das praktische Problem die Lautsprecherfelder so anzuordnen, dass die visuelle Projektion nicht gestört wird.

Bei der binauralen Synthese wird zunächst eine Datenbank mit Paaren von „Außenohrübertragungsfunktionen" angelegt. Jedes Paar solcher gemessener Übertragungsfunktionen repräsentiert diejenigen Signale, welche am rechten/linken Ohr für eine aus einer bestimmten Richtung kommenden Schallquelle ankommen. Während der Simulation wird dann, ausgehend von der Position der virtuellen Schallquelle im virtuellen Raum, das entsprechende Paar von Übertragungsfunktionen mit dem von der Schallquelle ausgehenden Ton/Geräusch „gemischt". Da die binaurale Synthese auf einer Trennung der Schallsignale für das linke und das rechte Ohr beruht, musste der Benutzer in einer virtuellen Umgebung bislang in der Regel Kopfhörer tragen. Am Institut für Technische Akustik der RWTH Aachen wurde jedoch kürzlich eine dynamische „Übersprechkompensation" entwickelt, welche den Kopfhörer durch vier an der Decke einer CAVE montierte Lautsprecher ersetzt und eine konsistente, räumliche Schallwiedergabe selbst dann ermöglicht, wenn der Benutzer sich in der virtuellen Umgebung bewegt (Kuhlen et al. 2007, Schröder et al. 2010).

Für eine komplexe, der Exploration und Manipulation von realen Objekten nachgebildete Interaktion mit virtuellen Umgebungen ist die Realisierung kinästhetischer Stimuli unerlässlich. Jeder kennt vielleicht das Unsicherheitsgefühl, ein teures Produkt ausschließlich auf Basis der visuellen Repräsentation aus dem Internet zu bestellen, da die Qualitätsanmutung bekanntermaßen wesentlich über die haptische Erfahrung beurteilt wird. Während visuelle Displays in hoher Qualität verfügbar sind, steckt die Entwicklung haptischer Displays allerdings noch in den Kinderschuhen. In der Regel begnügt man sich bis heute mit Geräten, die lediglich einen Kraftvektor (und ggf. ein Drehmoment) übermitteln können. Abbildung 4 zeigt zwei solcher Geräte in Aktion. Von der Nachbildung komplexer, direkter Manipulationen virtueller Objekte mit den eigenen Händen ist man freilich noch weit entfernt. Selbst ohne die Umsetzung haptischer Stimuli sind solche Interaktionen mit Datenhandschuhen oder ähnlichen Eingabegeräten bislang nur unzureichend realisierbar, ungeachtet der algorithmischen Herausforderungen (siehe unten).

2.2 Algorithmische Herausforderungen

Die wesentliche Herausforderung aus algorithmischer Sicht besteht in dem Bestreben, einerseits möglichst „realistische" virtuelle Welten zu schaffen, mit denen ein Benutzer andererseits in Echtzeit interagieren können muss. Realismus bezieht sich hier nicht nur auf den Detailreichtum virtueller Umgebungen, sondern zudem insbesondere auf ein realistisches, den physikalischen Gesetzen gehorchendes Verhalten virtueller Entitäten, auch als Reaktion auf die Interaktion des Benutzers mit diesen Objekten. Der sogenannten „Latenz" kommt hierbei eine ganz besondere Bedeutung zu. Die Latenz ist diejenige Verzögerung bzw. die Zeitspanne die vergeht von dem Moment, in dem ein Benutzer eine Interaktion anstößt, bis zu dem Augenblick in dem die Auswirkung der Interaktion auf einem visuellen, akustischen, und/oder haptischen Display ausgegeben wird. Zwar ist die Latenz auch in echtzeitfähigen Anwendungen für klassische Mensch-Computer-Schnittstellen (Monitor, Tastatur, Maus), wie z.B. in Computerspielen, eine wichtige Größe. Da in der VR eine direkte Interaktion mit der Szene im dreidimensionalen Raum erfolgt, kann eine zu hohe Latenz jedoch zu Irritationen bis hin zur Übelkeit, der sogenannten „Motion Sickness", führen. Letztere entsteht beispielsweise, wenn sich der Benutzer physikalisch bewegt (z.B. den Kopf dreht) und die Projektion nicht schnell genug der sich stetig veränderten Augenposition angepasst werden kann.

Im Bereich der visuellen Präsentation ist die VR bislang am weitesten fortgeschritten. Eine einfache Metrik stellt hier der Detailreichtum virtueller Szenen dar. Da in der Computergraphik geometrische Objekte in der Regel durch Facettenmodelle bestehend aus einzelnen Polygonen/Dreiecken approximiert werden, ist die Anzahl der Polygone, die in Echtzeit, d.h. hier mit einer Wiederholrate von 60 Bildern pro Sekunde dargestellt werden können, eine wichtige Kenngröße. Dank des riesigen Marktes für Computerspiele und damit einhergehend dem Bedarf, immer realistischere Spiele mit immer detailreicheren Szenen anzubieten, ist die Leistungsfähigkeit von Graphikhardware in den letzten Jahren rasant gestiegen. Mussten, um ein immersives Display wie eine CAVE zu betreiben, in den Neunziger Jahren noch kostspielige Spezialcomputer eingesetzt werden, mit denen dann einige wenige Zehntausende Polygone dargestellt werden konnten, schließt man heute handelsübliche Personalcomputer zu PC-Clustern zusammen, die viele Millionen Polygone in Echtzeit „rendern" können. Die wachsende Performanz, aber auch der steigende Realitätseindruck virtueller Szenen ist jedoch vor allem auch Fortschritten in der Algorithmik zu verdanken. So ist es durch die Entwicklung fortgeschrittener Parallelisierungs- und Optimierungsverfahren mittlerweile möglich nicht nur lokale, sondern globale Beleuchtungssimulationen in Echtzeit-VR-Anwendungen zu realisieren, welche im Unterschied zu den lokalen Verfahren nicht nur die direkte Auswirkung virtueller Lichtquellen auf Objektoberflächen, sondern sogar den Lichtaustausch zwischen Objekten berücksichtigen. Ein prominenter Vertreter globaler Beleuchtungsverfahren ist das sogenannte Ray Tracing, ein rekursives, bei naiver Implementierung sehr rechenintensives Strahlverfolgungsverfahren, welches insbesondere die Spiegelreflexionen an Objekten berücksichtigt und hierdurch nahezu photorealistische Bilder ermöglicht (Wald et al. 2009).

Virtuelle Umgebungen sollten nicht nur visuell, sondern auch akustisch möglichst realitätsnah wiedergegeben werden. Die im vorangehenden Kapitel vorgestellten Techniken (Wellenfeldsynthese, binaurale Synthese) sind reine Wiedergabeverfahren und gehen zunächst von einer „Freifeldsituation" aus, berücksichtigen also keine Reflexionen von Schallwellen an Raumwänden oder anderen Hindernissen. In einem ersten Ansatz ließen sich Schallwellen analog wie Lichtwellen über ein Ray Tracing Verfahren simulieren. Allerdings stellt sich die Situation – unter anderem durch die wesentlich größeren Wellenlängen – komplexer dar, so dass Effekte wie Beugungen etc. berücksichtigt werden müssen. An der RWTH Aachen entwickelte Algorithmen zur echtzeitfähigen akustischen Simulation von Räumen basieren deshalb nur für die späten Reflexionen auf einem (stochastischen) Ray Tracing, während frühe Reflexionen über sogenannte „Spiegelschallquellen" wesentlich effizienter berechnet werden (Schröder und Vorländer 2011).

Eine besondere Herausforderung nicht nur aus technischer, sondern auch aus algorithmischer Sicht stellt die Realisierung haptischer Interaktionen dar. Während für visuelle Darstellung eine Abtastrate von 60 Hz ausreicht, um beim Betrachter den Eindruck flüssiger Bilder zu bewirken, müssen haptische Verfahren mit etwa 1000 Hz arbeiten, um eine stabile Interaktion zu gewährleisten. Diese Randbedingung schränkt die algorithmischen Möglichkeiten naturgemäß stark ein. Für die (nicht notwendigerweise haptische) Interaktion zwischen dem Benutzer und virtuellen Objekten sowie virtueller Objekte untereinander sind schnelle Algorithmen für eine Kollisionserkennung zu entwickeln, die zudem möglichst präzise sein muss, sowohl was den Zeitpunkt als auch den Ort der Kollision betrifft. Zur Beschleunigung der Kollisionserkennung werden objektwie auch raumzentrierte Verfahren, ggf. in Kombination, angewendet. Während raumzentrierte Techniken versuchen die Anzahl der Objekte, die auf Kollision getestet werden müssen, zu verringern, zielen die objektzentrierten Methoden auf eine Reduzierung der Berechnungskomplexität für den einzelnen Kollisionstest zwischen zwei Objekten ab. Hierzu wendet man sogenannte „Bounding Volumes" (und ggf. Hierarchien davon) an, also einfache Geometrien wie Kugeln oder Boxen, die die virtuellen Objekte möglichst eng umschließen. Ergibt der einfache, schnelle Test auf Kollision zwischen zweien solcher Bounding Volumes eine Fehlanzeige, müssen die komplexen Objektgeometrien selbst dann nicht mehr auf eine Kollision hin untersucht werden (Ericson 2005).

Ebenso wichtig wie die Erfassung von Kollisionen ist eine Berechnung von Kräften und ein physikalisch authentisches oder zumindest plausibles Verhalten virtueller Objekte als Reaktion auf eine Kollision. Während sich das Verhalten von Starrkörpern über die klassische Newtonsche Mechanik simulieren lassen, für deren algorithmische Umsetzung mittlerweile mehrere, teils frei verfügbare Software-Bibliotheken zur Verfügung stehen, welche dann in VR-Softwaresysteme integriert werden können (Hummel et al. 2012), stellt sich die Situation für eine Simulation deformierbarer Objekte komplexer dar. Oft sind es aber gerade Deformationen, die eine Virtuelle Realität lebendig erscheinen lassen. Man denke an virtuelle Kleidung, die Simulation von Haaren bei virtuellen Humanoiden etc. Im Bauingenieurwesen und verwandten Disziplinen werden in der Regel „Finite Elemente Methoden" eingesetzt, um Kräfte, Belastungen und Deformationen in Körpern wie Gebäuden, Brücken etc. zu ermitteln. Prinzipiell sind diese Verfahren auf die Virtuelle Realität übertragbar. Allerdings sind die Verfahren sehr rechenintensiv und entziehen sich der Echtzeitfähigkeit. Auch hier gilt es, durch Optimierung und Parallelisierung eine Beschleunigung der Berechnung zu erzielen. Schließlich sind Vereinfachungen der Methode zulasten der Genauigkeit ein probates Mittel, da in der VR oft lediglich eine Plausibilität und keine Authentizität der Simulation verlangt wird.

3 Die Virtuelle Realität als Werkzeug der Wissenschaft

Das Ziel, eine künstliche Realität im Computer zu erschaffen, repräsentiert einen offensichtlich interessanten, wenn nicht sogar faszinierenden Zweig innerhalb der Informatik, so dass VR-Methodenforschung einen Wert in sich darstellt. Ähnlich der Disziplin der Wissenschaftlichen Visualisierung hat die Virtuelle Realität aber auch das Potenzial, ein wertvolles Werkzeug für andere Forschungsdisziplinen darzustellen. Das oberste Ziel ist hierbei die wissenschaftliche Erkenntnis, sowohl hinsichtlich der Effektivität als auch der Effizienz. Die Möglichkeiten der Virtuellen Realität, welche die klassische Visualisierung und Datenanalyse nicht bieten – also Immersion sowie multimodale intuitive Interaktion – führen im Idealfall zu einem größeren oder zumindest zu einem schnelleren Erkenntnisgewinn. Aber auch bei der Kommunikation von Forschungsergebnissen an Projektpartner, Stakeholder etc. über Disziplinen hinweg kann die Virtuelle Realität helfen. Die intuitive Art der Datenpräsentation im dreidimensionalen Raum kann komplexe Sachverhalte auch für Nicht-Experten verständlich machen.

Im Unterschied zu den eher „romantischen" Vorstellungen in der Hype-Phase der VR, also in den späten Achtziger und frühen Neunziger Jahren, eines Tages eine künstliche Realität schaffen zu können, die sich von der physikalischen Realität nicht mehr unterscheiden lässt, verfolgt man heute eher pragmatische Ansätze, insbesondere dann wenn die VR als Werkzeug eingesetzt wird. Die Interaktionsmethoden imitieren deshalb nicht notwendigerweise die Wirklichkeit, sondern orientieren sich eher an ergonomischen, der jeweiligen Anwendung angepassten Metaphern. Dabei nutzt man aus, dass man sich in der VR eben nicht an die physikalischen Gesetze halten muss. Ein einfaches Beispiel stellt die Selektion von Objekten dar: Ein weit entferntes Objekt muss nicht „erlaufen" und gegriffen werden, sondern kann über einen Joystick und eine „Zeigestrahlmetapher" bequem ausgewählt werden.

Im Folgenden werden drei VR-Anwendungen vorgestellt, welche die Palette der Möglichkeiten repräsentieren mögen. Während die erste Anwendung eines „virtuellen Windkanals" im Wesentlichen die Immersion zum Zweck einer intuitiven Datenanalyse ausnutzt, profitieren die anderen beiden Szenarien vom multimodalen Charakter der VR. Die Flugverkehrssimulation integriert akustische Stimuli, um die Lärmauswirkungen von Flugbewegungen unmittelbar erfahrbar zu machen. In der dritten Anwendung aus der virtuellen Chirurgie ist hingegen die Haptik von essenzieller Bedeutung. In allen drei Applikationen – und das ist typisch für die VR-Anwendungsentwicklung – war es notwendig, neue VR-Methodik jenseits des Standes der Technik zu entwickeln. Die Grenzen zwischen VR als Gegenstand der Forschung und als Werkzeug der Wissenschaften sind deshalb in aller Regel fließend.

3.1 *Explorative Analyse von Strömungen im virtuellen Windkanal*

Die in den letzten Jahren rasant gestiegene Leistungsfähigkeit der Computer nutzen Ingenieurswissenschaftler, um immer komplexere technisch-physikalische Phänomene zu simulieren. Vor allem in der Strömungsmechanik werden immer mehr dreidimensionale, turbulente Phänomene untersucht. Praktische, wirtschaftlich relevante Anwendungsbeispiele betreffen Strömungsphänomene in Strahlantrieben, Turbinen, Zylindern von Verbrennungsmotoren, die Außenanströmung von Fahrzeugen und Flugzeugen und vieles mehr. Auch im medizinischen Sektor gewinnt die Simulation von Strömungsphänomenen zunehmend an Bedeutung. So werden beispielsweise künstliche Blutpumpen über geeignete numerische Simulationen hinsichtlich einer möglichst geringen Blutschädigungsrate optimiert (Hentschel et al. 2008). Durch die steigende Komplexität der

Simulationen erhält die (visuelle) Analyse der Ergebnisdatensätze immer mehr explorativen Charakter. Im Gegensatz zu einer konfirmativen Analyse geht es in einer explorativen Analyse nicht um die pure Bestätigung einer vorher aufgestellten Hypothese. Im Gegenteil müssen die charakteristischen Phänomene hier erst noch „gefunden" werden. Ein geeignetes Analysewerkzeug muss den Wissenschaftler bei der Generierung von Hypothesen unterstützen und deshalb die Möglichkeit bieten, in einem Trial-And-Error Prozess unterschiedliche Visualisierungen der Daten „auszuprobieren". Alles in allem fordern deshalb (zumindest manche) Wissenschaftler, ihre Daten interaktiv im dreidimensionalen Raum analysieren zu können. Durch ihren inhärent interaktiven Charakter sowie die dreidimensionale Auslegung der Mensch-Computer-Schnittstelle erscheint die Virtuelle Realität hier als eine ideale Methode (Kuhlen und Bischof 2008).

Im Bereich der Strömungsmechanik stellt die sogenannte „Partikelverfolgung" eine wichtige und weit verbreitete Visualisierungsmethode dar. Hier werden masselose Partikel in eine simulierte Strömung eingelassen und deren Weg entlang des Geschwindigkeitsfeldes der Strömung verfolgt. Nichts anderes passiert im Experiment in einem Windkanal, wenn der Experimentator Rauch in eine Strömung einlässt und verfolgt, wie der Rauch sich beispielsweise im Bereich der Außenspiegel einer Autokarosserie verhält. Mit Methoden der Virtuellen Realität und Nutzung immersiver Displays wie der CAVE wurde an der RWTH Aachen ein „virtueller Windkanal" entwickelt, in dem die Simulationswissenschaftler interagieren können wie sie es von ihren Experimenten in einem echten Windkanal gewöhnt sind (Abbildung 2) (Schirski et al. 2007).

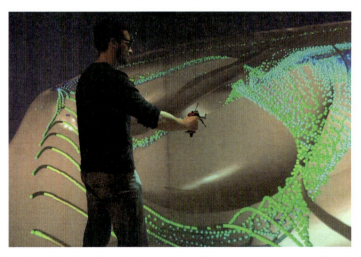

Abbildung 2: Explorative Analyse eines Strömungsphänomens im virtuellen Windkanal

Komplexe, turbulente Strömungsphänomene lassen sich so auf intuitive Art und Weise erfassen. Zur Realisierung eines solchen Windkanals war freilich umfangreiche Informatikforschung notwendig. Um virtuelle Partikel auch für große, zeitvariante Datensätze verfolgen zu können, mussten fortgeschrittene Parallelisierungs- und Datenmanagementtechniken entwickelt werden (Bussler et al. 2011).

3.2 Flugverkehrssimulation in der Virtuellen Realität

Der Luftverkehr ist in den letzten Jahren rapide angestiegen, und mittlerweile schärft sich das Bewusstsein für die Notwendigkeit, Umweltauswirkungen von Luftverkehr mit Flughafenanwohnern in Lärm- und Schadstoffemissionsfragen zu untersuchen, zu kommunizieren und zu optimieren. Um die Entwicklung ganzheitlicher Konzepte voranzutreiben, hat sich an der RWTH Aachen ein interdisziplinäres Team aus Ingenieuren und Informatikern im Projekt „VATSS – Virtual Air Traffic System Simulation" zusammengeschlossen. In diesem Projekt wird der flughafennahe Luftverkehr mit iterativen gekoppelten Simulationen für Umgebung, Flugbewegungen und deren Umweltwirkung ganzheitlich simuliert (Pick et al. 2013). Die Aufbereitung der Gesamtsimulationsdaten erfolgt hierbei über ein geeignetes Visualisierungs- und Auralisierungskonzept mit Hilfsmitteln der Virtuellen Realität (Abbildung 3).

Abbildung 3: Visualisierung und Auralisierung des Lärmteppichs eines landenden Flugzeugs in der Virtuellen Realität

Der Geräuschpegel startender und landender Flugzeuge wird also nicht nur visuell über einen „Geräuschteppich", sondern über die Technik der binauralen Synthese zudem als hörbares Erlebnis in Echtzeit erfahrbar. Neben den konventionellen Kennzahlen steht somit ein virtuelles, erlebbares Szenario zur Verfügung, welches die komplexen Zusammenhänge für Forscher und Laien geschlossen nachvollziehbar macht.

3.3 Virtuelle Chirurgie

Methoden der Virtuellen Realität bieten sich zur Ausbildung angehender Chirurgen an. Eingriffe könnten am virtuellen Patienten geübt werden und so das Training an Puppen, an Kadavern und echten Patienten sınnvoll ergänzen. Allerdings steckt eine solche „virtuelle Chirurgie" immer noch in den Kinderschuhen. Trotz einiger unbestreitbarer erster Erfolge und Prototypen für bestimmte chirurgische Prozeduren ist man von einem flächendeckenden Einsatz in der praktischen klinischen Ausbildung noch weit entfernt. Die Gründe hierfür sind im Wesentlichen bereits in Abschnitt 2.2 ausgeführt. So ist es für die Realisierung eines Chirurgie-Simulators unabdingbar, die Deformationen von Muskeln, Fettgewebe, Haut etc. in hinreichender Authentizität und zudem in Echtzeit zu berechnen und zu visualisieren. Auch verlassen sich Chirurgen insbesondere auf ihr „Gefühl", d.h. eine detailgetreue haptische Simulation ist ebenfalls unabdingbar. Eine wesentliche Herausforderung stellt schließlich die echtzeitfähige Simulation komplexer Manipulationen dar. Das Schneiden durch virtuelles menschliches Gewebe ist eine solche Manipulation, welche „Topologie-verändernd" wirkt. Wie solche Schneide-Operationen mit Finite-Elemente-Methoden performant und realistisch umzusetzen sind, ist Gegenstand aktueller Forschung (Jerabkova und Kuhlen 2009).

In Kooperation zwischen Informatikern und Medizinern wird an der RWTH Aachen derzeit an der Entwicklung eines VR-basierten Simulators für die Regionalanästhesie gearbeitet. Die Prozedur der Regionalanästhesie erfordert die Lokalisierung spezifischer Nervenfasern, die dann über das Einspritzen eines Anästhetikums temporär blockiert werden. Derzeit kann diese Prozedur nur an Kadavern oder an echten Patienten unter Aufsicht trainiert werden. Während im Training an Kadavern die für die Durchführung der Prozedur wichtigen Reaktionen des Patienten fehlen, ist das Training an echten Patienten entsprechend risikobehaftet. In einem von der Deutschen Forschungsgemeinschaft geförderten Projekt wurde deshalb ein Prototyp eines virtuellen Regionalanästhesie-Simulators entwickelt. Der Simulator zeichnet sich durch ein realistisches Verhalten des Weichgewebes über eine echtzeitfähige Finite-Elemente-Simulation sowie durch die Möglichkeit einer bimanuellen haptischen Interaktion aus (siehe Abbildung 4): Mit der linken Hand kann der Mediziner eine „Palpation" durchführen, also das Ertasten anatomischer Strukturen mit den Fingern, um die geeignete Einstichstelle zur Injektion des Anästhetikums zu identifizieren. Mit der rechten Hand wird schließlich die (virtuelle) Nadel eingestochen, wobei der Mediziner eine den unterschiedlichen Gewebearten (Haut, Muskeln, Fett etc.)

angepasste haptische Rückkopplung erfährt. Eine ausführliche Beschreibung des Simulators findet sich in (Ullrich und Kuhlen 2012).

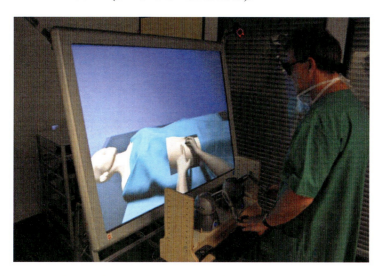

Abbildung 4: VR-basierter Simulator für die Regionalanästhesie mit zwei haptischen Interaktionsgeräten für die Palpation und das Einstechen der Nadel

4 Zusammenfassung und Ausblick

In diesem Beitrag wurden die Virtuelle Realität als Spezialfall von Virtualität charakterisiert und die wesentlichen Herausforderungen der VR-Methodenforschung skizziert. Dabei stellt sich heraus, dass die VR keine eng abgrenzbare Disziplin innerhalb der Informatik darstellt, sondern im Gegenteil gemeinsame, interdisziplinäre Anstrengungen notwendig sind, um den Stand der Technik voranzubringen. Drei unterschiedliche anwendungsorientierte VR-Projekte haben gezeigt, auf welch vielfältige Art und Weise die VR als Werkzeug in den Wissenschaften eingesetzt werden kann.

Durch die Entwicklung und Vermarktung von Consumer-Produkten wie Stereo-Fernsehern und Spielekonsolen, die eine Interaktion im dreidimensionalen Raum erlauben (wie beispielsweise die Microsoft Kinect®), werden VR-Systeme in der Zukunft eine weitere Verbreitung finden. Bereits jetzt sind erste Prototypen CAVE-ähnlicher immersiver Displays realisiert, die nicht auf Rückprojektion, sondern auf vielen LCD-Monitoren basieren.

In diesem Beitrag wurden im Wesentlichen Arbeiten der RWTH Aachen exemplarisch vorgestellt und zitiert. Eine umfassende Darstellung des Standes der Technik und verwandter Arbeiten hätte den Rahmen dieses Übersichtsartikels wegen der Vielschichtigkeit des Themas sowie der Vielzahl möglicher Einsatzgebiete gesprengt. In den hier zitierten Artikeln findet der Leser jedoch wiederum Literaturhinweise auf die Ergebnisse anderer Forschergruppen zum Thema.

Literaturverzeichnis

Wikipedia Website: http://de.wikipedia.org/wiki/Virtualitaet, zuletzt besucht im November 2012.

Kuhlen, T.; Assenmacher, I.; Jerabkova, L. (2006): Interacting in Virtual Reality. In K.-F. Kraiss (Ed.): Advanced Man-Machine Interfaces, Heidelberg: Springer-Verlag, S. 263-314.

Sutherland, I. (1965): The Ultimate Display. IFIP World Computer Congress.

Website des Virtual Reality Center Aachen (VRCA), www.vrca.rwth-aachen.de, zuletzt besucht im November 2012.

Cruz-Neira, C.; Sandin, D.J.; DeFanti, T.A.; Kenyon, R.V.; Hart, J.C. (1992): The CAVE: Audio visual Experience Automatic Virtual Environment. In: Communications of the ACM 35(6), S. 64-72.

Springer, J. P.; Sladeczek, C.; Scheffler, M.; Hochstrate, J.; Melchior, F.; Fröhlich, B. (2006):Combining Wave Field Synthesis and Multi-Viewer Stereo Displays. In Proceedings of the IEEE Virtual Reality 2006 Conference, S. 237–240.

Kuhlen, T.; Assenmacher, I.; Lentz, T. (2007): A True Spatial Sound System for CAVE-like Displays Using Four Loudspeakers. Hrsg. v. R. Shumaker: Virtual Reality, HCII 2007: Springer-Verlag, LNCS 4563, S. 270–279.

Schröder, D.; Wefers, F.; Pelzer, S.; Rausch, D.; Vorländer, M.; Kuhlen, T. (2010): Virtual Reality System at RWTH Aachen University. International Symposium on Room 2010, Melbourne.

Wald, I.; Mark, W.; Günther, J.; Boulos, S.; Ize, T.; Hunt, W.; Parker, S.; Shirley, P. (2009): State of the Art in Ray Tracing Animated Scenes. Computer Graphics Forum 28(6), S. 1691-1722.

Schröder, D.; Vorländer, M. (2011): RAVEN: A real-time framework for the auralization of interactive virtual environments. In Proceedings of Forum Acusticum 2011: 27 June – 01 July, Aalborg, Denmark. Hrsg. v. Danish Acoustical Society (DAS) on behalf of European Acoustics Association (EAA).

Ericson, C. (2005): Real-Time Collision Detection. San Francisco: Morgan Kaufman, Elsevier Inc.

Hummel, J.; Wolff, R.; Stein, T.; Gerndt, A.; Kuhlen, T. (2012): An Evaluation of Open Source Physics Engines for Use in Virtual Reality Assembly Simulations. In Proceedings (Part II) of the 8th International Conference on Advanced in Visual Computing (ISVC 2012), LNCS 7432, S. 346–357.

Hentschel, B.; Tedjo, I.; Probst, M.; Wolter, M.; Behr, M.; Bischof, C.; Kuhlen, T. (2008): Interactive Blood Damage Analysis for Ventricular Assist Devices. IEEE Transactions on Visualization and Computer Graphics 14(6), S. 1515-1522.

Kuhlen, T.; Bischof, C. (2008): Virtual Reality in Computational Engineering Science and Production Technology. In: Augmented & Virtual Reality in der Produktentstehung 2008. Hrsg. v. J. Gausemeier, M. Grafe. HNI-Verlagsschriftenreihe Band 232, Paderborn: Bonifazius, S. 3-15.

Schirski, M.; Bischof, C.; Kuhlen, T. (2007): Interactive Exploration of Large Data in Hybrid Visualization Environments. In Proceedings of the IPT-EGVE 2007 Symposium, S. 69-76.

Bussler, M.; Rick, T.; Kelle-Emden, A.; Hentschel, B.; Kuhlen, T. (2011): Interactive Particle Tracing in Time-Varying Tetrahedral Grids. In Proceedings of the Eurographics Symposium on Parallel Graphics and Visualization (EGPGV), S. 71-80.

Pick, S.; Wefers, F.; Hentschel, B.; Kuhlen, T. (2013): Virtual Air Traffic System Simulation – Aiding the Communication of Air Traffic Effect. IEEE VR 2013, 16-23 März, Orlando.

Jerabkova, L.; Kuhlen, T. (2009): Stable Cutting of Deformable Objects in Virtual Environments using the XFEM. IEEE Computer Graphics and Applications Journal 29(2), S. 61-71.

Ullrich, S.; Kuhlen, T. (2012): Haptic Palpation for Medical Simulation in Virtual Environments. IEEE Transactions on Visualization and Computer Graphics 18(4), S. 617-625.

Virtuelle Realität in der Klinischen Emotions- und Psychotherapieforschung

Andreas Mühlberger[*]

Abstract

Virtualität ist für die verschiedensten Disziplinen der Wissenschaft relevant. Ich bin überzeugt, dass Virtualität aber auch die Zukunft unseres Lebens immer stärker prägen und auch neue psychologische und philosophische Fragestellungen aufwerfen wird. Dafür werden wir Antworten finden müssen, was, wenn überhaupt, nur im interdisziplinären Diskurs erreicht werden kann. Für diese interdisziplinäre Diskussion ist es unerlässlich, jeder Auseinandersetzung mit der Thematik eine Definition oder zumindest eine Eingrenzung der Begriffe voranzustellen. Für den aktuellen Beitrag soll der Begriff Virtualität aus einer psychologischen Perspektive betrachtet werden. Wichtig ist hierbei, dass die Virtualität in diesem Beitrag aus einer eingeschränkten Sicht behandelt wird. So spare ich den großen Themenbereich des Internets und der Sozialen Netzwerke aus, gestehe aber zugleich ein, dass ich damit wesentliche psychologische Aspekte der Virtualität ausschließe. In der Psychologie wären also jenseits der hier behandelten Aspekte noch unzählige andere Perspektiven auf die Thematik möglich. Meine Expertise liegt aber bei der Frage, inwieweit Virtualität in der Form von computersimulierten, virtuellen Welten Emotionen, insbesondere Angst auslösen kann. Darauf aufbauend wird die Frage betrachtet, wie die Möglichkeiten der Emotionsauslösung in virtueller Realität (VR) für die klinisch-psychologische Grundlagenforschung sowie die Psychotherapie von Angststörungen genutzt werden können. Virtualität wird also für diesen Beitrag auf Emotionen in virtueller Realität reduziert.

---

[*] Prof. Dr. rer. soc. Andreas Mühlberger | andreas.muehlberger@ur.de
Lehrstuhl für Klinische Psychologie und Psychotherapie | Universität Regensburg
Universitätsstraße 31 | 93053 Regensburg
www.uni-regensburg.de/psy8

1 Virtuelle Realität

Virtuelle Realität (VR) ist eine neue Form der Mensch-Computer-Interaktion, bei der der Nutzer nicht mehr nur Beobachter von Bildschirmpräsentationen, sondern ein aktiver Teilnehmer in einer computergenerierten dreidimensionalen Umgebung ist. Ein VR-System besteht aus drei Komponenten: erstens Komponenten, über die die virtuelle Realität dem Nutzer durch sensorische Informationen vermittelt wird, zweitens Komponenten (Sensoren), die die Aktivitäten des Nutzers erfassen, und drittens einem Kontrollsystem, das die Sensoren abfragt, diese mit der potentiellen, künstlichen Intelligenz des VR-Systems verrechnet und daraus die sensorischen Informationen für den Nutzer errechnet und für diesen bereitstellt.

Zur Vermittlung der sensorischen Informationen (1. Komponente) stehen die 6 Sinne des Menschen zur Verfügung (Sinnesmodalitäten): Sehen (Visuelle Wahrnehmung), Hören (Auditive Wahrnehmung), Riechen (Olfaktorische Wahrnehmung), Schmecken (Gustatorische Wahrnehmung), Fühlen (Druck, Kälte, Wärmeempfindung), und der Gleichgewichtssinn (vestibuläre Wahrnehmung von Lage und Beschleunigung). Prinzipiell können alle Sinne über entsprechende technische Vorrichtungen mit Information versorgt werden. Aktuelle VR Systeme, die in der Psychologie eingesetzt werden, beschränken sich aber meist auf den visuellen und den auditiven Sinn. Während die auditiven Informationen über Kopfhörer oder Lautsprecher leicht präsentiert werden können, wurde für die Präsentation von visueller Information spezielle Hardware entwickelt. Verwendet werden sehr häufig Head Mounted Display (HMD) Systeme, also LCD Bildschirme, die am Kopf befestigt und damit direkt vor dem Auge angebracht werden (siehe Abbildung 1). Wichtige Parameter dieses Systems sind die Stereoskopie (monoskopische oder stereoskopische Darbietung, bei der für jedes Auge ein eigens Bild gerendert wird), die Auflösung der Displays, sowie das „Field of View", das oft durch spezielle Optiken vergrößert wird. Nachdem sich der Markt an HMDs in den letzten 10 Jahren kaum entwickelt hat, sind aktuell einige Aktivitäten von großen Anbietern zu verzeichnen, die eine Markteinführung im großen Stil erwarten lassen. Neben den HMD Systemen werden auch die deutlich teureren CAVE (cave automatic virtual environment) Systeme eingesetzt. CAVE Systeme bestehen aus mehreren stereoskopischen Projektionen, die an mehrere Wände eines Würfels projiziert werden, so dass der in diesem Würfel stehende Nutzer die Projektionen um sich herum wahrnehmen kann und den Eindruck hat, sich mitten in der projizierten Umgebung zu befinden. CAVE Systeme haben maximal 6 Projektionsseiten. Der Lehrstuhl für Psychologie I der Universität Würzburg hat das erste 5 Seiten CAVE in Deutschland, das direkt für die Psychologische Forschung aufgebaut wurde, 2012 in Betrieb genommen (siehe Abbildung 2). kann.

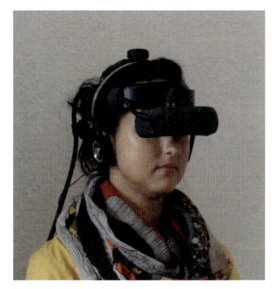

Abbildung 1: HMD Setup an der Universität Regensburg

Abbildung 2: CAVE Scenario an der Universität Würzburg

Des Weiteren werden auch Projektionssysteme eingesetzt, bei denen auf gebogene Flächen projiziert wird (z.b. „Dome"), und sogenannte „Powerwall"-Systeme, bei denen gewöhnlich nur auf eine einzige ebene Fläche projiziert wird. Powerwall System haben gegenüber mehrseitigen Projektionssystemen den Nachteil, dass sich der Nutzer nicht innerhalb der Simulation durch einfache Kopfbewegungen nach hinten orientieren kann.

Die Schnittstellen von VR Systemen (2. Komponente) sollen es dem Nutzer ermöglichen, sich in der virtuellen Realität möglichst natürlich bewegen zu können, Feedback über seine Aktivitäten zu erhalten und mit der dargebotenen Welt oder anderen Nutzern interagieren zu können. Hierfür werden einfache Interaktionsgeräte wie Joysticks oder Spaceballs verwendet, aber auch Trackingsysteme (insbesondere zur Erfassung von Kopfbewegungen) bis hin zu omnidirektionalen Laufbändern, die ein freies Laufen in alle Richtungen ohne Einschränkungen erlauben (siehe omnidirektionales Laufband der RWTH Aachen University, www.ima-zlw-ifu.rwth-aachen.de).

Zwischen den Input- und Outputkomponenten steht als zentrale Instanz das Kontrollsystem der VR (3. Komponente), das dazu in der Lage sein muss, das Verhalten der VR mit den Aktivitäten des Nutzers in Einklang zu bringen und in Echtzeit glaubwürdige sensorische Eindrücke zu generieren (rendern). Das Ziel beim Einsatz von VR-Systemen ist, eine möglichst hohe Immersion (Abdeckung der Sinne mit virtuellen Sinneseindrücken) bereitzustellen und dadurch ein möglichst starkes Gefühl von Präsenz (subjektives Gefühl des Eintauchens) in der virtuellen Realität zu erreichen.

Die Auswahl der für eine Fragestellung notwendigen Ausgestaltung der einzelnen Komponenten hängt von vielfältigen Randbedingungen ab. Zu nennen wären hierbei z.B. Kostenfaktoren, die Relevanz einzelner Sinne oder verschiedener Verhaltensparameter (z.B. Gehen) oder die Bedeutung des Sehens des eigenen Körpers in der Simulation (in klassischen HMD Setups nicht möglich).

2 Emotionen

Unter Emotionen versteht man einen psychophysiologischen Prozess, der durch Eigenschaften eines Objekts oder einer Situation ausgelöst wird. Emotionen sind verbunden mit subjektivem Erleben (Gefühle), das durch einen Selbstbericht abgefragt werden kann, Verhaltenstendenzen (insbesondere Annäherung und Vermeiden) und physiologischen und neuronalen Veränderungen (autonome Aktivierung, neuronale Aktivierung), die durch entsprechende physiologische Messungen erfasst werden können. Es gibt zwei grundlegende Ansätze zur Beschreibung von Emotionen, die dimensionalen und die kategorialen Ansätze.

Dimensionale Ansätze gehen davon aus, dass Emotionen am besten durch die Dimensionen *Valenz* (negativ vs. positiv) und *Aktiviertheit* (ruhig vs. aktiviert) beschrieben werden können (Russell 1980). Die Valenz einer Emotion ist mit der Tendenz zur Annäherung oder Vermeidung des emotionsauslösenden Reizes verbunden (Lang 1995).

Kategoriale Ansätze gehen von abgrenzbaren Basis- oder Primäremotionen aus. Aus der Kombination dieser Basisemotionen können die bekannte Vielzahl der unterschiedlichen emotionalen Empfindungen und Reaktionen erklärt werden. Vor allem aufgrund universell auftretender charakteristischer Gesichtsausdrücke wird davon ausgegangen, dass die Fähigkeit zum Erkennen dieser Basisemotionen entweder angeboren ist oder ontogenetisch sehr früh erworben wird (Ekman 1992). Die Anzahl der Basisemotionen wird etwas unterschiedlich benannt, Ekmann z.B. geht von 7 Basisemotionen aus: Angst, Ekel, Freude, Traurigkeit, Überraschung, Wut und Verachtung. Diese sind jeweils mit einem spezifischen Gesichtsausdruck verknüpft.

Emotionen sind eine basale Erlebensdimension des Menschen und sehr eng mit Motivation und damit Verhaltensdispositionen bzw. offenem Verhalten verbunden. Auch die Entscheidungen des Menschen werden nicht nur durch rationale Abwägungen getroffen, sondern wesentlich durch Emotionen beeinflusst (siehe z.B. das Reflektiv-Impulsiv Modell, RIM, von Strack & Deutsch 2004).

3 Emotionen in Virtueller Realität

Was bedeutet nun die technische Möglichkeit, sowohl unbelebte Umwelten als auch soziale Interaktionen mit Agenten virtuell zu erschaffen, für das emotionale Erleben und Handeln? Werden in virtuellen Welten emotionale Reize überhaupt als solche erlebt, lösen sie emotionales Erleben aus? Ist das emotionale Erleben vergleichbar mit dem in realen Situationen? Sind die zugrundeliegenden Prozesse bei der Verarbeitung der Reize ähnliche? Gibt es Unterschiede bei eher automatischen Prozessen und sehr komplexen emotionalen Entscheidungen? Und was kann zu sozialen Interaktionen gesagt werden, für die ja emotionale Aspekte von besonderer Bedeutung sind?

4 VR zur Expositionstherapie bei Angststörungen

Eine zentrale Emotion ist Angst. Angst- oder Furchtreaktionen sind auf drei Ebenen (subjektiv, behavioral und physiologisch) messbar. Wichtig ist eine Messung der Emotion auf möglichst vielen Ebenen (Multilevel), da die Reaktionen innerhalb und zwischen den Ebenen oft nur in geringem Maße zusammenhängen (z.B. Lang et al. 1998; Lang et al. 1970; siehe auch Mühlberger et al. 2005). Angst ist aber nicht nur eine zentrale Emotion, die in der allgemeinen Psychologie behandelt wird, sondern auch für die Klinische Psychologie und Psychotherapie von besonderer Relevanz. Die meisten psychischen Störungen beinhalten als Hauptproblem dysfunktionale Angst, zusätzlich ist Angst aber auch bei praktisch allen anderen psychischen Störungen als Symptom mit beteiligt. Angststörungen stellen die häufigste psychische Störung dar, mit einer Prävalenz von 5,9 bis 15,1% in westlichen, industrialisierten Ländern (Öst 2000). Für den Bereich Psychotherapie ist relevant, dass Angst insbesondere durch Exposition mit den angstauslösenden Reizen verändert werden kann und damit Angststörungen sehr erfolgreich therapiert werden können. Die Exposition ist eine Methode der kognitiven Verhaltenstherapie. Sie hat sich als äußerst erfolgreiche Methode zur Bewältigung spezifischer Phobien bewährt und gilt als Standardbehandlung („gold standard"). Die Erfolgsquote liegt zwischen 77-95% (Öst 2000).

Eine einflussreiche theoretische Grundlage für die Methode der Expositionstherapie ist die Emotional Processing Theory von Foa und Kozak (1986). Foa und Kozak gehen davon aus, dass die Furcht in einem neuronalen Netzwerk (Furchtstruktur) gespeichert ist, und dass für eine erfolgreiche Therapie inkompatible Informationen in diese Furchtstruktur integriert werden müssen. Um dies zu ermöglich, muss die Furchtstruktur aktiviert werden. Diese Aktivierung muss sich auch in physiologischen Reaktionen wiederspiegeln. Starke initiale Herzratenreaktionen bei der Exposition beispielsweise wurden als Prädiktoren für den Therapieerfolg identifiziert (Lang et al. 1970; siehe Mühlberger et al. 2009). Laut dieser Autoren ist außerdem eine Habituation sowohl während einer Expositionssitzung, als auch zwischen zwei Expositionen eine notwendige Voraussetzung für eine erfolgreiche Veränderung der Furchtstruktur und damit für die Bewältigung der Angststörung.

Eine sich daraus ergebende wichtige Frage ist, ob durch virtuelle Realität Angst bei phobischen Probanden ausgelöst werden kann, da dies als essentielle Voraussetzung für eine erfolgreiche Expositionstherapie angesehen wird (Foa & Kozak 1986; Lang et al. 1998). In mehreren Studien haben wir hierzu phobische Probanden untersucht. Wir konnten zeigen, dass bei flugphobischen Probanden durch simulierte Flüge in einer Passagiermaschine (siehe Abbildung 3), subjektive Angst und physiologische Erregung (erhöhte Herzrate) induziert wurden, und dass dieser Effekt insbesondere bei Perioden mit Turbulenzen verstärkt auftrat (Mühlberger, Herrmann, Wiedemann, Ellgring, & Pauli 2001). Zusätzlich konnten wir zeigen, dass die Angst und die physiologische Erregung innerhalb und zwischen den Flügen abnahmen (habituierten). Diese Ergebnisse verdeutlichen, dass die Voraussetzungen für eine effektive Expositionstherapie in VR gegeben sind.

Abbildung 3: Flugsimulator an der Universität Würzburg (Abbildung mit Erlaubnis von VTplus GmbH)

Um zu klären, ob die physiologischen Angstreaktionen der Phobiker störungsspezifisch sind, haben wir in einer weiteren Studie die subjektive Angst sowie Herzraten- und Hautleitfähigkeitsreaktionen von Flugphobikern und Kontrollpersonen während vier virtuellen Flügen hinsichtlich Aktivierungs- und Habituationseffekten analysiert (Mühlberger et al. 2005). Während Kontrollprobanden keine spezifische Aktivierung zeigten, wurden bei flugphobischen Probanden erhöhte subjektive und physiologische Reaktionen bestätigt, die auch spezifisch mit den Flugphasen variierten (erhöhte Reaktionen bei Turbulenzen). Die Spezifität der Angstreaktionen wurde auch bei einer Untersuchung an tunnelphobischen Probanden bestätigt. Hier wurde auch die virtuelle Umgebung variiert. Es zeigte sich, dass ausschließlich tunnelphobische Probanden, und diese auch nur in phobierelevanten Situationen (Autofahrt durch einen Tunnel) im Gegensatz zu einer Fahrt auf einer Landstraße erhöhte Angst und physiologische Erregung (Herzrate, Schreckreaktion) zeigten (Mühlberger et al. 2007).

Auf diesen Befunden aufbauend hat uns die Frage interessiert, welche Bedeutung das Wissen über die phobische Situation im Vergleich zur Wahrnehmung der phobischen Situation hat. Diese Differenzierung ist durch den Einsatz von virtuellen Welten möglich. Wir haben Spinnenphobiker untersucht, denen entweder eine VR präsentiert wurde, die ein phobisches Objekt (eine virtuelle Vogelspinne) beinhaltete, oder eine virtuelle Welt, die ein zwar phylogenetisch angstrelevantes Tier enthielt, das für die untersuchten Probanden aber keine spezifische Bedeutung hatte (eine Schlange). Gleichzeitig wurden die Probanden darüber informiert, dass sich im realen Labor entweder eine reale Vogelspinne in einer Plastikbox befindet, oder aber eine Schlange in einer Plastikbox. Zusätzlich wurde sichergestellt, dass die Probanden die reale Laborsituation nicht wahrnehmen konnten. Damit konnten das Wissen und die Wahrnehmung der phobischen Situation unabhängig voneinander manipuliert werden. Eine erste Situation beinhaltete eine virtuelle Spinne und die Information, dass sich in der realen Welt eine Schlange in der Plastikbox befindet (Wahrnehmungsbedingung). In einer zweite Situation wurde eine virtuelle Schlange präsentiert, und die Information gegeben, dass sich in der realen Laborumgebung eine Spinne in der Box befindet (Wissensbedingung). In einer dritten Bedingung war sowohl die Wahrnehmung als auch das Wissen phobierelevant (VR Spinne und reale Spinne im Labor, kombinierte Bedingung). In der Untersuchung wurde deutlich, dass insbesondere die Wahrnehmung der phobischen Situation für das Auslösen einer Angstreaktion verantwortlich ist.

Die dargestellten Ergebnisse verdeutlichen das Potential der virtuellen Realität für die Emotionsauslösung sowie für den Einsatz bei der Expositionstherapie. Inzwischen liegen auch vielfältige Befunde sowie einige Überblicksartikel und vier Metaanalysen vor, die die Effektivität der Exposition in virtueller Realität (VRET) wissenschaftlich belegen (Gregg & Tarrier 2007; Powers & Emmelkamp 2008; Parsons & Rizzo 2008; Opris et al. 2012). Neben der guten Befundlage zu bestimmten spezifischen Phobien wie Höhenphobie und Flugphobie (Beispiel für Höhen und Tunnelscenario siehe Abbildung 4) liegen positive Befunde zu weiteren spezifischen Phobien, zur Sozialen Phobie, zur Agoraphobie, zu Zwangsstörungen und zur PTSD vor (siehe dazu Mühlberger & Pauli 2009; Mühlberger & Pauli 2011). Zudem bietet die Exposition in virtueller Realität gegenüber der Exposition in vivo zahlreiche Vorteile. Für eine Übersicht wird auf die Darstellung an anderer Stelle verwiesen (siehe dazu Mühlberger & Pauli 2009; Mühlberger & Pauli 2011).

Neben den Fragestellungen zur Effektivität der VRET sowie grundlegenden Untersuchungen zur Angstaktivierung und deren physiologischen Komponenten bietet die Exposition in VR auch vielfältige Möglichkeiten, die Optimierung der Expositionstherapie zu untersuchen. Interessanterweise sind die genauen Wirkmechanismen der Expositionstherapie trotz der klaren Belege der Wirksamkeit noch wenig untersucht und kaum empirisch belegt (siehe Neudeck & Wittchen 2012).

Abbildung 4: Autofahr- und Höhenszenario (Abbildung mit Erlaubnis von VTplus GmbH)

Die Exposition in virtueller Realität bietet die Möglichkeit, einzelne Faktoren bei der Durchführung gezielt experimentell zu manipulieren und die Wirkung auf das Angsterleben, die physiologische Aktivierung und den Therapieerfolg in einem kontrollierten Setting zu erfassen. Eine Fragestellung ist zum Beispiel, wie das Wiederauftreten von Angst (das sogenannte Renewal) nach einer Expositionstherapie vermindert werden kann. In einem Experiment haben wir hierzu die Bedeutung der Variation des Kontextes bei der Expositionstherapie bei Spezifischen Phobien (Spinnenphobie) untersucht (Shiban et al. 2013). Als abhängige Variable wurden die erlebte Angst, die physiologischen Reaktionen während der Exposition sowie der Therapieerfolg erhoben. Es zeigte sich, dass die Variation des Kontextes (verschiedenfarbige Beleuchtung des Raums) das Wiederauftreten der Angst in einem neuen virtuellen Kontext verminderte und die Annäherung an eine echte Spinne erhöhte. Aus den Ergebnissen lassen sich auch Anregungen für die Durchführung von Expositionsübungen in der therapeutischen Praxis ableiten.

5 VR zur Simulation von sozialen Interaktionen

Neben der Anwendung der virtuellen Realität zur Expositionstherapie ist die Simulation sozialer Interaktionen und menschlichen Verhaltens eine spannende Herausforderung. Eine sehr einfache Form ist hier die Generierung von computergesteuerten Gesichtsausdrücken, um z.B. Mimikry, also das unbewusste Nachahmen eines anderen Menschen, zu untersuchen. Eigene Untersuchungen konnten belegen, dass solche virtuellen Gesichter Mimikry auslösen können. Die Untersuchungen belegen auch, dass Mimikry kein automatischer Prozess ist, sondern durch top-down Prozesse (bewusste, durch höhere kognitive Funktionen initiierte Prozesse) moduliert wird (Weyers et al. 2009). Ein weiterer Schritt hin zu einer höheren ökologischen Validität der Untersuchungsparadigmen ist es, dynamische Gesichtsausdrücke zu untersuchen. Wir konnten zeigen, dass dynamische virtuelle Gesichtsausdrücke stärkere Mimikryreaktionen im Gesicht auslösen als unbewegte Bilder (Weyers et al. 2006). Die Generierung von dynamischen Emotionsausdrücken erlaubt es auch, den Einfluss der Dynamik auf die neuronale Verarbeitung zu untersuchen. So konnten wir in einer Studie unter Verwendung von funktioneller Magnetresonanztomographie (fMRT) zeigen, dass sowohl der Onset eines freundlichen Gesichtsausdrucks (Lächeln) als auch der Offset eines negativen Gesichtsausdruck (Ärger) belohnungsassoziierte Zentren aktivieren (Mühlberger et al. 2011).

Von der Präsentation computergenerierter Gesichtsausdrücke bis zu einer Modellierung echter sozialer Interaktionen ist allerdings noch ein weiter Weg. Im Gegensatz zu unbelebten Umwelten ist hier eine sehr viel aufwendigere Berechnung sowie eine künstliche Intelligenz notwendig. Interessanterweise werden aber auch virtuelle Agenten, die in einer virtuellen Realität präsentiert werden, sehr schnell als soziale Interaktionspartner akzeptiert (Blascovich et al. 2002). In dem auf seinen Untersuchungen aufbauenden „Schwellenmodell der sozialen Beeinflussung" wird postuliert, dass insbesondere zwei Parameter, der Verhaltensrealismus und die soziale Präsenz relevante Modulatoren der Akzeptanz eines virtuellen Agenten darstellen (Blascovich et al. 2002). Dies bedeutet, dass die Forschung zu virtuellen sozialen Interaktionen insbesondere in der Lage sein sollte, automatische Prozesse anzustoßen, und dass bei der Entwicklung der Agenten der Verhaltensrealismus besonders beachtet werden sollte.

6 Zusammenfassung und Ausblick

Der Einsatz von virtueller Realität in unterschiedlichen Bereichen der Psychologie steht vor einer exponentiellen Entwicklung. Erste Vorläufer sind die neuen technischen Entwicklungen (neue HMDs, Google Glasses, Kinekt Bewegungserfassungssystem, etc.). Durch die kostengünstige, für die Verwendung in VR geeignete Hardware werden die Möglichkeiten des Einsatzes sowohl für die Grundlagenforschung als auch für den therapeutischen Bereich in den nächsten Jahren stark anwachsen. Ich bin der festen Überzeugung, dass die Exposition in der virtuellen Welt innerhalb der nächsten 10 Jahre eine der weitverbreitetsten und effektivsten Therapieformen von Ängsten werden wird.

Ich gehe auch davon aus, dass die fortschreitende Technik die Möglichkeiten einer natürlich wirkenden sozialen Interaktion mit einem vollständig computergesteuerten Agenten in der nahen Zukunft ermöglichen wird, und dass die Unterscheidbarkeit zwischen Agenten und Avataren, hinter denen ein echter Mensch steht, immer schwieriger wird. Neben den spannenden Möglichkeiten zum Einsatz solcher Agenten bergen diese Entwicklungen natürlich auch enorme ethische, psychologische und philosophische Herausforderungen. Wichtige ethische Fragen sind z.B. inwieweit Personen durch die Erfahrungen, die ihnen in VR angeboten werden, bezüglich ihrer Bewertung der Realität manipuliert werden können. Ebenso stellt sich natürlich die Frage, inwieweit solche parallele Welten (oder Wirklichkeiten?) und soziale Beziehungen, die irgendwann kaum mehr von der Realität unterscheidbar sein werden und die Menschen gezielt emotional ansprechen können, die psychische Verarbeitungskapazität der Menschen überfordern (Stichwort Verlust des Realitätsbezuges). Diese Probleme zeichnen sich schon bei Diskussionen um Internetsucht sowie um die Bedeutung von Ego-Shooter Spielen für die Bereitschaft zur Gewalttätigkeit bei Jugendlichen ab (Stichwort Amoklauf). Als interessante philosophische Herausforderung erscheint mir die Frage, ob VR die Positionierung des Menschen in der Welt verändert. Da das Selbsterleben des Menschen sehr stark von seinen Erfahrungen abhängt, werden die neuen, multiplen Erfahrungsdimensionen, die die VR bietet, das Selbstbild der Menschen ggf. radikal verändern. Ich würde mir wünschen, dass diese Aspekte in einem breiten gesellschaftlichen Diskurs aufgearbeitet werden und die entsprechenden politischen Weichenstellungen für einen möglichst positiven Einsatz des Potentials dieser faszinierenden Technologien gestellt werden.

Literaturverzeichnis

Blascovich, J.; Loomis, J.; Beall, A.C.; Swinth, K.R.; Hoyt, C.L. & Bailenson, J.N. (2002): *Immersive virtual environment technology as a methodological tool for social psychology.* In: Psychological Inquiry. Bd. *13*, S. 103-124.
Ekman, P. (1992): *Are there basic emotions?* In: Psychological Review. Bd. *99*, S. 550-553.
Foa, E.B. & Kozak, M.J. (1986): *Emotional processing of fear: exposure to corrective information.* In: Psychol.Bull., Bd. *99*, S. 20-35.
Gregg, L. & Tarrier, N. (2007): *Virtual reality in mental health – A review of the literature.* In: Social Psychiatry and Psychiatric Epidemiology. Bd. *42*, S. 343-354.
Lang, P.J. (1995): *The emotion probe. Studies of motivation and attention.* In: American Psychologist, Bd. *50*, S. 372-385.
Lang, P.J.; Cuthbert, B.N. & Bradley, M.M. (1998): *Measuring emotion in therapy: imagery, activation, and feeling.* In: Behavior Therapy. Bd. *29*, S. 655-674.
Lang, P.J.; Melamed, B.G. & Hart, J. (1970): *A psychophysiological analysis of fear modification using an automated desensitization procedure.* In: J.Abnorm.Psychol. Bd. *76*, S. 220-234.
Mühlberger, A.; Alpers, G.W. & Pauli, P. (2005): *Spezifische Phobien [Specific Phobias].* In: F. Petermann & H. Reinecker (Hrsg.): *Klinische Psychologie und Psychotherapie: Handbuch der Psychologie.* Göttingen: Hogrefe, S. 472-481.
Mühlberger, A.; Alpers, G.W. & Pauli, P. (2009): *Der Einsatz moderner Technologien in der Psychotherapie.* In: M. Hautzinger & P. Pauli (Hrsg.): *Enzyklopädie der Psychologie, Band Psychologische Interventionsmethoden, Psychotherapeutische Methoden.* Göttingen: Hogrefe, S. 665-724.
Mühlberger, A.; Bülthoff, H.H.; Wiedemann, G. & Pauli, P. (2007): *Virtual reality for the psychophysiological assessment of phobic fear: responses during virtual tunnel driving.* In: Psychological Assessment. Bd. *19*, S. 340-346.
Mühlberger, A.; Herrmann, M.J.; Wiedemann, G.; Ellgring, H. & Pauli, P. (2001): *Repeated exposure of flight phobics to flights in virtual reality.* In: Behaviour Research and Therapy. Bd. *39*, S. 1033-1050.
Mühlberger, A. & Pauli, P. (2009): *Virtual Reality Expositionstherapie (VRET): Vorteile und Effektivität einer neuen Methode zur verhaltenstherapeutischen Behandlung von Angststörungen.* In: Psychologie in Österreich. Bd. *29*, S. 396-404.
Mühlberger, A. & Pauli, P. (2011): *Virtuelle Realität in der Psychotherapie.* In: Psychotherapie im Dialog. Bd. *2*, S. 143-147.

Mühlberger, A.; Petrusek, S.; Herrmann, M.J. & Pauli, P. (2005): *Biocyberpsychologie: Subjektive und physiologische Reaktionen von Flugphobikern und Gesunden bei Exposition mit virtuellen Flügen [Biocyber psychology: subjective and physiological reactions in flight phobics and normal subjects during flight simulations]*. In: Zeitschrift für Klinische Psychologie und Psychotherapie. Bd. *34*, S. 133-143.

Mühlberger, A.; Wieser, M.J.; Gerdes, A.B.; Frey, M.C.; Weyers, P. & Pauli, P. (2011): *Stop looking angry and smile, please: start and stop of the very same facial expression differentially activate threat- and reward-related brain networks*. In: Soc Cogn Affect Neurosci. Bd. *6*, S. 321-329.

Neudeck, P. & Wittchen, H.-U. (2012): *Exposure Therapy: Rethinking the Model – Refining the Model*. Heidelberg: Springer.

Opris, D.; Pintea, S.; Garcia-Palacios, A.; Botella, C., Szamoskozi, S. & David, D. (2012): *Virtual reality exposure therapy in anxiety disorders: a quantitative meta-analysis*. In: Depress Anxiety. Bd. *29*, S. 85-93.

Öst, L.-G. (2000): *Spezifische Phobien*. In: J. Margraf (Hrsg.): *Lehrbuch der Verhaltenstherapie*. Bd. 2, Berlin: Springer, S. 29-42.

Parsons, T.D. & Rizzo, A.A. (2008): *Affective outcomes of virtual reality exposure therapy for anxiety and specific phobias: A meta-analysis*. In: Journal of Behavior Therapy and Experimental Psychiatry. Bd. *39*, 250-261.

Powers, M.B. & Emmelkamp, P.M.G. (2008): *Virtual reality exposure therapy for anxiety disorders: A meta-analysis*. In: Journal of Anxiety Disorders. Bd. *22*, S. 561-569.

Russell, J.A. (1980): *A circumplex model of affect*. In: Journal of Personality and Social Psychology. Bd. *39*, S. 1161-1178.

Shiban, Y.; Pauli, P. & Mühlberger, A. (2013): *Effect of multiple context exposure on renewal in spider phobia*. In: Behaviour Research and Therapy. Bd. *51*, S. 68-74.

Strack, F. & Deutsch, R. (2004): *Reflective and impulsive determinants of social behavior*. In: Pers. Soc. Psychol. Rev. Bd. *8*, S. 220-247.

Weyers, P.; Mühlberger, A.; Hefele, C. & Pauli, P. (2006): *Electromyographic responses to static and dynamic avatar emotional facial expressions*. In: Psychophysiology. Bd. *43*, S. 450-453.

Weyers, P.; Mühlberger, A.; Kund, A.; Hess, U. & Pauli, P. (2009): *Modulation of facial reactions to avatar emotional faces by nonconscious competition priming*. In: Psychophysiology. Bd. *46*, S. 328-335.

Weiße Elefanten für alle!
Sinnhorizont und Normalitätserwartungen bei interaktionsmedialer Kommunikation

Udo Thiedeke[*]

Abstract

Für die Soziologie sind Virtualisierung und Virtualität Probleme des Umgangs mit den aktuell nicht realisierten Möglichkeiten der Sinnauswahl. Bei der Kommunikation durch neue Medien wie Computer und Computernetze wird deutlich, dass Virtualisierung und Virtualität kein neues Phänomen sind, aber durch die neue mediale Kommunikation so veralltäglicht werden, dass sich die bisherigen fiktionalen Möglichkeiten in faktische Möglichkeiten wandeln. Im Zuge dieser Vermöglichung der Wirklichkeit ändern sich die Normalitätserwartungen in der sachlichen, sozialen, zeitlichen und räumlichen Sinndimension. Zunehmend erwarten wir die Entgrenzung bislang begrenzter Wirklichkeitsbedingungen und sehen uns so nicht nur mit Designfragen möglicher Wirklichkeiten konfrontiert, wir halten es vielmehr für normal, unwahrscheinliche Wahrscheinlichkeiten zu kommunizieren. Wir alle reiten weiße Elefanten!

---

[*] Prof. Dr. phil. habil. Udo Thiedeke
Johannes Gutenberg-Universität Mainz | Institut für Soziologie

1 Virtualisiert Euch!

Virtualität und Virtualisierung sind nun schon seit einigen Jahren in aller Munde. Sei es im wissenschaftlichen oder populären Diskurs, die Termini haben Karriere gemacht und taugen heute auch dafür, gut ausgestattete Tagungen abzuhalten. Fast hat es den Eindruck als gelte es bei etwas Neuem unbedingt dabei zu sein, wobei die Losung gilt „virtualisiert Euch", egal in welchem Kontext und wo ihr gerade seid. Das alles scheint erst durch die Computer und die Computierung der Kommunikation entstanden zu sein. Bei näherem Hinsehen ist zumindest Letzteres aber recht schnell als Irrtum entlarvt.

Man kann dazu kurz notieren, Virtualität und Virtualisierung sind weder neu – genauer ein modernes Phänomen – noch sind sie erst mit der Nutzung von Computern entstanden oder gar zwingend von Computern und Computernetzen erzeugt.

Virtualisierung als Wirklichkeitserfahrung ist dahingegen schon recht alt und zu ihrer Hervorbringung bedarf es wenig mehr als unserer Vorstellungskraft. Man könnte es geradezu als „conditio humana" bezeichnen, dass wir virtuelle Welten hervorbringen, die wir aber auch mit anderen teilen.

Beispiele hierzu sind Geschichten, in denen wir Mythen erzählen, fremde Welten und Reiche ausmalen, die Werke der darstellenden oder bildenden Künste, die uns nicht selten ausgesprochen handgreiflich hinter die vordergründig erlebte Wirklichkeit führen, aber auch magische und religiöse Vorstellungen sowie Praktiken, die uns über den Zugang zum Numinosen, alternative Wirklichkeiten eröffnen. Sei es in Ritualpraktiken, in Bildern, Klängen, in der Sprache oder in gebauten Gebäuden oder Räumen, überall erweisen wir uns als Meister der Virtualisierung.

Aus dem Blickwinkel der Soziologie gesprochen, könnte man sogar noch weit tiefer ansetzen. Nicht nur, dass die Soziologie zumindest im deutschsprachigen Raum mit Max Weber schon bei einer Projektion sozialen Sinns auf ein imaginäres Gegenüber beginnt (1972: 1; zur Potentialität von Handlungssinn O.c.: 10). Grundlegend können wir für die Soziologie sogar behaupten, jede aktuelle Sinnauswahl, mit der wir uns auf die Wirklichkeit beziehen, lässt potentiellen, nichtgewählten Sinn zurück und wir können uns darüber auch bewusst werden und soziale Systeme davon irritieren lassen (Luhmann, 1984: 94).

Diese Potentialität von Sinn, die wir ständig erzeugen, erweist sich auf diese Weise als eine ganz selbstverständliche Virtualisierung unserer Sinnwelt und wir wissen in der Regel nicht, ob wir uns über dieses unablässigen Zusammenspiel von Wahl und Möglichkeit freuen oder davor in Acht nehmen sollen.

Für die alltägliche Wahrnehmung hat das insofern bislang eine Rolle gespielt, als sich die Frage stellte, wie man mit Möglichkeiten umgeht, die einem Orientierungs- und Handlungsalternativen eröffnen oder einem die „Qual der

Wahl" auferlegen. Dieses Problem der 'mitlaufenden Virtualisierung' wird aber in der Regel in der physisch, physikalisch und sozial recht festgelegten, aktuell gegebenen Wirklichkeit dadurch entschärft, dass sich viele der virtuell vorhandenen Möglichkeiten durch soziale Beschränkungen oder physische sowie physikalische Gesetzmäßigkeiten als nicht realisierbar oder nicht aktuell realisierbar darstellen. Man erfährt sich in der Regel nicht als multiple Identität, ist nicht an mehreren Orten oder in mehreren Zeiten zugleich, hat Probleme räumliche oder soziale Mobilität zu entfalten, weil es an Ressourcen oder Kompetenzen mangelt usw. Virtualisierung und Virtualität schienen daher bislang eher mit Fiktionen und Irrealitäten zusammenzuhängen.

Wo – so wird man sich vielleicht fragen – kommt nun der Computer ins Spiel, wobei er zumindest für einen Teil der Soziologen nicht so sehr als technisches Artefakt, als Gerät oder informatisches System von Interesse ist, sondern als Medium (vgl. Schelhowe, 1997) oder wie man gerne sagt als „neues Medium".

Wir halten dazu zunächst nochmals fest: Virtualisierung als Prozess der Möglichkeitsvervielfältigung und Virtualität als Horizont alternativer Sinnmöglichkeiten treten nicht erst mit der Nutzung von Computern auf. Es hat aber den Anschein, als fände gerade infolge der durch Computer und Computernetze ermöglichten neuen Medienkommunikation eine Veralltäglichung der Virtualisierung der Wirklichkeit statt. Genauer gesagt, scheint eine Veralltäglichung von Gestaltungsfragen der Wirklichkeit, an der wir uns orientieren, stattzufinden. Wir erleben die Welt als formbaren, virtuellen und nicht mehr als aktuell gegebenen Sachverhalt (weitblickend Flusser, 1998: 200). In der sozialen Konsequenz bedeutet das, dass wir im Alltag dazu aufgerufen sind, andauernd Entscheidungen über den Übergang von Virtualisierung zu Aktualisierung und zurück zu treffen – mit dem „virtualisiert Euch" sind wir als Wirklichkeitsmanagner herausgefordert.

Charakteristisch für Virtualisierung und Virtualität als ihr Ergebnis ist aus soziologischer Sicht daher keine Irrealisierung, sondern vielmehr die konstante Vermöglichung der erlebbaren Wirklichkeit (Thiedeke, 2007: 42ff.). Mit *Vermöglichung* ist zum einen eine Orientierungssituation gemeint, in der die Sinnbezüge rasch zwischen aktuell Gegebenem und virtuell Möglichem oszillieren. Mehr noch stellt sich aber im Zusammenhang mit der neuen medialen Kommunikation der Eindruck einer leichten Veränderbarkeit von Wirklichkeitsbedingungen dar. Hier scheint eine Entgrenzung der bisher aktuell festgelegten Wirklichkeitsbedingungen realistisch. Die Virtualität des Sinnhorizonts muss daher nicht mehr als nur fiktive Imagination, sie kann als Ausdruck faktischer Möglichkeiten betrachtet werden.

Soziologisch gesprochen scheint die Losung „virtualisiert Euch" demzufolge mit einer tiefgreifenden Veränderung dessen zu korrespondieren, was wir sinnhaft in der sozialen, sachlichen, zeitlichen und räumlichen Sinndimension kommunizieren und demnach erwarten können. Dieser Wandel des Sinnhorizonts, der uns die Orientierungen dessen ermöglicht, was wir zusammen mit anderen für Normalität halten, hängt, wie eben angedeutet, eng mit dem Auftreten neuer Medien zusammen.

2 Vom Leben ‚mit' Medien, zum Leben ‚in' den Medien

Die Rede von den neuen Medien wirkt inzwischen wie eine allzu populäre Phrase. Aus mediensoziologischer Sicht gibt es jedoch Anhaltspunkte, dass wir es bei den computergestützten Medien tatsächlich mit einem neuen Medientyp zu tun haben.

Der wichtigste Anhaltspunkt dürfte darin liegen, dass die mit den neuen Medien möglichen Kommunikationsformen alle Sinndimensionen beeinflussen. Es stellen sich für die mit diesen Medien Kommunizierenden grundsätzlich neue Fragen, etwa dazu, was es bedeutet soziale Identitäten, Wissen, Planung und globale Distanzen zu kommunizieren. Die neuen Medien erweisen sich demzufolge nicht als eine Erweiterung der Massenmedien z.B. in Hinblick auf eine Steigerung der medialen Kommunikationsdichte, -quantität oder -reichweite. Sie erweisen sich auch nicht als Fortsetzung der massenmedialen Kommunikation mit anderen Mitteln. – Ein Befund, der sich inzwischen zum einen in den Auseinandersetzungen um eine kulturelle Bewertung der neuen Medien (vgl. Thiedeke, 2010: 55ff.) in der populären Diskussion ebenso niederzuschlagen beginnt, wie in der merkwürdig unsicheren Redewendung von den „klassischen Medien", wenn Massenmedien von neuen Medien unterschieden werden sollen (als schönes Beispiel Hoffmann, 2012: Online).

Grundsätzlich interessiert sich die Soziologie allerdings für soziale Konsequenzen von medialer Kommunikation und stehen technischen Zusammenhängen eher distanziert gegenüber. Das mag mit der Differenz der „zwei Kulturen" wissenschaftlicher Weltbeobachtung zu tun haben, auf die uns C.P. Snow (1959) hinwies. Die Soziologie steht hier zumindest im europäischen Kontext wohl eher der geisteswissenschaftlichen und nicht der technik- oder naturwissenschaftlichen Kultur der Beobachtung und Argumentation näher, was ihre Distanz zur Technik zumindest wissenschaftshistorisch erklären mag. Möglicherweise fehlt es hier bei einigen Soziologinnen und Soziologen aber auch nur an Interesse und Bereitschaft sich über technische Zusammenhänge interdisziplinär zu informieren und dann die Anstrengung einer „Übersetzung" anderer Fragen, Methoden und Erkenntnisse in die eigene Disziplin auf sich zu nehmen.

Hinsichtlich der veränderten Qualität medialer Kommunikation, wie sie durch neue Medien auftritt, sind deren technische Bedingungen allerdings kaum zu ignorieren. Sie sind als Grundlage der kommunikativen Operationsmöglichkeiten dieser Medien soziologisch vielmehr unbedingt zu berücksichtigen. Wie bei allen anderen Medien, so stehen diese Operationsmöglichkeiten, Kommunikation medial zu formen, auch bei den neuen Medien in einem engen Wechselverhältnis zu den sozialen Bedingungen und Konsequenzen, Medien sozial zu nutzen und gesellschaftlich zu etablieren (vgl. Thiedeke, 2012: 152ff. beispielhaft zum Buchdruck Giesecke, 1991).

Die veränderte Qualität der technischen Operationsmöglichkeiten neuer Medien lässt sich daran festmachen, dass mit der Verwendung der Univeralmaschine Computer als Kommunikationsmedium nicht einfach ein neuer ‚Übertragungskanal' zwischen den Kommunizierenden entstanden ist. Der Wandel in den Operationsmöglichkeiten zur Bildung von medialen Kommunikationsformen geht weiter und setzt grundsätzlicher bei der Art und Weise an, wie diese Medien Die Mitteilungen der Kommunikation für unsere Eingriffe öffnen. Anders gesagt, mit der Einführung des Computers als Medium hat sich die Mitteilung der medialen Kommunikation als ein gestalt- und steuerbares Interface realisiert (Thiedeke, 2012: 271f.), das es den Kommunizierenden erlaubt, in der Mitteilung der Kommunikation miteinander und mit dem Kommunikationsmedium zu interagieren.

Mit Auftreten der Computernetze, wie dem Internet, wird dieses Potential besonders deutlich und in der globalen Verknüpfung von Computern, Netzen und Nutzern zur Alltagsrealität. Diese Realität einer gesteuerten medialen Kommunikation bedarf keiner großen Voraussetzungen. Man muss z.B. nicht das Internet 'umprogrammieren' können, um es zu steuern. Wir alle manipulieren das Netz, wenn wir nur eine banale Suchanfrage hineingeben oder hier und da einen „Like-Button" drücken und wir alle formen dabei auch soziale Erwartungen und sei es dann, wenn wir uns einen Nick-Name für unsere E-Mail-Identität zurechtlegen oder die Reputation von anderen durch unsere Voten herauf- oder herabsetzen.

Damit ist die veränderte Sinnhaftigkeit der neuen Medienkommunikation angedeutet. Um den Zusammenhang genauer zu umreißen soll dazu an Vorarbeiten des Soziologen Niklas Luhmann angeknüpft werden. Luhmann ging davon aus, dass sich Sozialität, das soziale Miteinander, auf der Basis von Kommunikation realisiert (1984: 192). Kommunikation verstand er jedoch nicht als Übertragung von Informationen von A nach B, sondern als einen fortwährenden Prozess von Sinnselektionen der Information (was wird kommuniziert), der Mitteilung (wie wird kommuniziert) und des Verstehens (warum wird kommuniziert) (O.c. 194f.).

Luhmann ging weiter davon aus, dass dieser Prozess fragil und daher unwahrscheinlich ist und dass sich zur Erhöhung seiner Wahrscheinlichkeit neben anderen sozialen Lösungen, wie etwa Normen oder Rollen, Medien bewährt haben (1981: 28). Medien sind demnach in der Lage, Sinn zu konditionieren, wobei sie mediale Kommunikationsformen ausprägen, ohne sich dabei allzu sehr selbst zu verändern.

Wenn wir hier an den Computer als Medium denken, dann bedeutet das, dass der Computer die mediale Kommunikation in eine für die Computierung der Kommunikation spezifische Form bringt. – Damit ist das Entstehen des oben angesprochenen Interface gemeint, das sich bei der Kommunikation in Interaktion der technischen Struktur von Hard- und Softwareoperationen und der Handlungen der Kommunizierenden mit ihren Kommunikationserwartungen ständig plastisch verformt.

In Anschluss an Luhmann gehe ich hierbei davon aus, dass Medien für uns in der Regel unsichtbar bleiben (vgl. Thiedeke, 2012: 118f.), weil wir uns beim Kommunizieren auf mediale Kommunikationsformen beziehen. Weiter gehe ich davon aus, dass hier besonders Medien von Interesse sind, die unsere Aufmerksamkeit auf die Mitteilung der Kommunikation fokussieren und so als Aufmerksamkeitsmedien operieren (vgl. O.c.: 136ff.).

Mit den Kommunikationsformen werden für uns Mitteilungsmöglichkeiten, d.h. spezifische Verhaltensmöglichkeiten, aber auch technische Artefakte anhand ihrer operativen Schematismen sichtbar. Je nach Spezialisierung dieser Operationsmöglichkeiten haben sich dabei unterschiedliche Aufmerksamkeitsmedien ausdifferenziert. Diese Aufmerksamkeitsmedien unterscheiden sich durch unterschiedliche Kommunikationsformen der Mitteilung und darauf bezogene, unterschiedliche Mitteilungserwartungen sinnhaft voneinander (vgl. O.c.: 307ff.).

So sind Individualmedien, wie Gestik/Mimik, Sprache und Schrift entstanden, die die unmittelbare Kommunikation von Kognitionen bei persönlicher Adressierung erleichtern und Formen wie Gestikulieren, Tanz, das Gesprochene oder das Geschriebene ausprägen (vgl. O.c.: 159ff.). Es haben sich Massenmedien gebildet, die mit Buchdruck, Rundfunk und Fernsehen in der Lage sind eine redundante und multiplikative Kommunikation mit dispersen Publika zu realisieren und die dabei Formen wie das Gedruckte oder Sendungen bilden (vgl. O.c.: 193ff.).

Schließlich konnte sich ein Typus von Aufmerksamkeitsmedium etablieren, dessen Charakteristikum der steuernde und gestaltende Eingriff in die Mitteilung selbst zum Zwecke einer medialen Interaktion ist. Diesen Typus möchte ich als „kybernetische Interaktionsmedien" benennen (vgl. O.c.: 251ff.). Das meint solche Aufmerksamkeitsmedien, zu deren konstitutiven Merkmalen es gehört, dass sie im Kommunikationsprozess gesteuert und gestaltet sowie selbst dabei als steuernd erfahren werden. Sie treten derzeit als Computer oder Computernetze in Erscheinung und bilden Formen wie Anwendungsprogramme, Chats, Soziale Netzwerke, Wikis, Blogs usw.

Wie die anderen Aufmerksamkeitsmedien und ihre Formen auch, so erlauben es die kybernetischen Interaktionsmedien, Sinn spezifisch einzugrenzen, d.h. spezifische Kommunikationserwartungen hinsichtlich des Umgangs mit ihnen, aber auch hinsichtlich der sozialen, sachlichen, zeitlichen und räumlichen Kommunikationsmöglichkeiten zu ermöglichen. Das dabei entstehende, sozial akzeptierte Sinnmuster interaktionsmedialer Kommunikation, die sich in spezifischen Normalitätserwartungen konkretisieren, zeichnet sich durch eine erhöhte Potentialität hinsichtlich des Eingriffs in die Mitteilung der Kommunikation aus (O.c.: 359ff.).

Die *Normalitätserwartungen* interaktionsmedialer Kommunikation lassen sich als Erwartungen der Entgrenzung ins Mögliche mittels Computierung beschreiben. Es entsteht damit ein charakteristischer Sinnhorizont der interaktionsmedialen Kommunikation, der sich als *Cyberspace*, als Matrix informationstechnisch ermöglichter Entgrenzungserwartungen beschreiben lässt (vgl. Thiedeke, 2004: 133ff.).

Virtualisierung als Prozess der Konkretisierung von Virtualität lässt sich vor diesem Hintergrund als eine interaktionsmedial begünstigte Entgrenzung von Potentialität ansprechen. Potentialität als Grundlage des Möglichen wird dabei von der Fiktionalität denkbarer Wirklichkeiten zu einem Panorama faktisch realisierbarer Wirklichkeiten erweitert. In diesem Prozess der Virtualisierung durch interaktionsmediale Kommunikation findet also die bereits angesprochene Vermöglichung der sozial kommunizierbaren Wirklichkeit statt.

Die Virtualisierung wird für uns in der Vermöglichung von Interaktionsbedingungen mit der Mitteilung der Kommunikation selbst real. Wir können diese verformen oder so formen, dass künstliche Kommunikationsumwelten entstehen, in denen wir uns z.B. miteinander oder mit technischen Kommunikationsteilnehmern treffen. Wir können Vergangenheiten rekonstruieren und Zukünfte simulieren, wir können Wissen abschätzen und Identitäten entwerfen. In Bezug auf die Interaktion mit den Kommunikationsformen der Medien überschreiten wir durch diesen synthetischen Zugang zur Wirklichkeit die Grenze der Rezeption. Wir erleben es demzufolge zunehmend als Normalität nicht mehr 'mit', sondern 'in' den Medien zu leben.

3 Weiße Elefanten für alle!

Der Blick auf den Sinnhorizont zeigt die gesellschaftlichen Konsequenzen der Vermöglichung durch interaktionsmediale Kommunikation. Man fragt sich allerdings, was das mit Elefanten, noch dazu mit weißen Elefanten zu tun haben könnte?

Zunächst ist festzuhalten, dass jedes gesellschaftlich etablierte Aufmerksamkeitsmedium nicht einfach nur Leistungen zur Kommunikation zur Verfügung stellt und somit einer Logik des Schneller, Mehr und Weiter folgt. Mit jedem Aufmerksamkeitsmedium und mit seinen Kapazitäten zur spezifischen Formung medialer Kommunikation prägt sich vielmehr ein eigener Sinnhorizont aus, den wir darin erleben, dass sich die Normalitätserwartungen unserer Kommunikation verändern.

Mit den Indiviudalmedien und ihren Formen wurde es normal, das Entstehen eines kollektiven – man sollte präzisieren und sagen, eines reflektiven – Gedächtnisses auszuprägen (vgl. Thiedeke, 2012: 321). Massenmedien und ihre Formen lassen es hingegen normal erscheinen, dass in einer Öffentlichkeit bzw. öffentlich kommuniziert wird (O.c.: 335). Bei den kybernetischen Interaktionsmedien schließlich wird es normal die Bedingungen der Kommunikationsumwelt, und das heißt nichts anderes, als die kommunizierbare Wirklichkeit selbst, gestaltend zu manipulieren – was sich im Sinnhorizont des Cyberspace verdichtet (O.c.: 366).

Mit dem Cyberspace werden somit nicht nur Erwartungen normal, andere gezielt und präzise adressieren zu können oder Informationsredundanzen für potentiell alle Kommunizierenden aufzubauen, sondern die Wirklichkeit bis hin zu unseren eigenen kommunizierbaren Identitäten, Personae und Körperbildern zu manipulieren. Zur Normalität des Cyberspace gehört die physische und physikalische Entgrenzung der Erwartungen in allen vier Sinndimensionen (Thiedeke, 2004: 133).

Soziale Identitäten sind profilierbar, die Kreuzung sozialer Kreise wird zur aktiven Steuerungsaufgabe, Themen sind kollaborativ zu entwickeln, Expertise diffundiert, Zeitebenen überlagern sich, biographische Entwicklungswege werden abgekürzt oder aufgelöst, Räume werden amorph oder mobil mit den Kommunizierenden verformt. Die Beispiele einer tiefgreifenden Vermöglichung all dessen, was wir meinen und begründet behaupten können ließen sich noch fortsetzen. Grundsätzlich ist festzustellen, dass sich mit der interaktionsmedialen Kommunikation ein Eindruck der Aufweichung von bisher als fest und unabänderlich erwarteten Begrenzungen durchsetzt, für manche Lebenserfahrungen in diesen Medien könnte man sogar von Omnipotenzwahrnehmungen sprechen (vgl. Kurz/Thiedeke, 2010: 181; Thiedeke, 2012: 294).

Bleiben noch die weißen Elefanten! Angelehnt an Rielkes Gedicht „Das Karusell" von 1906 in dem er ein Jahrmarktkarusell beschreibt, auf dem dann und wann ein weißer Elefant am Betrachter vorbeizieht und an den Vortrag „Dann und wann ein weißer Elefant" von Martin Rennert zur Erforschung der Ungewissheit, der 2011 anlässlich der Tagung „Exploring Uncertainity" der Rheinisch Westfälischen Technischen Hochschule Aachen gehalten wurde, kann man für die Orientierungssituation bei interaktionsmedialer Kommunikation davon ausgehen, dass wir uns heute bis hinein in alltägliche oder höchst private Lebenssituationen darauf einstellen müssen mit „weißen Elefanten" konfrontiert zu sein.

Die Metapher meint zunächst das Seltene und Außergewöhnliche, steht im englischen Sprachraum aber auch für Luxusprojekte, die aufwendig, aber wenig nützlich sind (vgl. Soanes/Stevenson, 2004). Wir könnten noch weiter sagen, in der Metapher von den weißen Elefanten bündelt sich das Überraschende, das nicht Erwartbare und Unsichere, das auf den ersten Blick nicht für einen eindeutigen Zweck in Dienst genommen werden kann.

Der Cyberspace konfrontiert uns nun in der Weise mit weißen Elefanten, dass wir begonnen haben, wie es der Medienphilosoph Vilém Flusser ausdrückte, in unserem Wirklichkeitsumgang von Daten (dem Gegebenen) zu Fakten (dem Gemachten) überzugehen (1998: 203). Wir sind also heute neben den Fragen der sachgerechten Funktion mehr und mehr mit Fragen des Designs und zwar des Designs der kommunizierbaren Wirklichkeiten und ihrer Schnittstellen befasst. Und noch weitergehend gesagt, wir selbst sind von der Virtualisierung nicht ausgenommen, längst hat sich unser Selbstbild durch die möglich gewordene Praxis der Vermöglichung vom „Subjekt" zum „Projekt" gewandelt – oder noch mal mit Flusser gesprochen: „Wir sind nicht mehr Subjekte einer gegebenen objektiven Welt, sondern Projekte von alternativen Welten." (O.c.: 213).

Der Cyberspace entgrenzt uns diese Designmöglichkeiten ins Omnipotente und zwingt uns damit eine Luxussituation an potentiellen Wahrscheinlichkeiten auf, in der wir Gestaltungspotentiale ebenso haben, wie wir uns behaupten müssen, um darin nicht verloren zu gehen. Wir kommunizieren ab sofort unwahrscheinliche Wahrscheinlichkeiten und faktische Möglichkeiten. Wir alle reiten weiße Elefanten!

Die weißen Elefanten haben sich somit multipliziert, das Überflüssige beginnt zum Flüssigen, der Luxus zur Notwendigkeit zu werden. Wir alle sind von der mit den Interaktionsmedien in den Alltag drängenden Virtualisierung herausgefordert, denn besonders dieser Medienwandel führt uns vor unser soziologisches Auge, dass wir ab jetzt zugleich in einer möglichkeitsreicheren aber auch voraussetzungsreicheren Sozialität leben.

Literatur

Flusser, Vilém (1998): *Medienkultur*. Stefan Bollmann (Hrsg.), Frankfurt/M.: Fischer.
Giesecke, Michael (1991): *Der Buchdruck in der frühen Neuzeit. Eine historische Fallstudie über die Durchsetzung neuer Informations- und Kommunikationstechnologien*. Frankfurt/M.: Suhrkamp.

Hofmann, Niklas (2012): *Spirale der Abhängigkeit. Klassische Medien vs. Facebook und Co.* In: *Süddeutsche.de*. 06. April 2012: http://www.sueddeutsche.de/medien/klassische-medien-vs-facebook-und-co-spirale-der-abhaengigkeit-1.1326595

Kurz, Constanze; Thiedeke, Udo (2010): *Picknick mit Cyborgs. Ein interdisziplinäres Gespräch über die alltägliche Vernetzung.* München: Grin.

Luhmann, Niklas (1984): *Soziale Systeme. Grundriß einer allgemeinen Theorie.* Frankfurt/M.: Suhrkamp.

Schelhowe, Heidi (1997): *Das Medium aus der Maschine. Zur Metamorphose des Computers.* Frankfurt/New York: Campus.

Snow, Charles Percy (1959): *The two cultures and the scientific revolution.* Rede Lecture, New York: Cambridge University Press.

Soanes, Catherine; Stevenson, Angus (2004): *The Concise Oxford Dictionary.* Oxford: Oxford University Press.

Thiedeke, Udo (2004): *Cyberspace: die Matrix der Erwartungen.* In: Ders. (Hrsg.): *Soziologie des Cyberspace. Medien, Strukturen und Semantiken.* Wiesbaden: VS, S. 121-143.

Thiedeke, Udo (2007): *Trust but test! Das Vertrauen in virtuellen Gemeinschaften.* Konstanz: UVK.

Thiedeke, Udo (2010): *Von der „kalifornischen Ideologie" zur „Folksonomy" – die Entwicklung der Internetkultur.* In: Petra Grell, Winfried Marotzki, Heidi Schelhowe (Hrsg.): *Neue digitale Kultur- und Bildungsräume.* Wiesbaden: VS, S. 51-60.

Thiedeke, Udo (2012): *Soziologie der Kommunikationsmedien. Medien Formen – Erwartungen.* Wiesbaden: Springer VS.

Weber, Max (1972): *Wirtschaft und Gesellschaft. Grundriß der verstehenden Soziologie.* 5. Aufl., Tübingen: Mohr Siebeck.

„Auf jedem Schiff, ob's dampft, ob's segelt, gibt's (mindestens) einen, der die Sache regelt"
Führung, Macht und Einfluss in virtuellen Netzwerken

Henning Staar[*]

Abstract

Aufgrund der stetig zunehmenden Relevanz virtueller Kooperationen in der beruflichen Praxis werden Fragen nach Möglichkeiten der personalen Steuerung und Führung in dieser neuen Organisationsform durch die beteiligten Akteure bedeutsam. Hier ist aus arbeits- und organisationspsychologischer Perspektive zu klären, wie in oft räumlich und zeitlich getrennten, über verschiedene Informations- und Kommunikationstechnologien vermittelten und in überwiegend heterarchisch organisierten Formen der Zusammenarbeit Entscheidungen getroffen, Ziele realisiert und Anliegen der einzelnen Partner durchgesetzt werden. Im Rahmen des vorliegenden Beitrags wird Mikropolitik als organisationstheoretisches Führungskonzept auf den Kontext zwischenbetrieblicher, virtueller Netzwerke übertragen (vgl. zusammenfassend Winkler, 2004, 2007). Auf dieser theoretischen Grundlage wurde ein Inventar zur Erfassung mikropolitischer Taktiken in virtuellen Netzwerken entwickelt und in mehreren empirischen Studien eingesetzt. Ausgewählte Ergebnisse aus verschiedenen Studien werden präsentiert, die zum Verständnis von mikropolitischem Verhalten als Möglichkeit personaler Führung in virtuellen Netzwerken beitragen können.

---

[*] Prof. Dr. phil. Henning Staar | henning.staar@bits-iserlohn.de
BiTS Business and Information Technology School Iserlohn |
Fachbereich Wirtschaftspsychologie

1 Neue Formen der (Zusammen-)Arbeit: Virtuelle Netzwerke

Die globale Arbeitswelt befindet sich im Umbruch. Vor allem im letzten Jahrzehnt haben die stetig voranschreitende Dezentralisierung und Internationalisierung von Unternehmen sowie die zunehmende Verbreitung von Informations- und Kommunikationstechnologien (IuK) zu erheblichen Um- bzw. Neugestaltungen von beruflichen Arbeitsprozessen geführt. So lösen sich traditionelle Unternehmensstrukturen und -grenzen immer stärker zugunsten symbiotischer organisationsübergreifender Netzwerke zwischen externen Partnern (vgl. z.B. Hoyos & Frey, 1999; Travica, 2005). Dabei ermöglicht die steigende Virtualisierung von Geschäftsprozessen durch den Einsatz vielfältiger Technologien eine dynamische Vernetzung der beteiligten Akteure: Aufgabenbewältigung und Koordination der Aktivitäten finden in der Folge nicht mehr in statischen vordefinierten Strukturen statt, sondern als problembezogene, dynamische Verknüpfung realer Ressourcen zur Bewältigung konkreter Aufgabenstellungen (Picot, Reichwald & Wigand, 2003, S. 420). Die beteiligten Personen arbeiten nach einem „anytime-anyplace-Prinzip" (Offelmann & Zülch, 2006, S. 118) häufig an ganz unterschiedlichen geografischen Standorten (z.B. auch im Home-Office, von unterwegs oder vor Ort beim Kunden). Die Zusammenarbeit und Koordination der beteiligten Akteure wird dabei zu einem großen Teil oder vollständig durch eine Reihe verschiedener Informations- und Kommunikationstechnologien wie z.B. Email, Videokonferenzsysteme, elektronische Kalendersysteme, Online-Datenbanksysteme oder Groupware-Systeme ermöglicht (Schaper, 2011). Mittlerweile sind virtualisierte Unternehmen sowie der daran geknüpfte Einsatz von IuK keinesfalls mehr auf die IT-Branche begrenzt (ebd.). Branchenübergreifend werden Produkte und Dienstleistungen unter Einsatz computervermittelter Kommunikation und Koordination, und damit räumlich und zeitlich getrennt, erbracht. Zentrale Vorteile dieser virtualisierten Geschäftsprozesse sind sicherlich eine hohe Flexibilität sowie eine effektivere Nutzung von Ressourcen und Spezialisten. Insbesondere Freiberufler sowie kleine und mittelständische Unternehmen (KMUs) sind zur Sicherung der eigenen Wettbewerbsfähigkeit und um dem steigenden Konkurrenzdruck standhalten zu können, vermehrt darauf angewiesen, in virtuellen Netzwerkverbünden mit anderen Partnerunternehmen zu agieren (Pouly, Monnier & Bertschi, 2005). Mit dieser Lösung von klassischen intra-organisationalen Strukturen ändern sich neben den Anforderungen an die Gestaltung solcher virtueller Netzwerke auch die Anforderungen an die beteiligten Akteure selbst. Durch eine räumlich und zeitlich verteilte, IuK-gestützte Koordination der Aktivitäten und damit einhergehende reduzierte Kopräsenz der beteiligten Akteure werden Fragen nach personalen Steuerungs- und Führungsmöglichkeiten im Kontext dieser neuen Organisationsform relevant. Hier ist zu untersuchen, wie in einer immer weniger entlang der üblichen hierarchischen

Linien ablaufenden und wenig formalisierten Zusammenarbeit im Netzwerkverbund Entscheidungen getroffen, Ziele realisiert und Anliegen der einzelnen Partner durchgesetzt werden. Der im vorliegenden Beitrag gewählte Ansatz widmet sich dieser Frage aus mikropolitischer Perspektive. Diese rückt die individuellen Interessen sowie die sozialen Aushandlungsprozesse der beteiligten Personen im virtuellen Netzwerk in den Fokus (vgl. Winkler, 2004, 2007) und verweist auf das taktische Verhalten der handelnden Akteure (vgl. Blickle, 2004; Elron & Vigoda-Gadot, 2006). Insbesondere die typischen Charakteristika virtueller Netzwerke – wie eine fehlende formale hierarchische Ordnung, eine vergleichsweise hohe Autonomie der Akteure in der Gestaltung der Zusammenarbeit sowie eine Betonung sozialer Austauschprozesse – lassen den mikropolitischen Zugang als vielversprechenden Ansatz erscheinen, um personale Führungs- und Einflusswirkung in virtuellen Netzwerken zu beschreiben.

2 Begriffsklärung

Der Begriff des virtuellen Netzwerks[1] wird auf eine Vielzahl unterschiedlicher Organisationsformen angewendet, denen eine netzwerkartige Struktur zugrunde liegt (vgl. z.B. Travica, 2005). Obgleich die Bezeichnung in der Literatur sehr uneinheitlich verwendet wird, stimmen die meisten Definition darin überein, dass virtuelle Netzwerke „eine Kooperationsform rechtlich unabhängiger Unternehmen, Institutionen und Einzelpersonen, die eine Leistung auf der Basis eines gemeinsamen Geschäftsinteresses erbringen" (Arnold, Faisst, Härtling & Sieber, 1995, S. 8), darstellen. Das zentrale Antriebsmoment der beteiligten Partner ist dabei die Verwirklichung von Synergieeffekten (Winkler, 2006). An dieser Stelle ist bereits auf die Doppeldeutigkeit des Begriffs „virtuell" einzugehen (Senst, 2001). Zum einen zielt er – im Sinne eines nur scheinbaren, nicht wirklich vorhandenen Objekts – auf den problemspezifischen, flexiblen Zusammenschluss unabhängiger Partner, welcher dem Kunden gegenüber einheitlich auftritt, aber eben nicht „wirklich" vorhanden ist (Scholz, 1999). Dies ist ein grundlegendes Merkmal virtueller Netzwerke. Zum anderen beschreibt „virtuell" die aufgrund der räumlichen Trennung oft notwendige, informationstechnische Unterstützung in der vernetzten Zusammenarbeit (Sydow, 1996, 2001). Dieser Aspekt virtuell (also unter Einsatz von IuK-Technologien) vermittelter Kommunikation und Koordination gemeinsamer Aktivitäten wird im folgenden Abschnitt als ein wesentliches Charakteristikum virtueller Netzwerke eingeführt und in Bezug auf damit einhergehende Herausforderungen für die Akteure, Einflusswirkung im

---

1 Die Begriffe „virtuelles Netzwerk", „virtuelles Unternehmen", „virtuelle Organisation" und „inter-organisationales Netzwerk" werden im vorliegenden Beitrag synonym verwendet.

Netz zu erlangen, diskutiert. Nach Winkler (2006) zeichnen sich solche Kooperationen neben der beschriebenen Virtualität durch eine freiwillige Mitgliedschaft der Netzwerkteilnehmer, die Existenz gemeinsamer Ziele, eher informelle Strukturen sowie das Fehlen einer zentralen Führungsinstanz aus. Letzteres gilt insbesondere für horizontale, also auf derselben Wertschöpfungsstufe agierende, Netzwerkkooperationen, die im Wesentlichen durch eine dezentrale und polyzentrische Steuerung, die durch Verhandlungen, Kompromisse sowie gemeinsame Entscheidungen der Akteure gekennzeichnet ist, charakterisiert werden (ebd.).

3 Herausforderungen für die beteiligten Akteure in virtuellen Kooperationen

Aufbauend auf die oben beschriebenen Charakteristika virtueller Netzwerke ist zu klären, inwiefern sich die (Zusammen-)Arbeit in dieser neuen Organisationsform vom herkömmlichen intra-organisationalen Kontext unterscheidet bzw. welche speziellen Herausforderungen damit einhergehen (vgl. Offelmann & Zülch, 2006). In klassischen Unternehmen sind die Interaktionsbeziehungen zwischen den handelnden Akteuren sowie die Strukturen, Normen und Werte, auf die diese sich beziehen können, weitestgehend etabliert (Winkler, 2006, S. 52). Diese formalen Strukturen existieren und wirken dabei mit informellen Momenten. Nach Wetzel, Aderhold und Baitsch (2001) stellen Netzwerke im Vergleich dazu eine ganz „eigene Qualität menschlichen Zusammenlebens und Arbeitens dar" (S. 22). So unterliegt in inter-organisationalen Netzwerken die Formalisierung und Programmierung von Entscheidungs-, Kommunikations- und Handlungsprozessen nur teilweise aktiver Planung und Kontrolle (Wetzel, Aderhold & Baitsch, 2001; Winkler, 2006). Vielmehr etablieren sich diese Strukturen, Normen und Werte erst im Verlauf der Zusammenarbeit. Dabei entwickelt sich vornehmlich eine informelle Struktur, die ggf. durch formale Elemente ergänzt wird (z.B. formale Führungs- und Steuerungsinstanzen wie Netzwerkmanager oder Koordinatoren). Wie oben dargestellt, sind horizontale Netzwerke im Vergleich zu konventionellen Unternehmen oftmals gerade durch eine schwach ausgeprägte Hierarchie bzw. durch eine polyzentrische Organisation (Entscheidungen werden dezentral von mehreren Mitgliedern getroffen) charakterisiert (Sydow & Winand, 1998).

Ein weiterer wesentlicher Unterschied zu klassischen Organisationen bezieht sich in vielen Fällen auf die Art und Weise der Kommunikation und Koordination der Zusammenarbeit. Wie bereits beschrieben wurde, bestehen im zwischenbetrieblichen Austausch häufig vergleichsweise geringe Möglichkeiten eines regelmäßigen face-to-face-Kontakts (Schick, 2005; Schuh, Friedli & Kurr,

2005). Vielmehr verläuft die Koordination der wechselseitigen Aktivitäten in Netzwerken räumlich und zeitlich oft voneinander getrennt und ist somit an eine mehr oder minder intensive Nutzung multimedialer Informations-, Kommunikations- und Kooperationssysteme gekoppelt (Merkle, 1996; Finck & Janneck, 2008). Insofern als die Intensität der IuK-Nutzung gradueller Natur ist, können im Kontext virtueller Netzwerke schwächere und stärkere Formen computervermittelter Zusammenarbeit unterschieden werden (Griffith & Neale, 1999). Während bei ersteren vergleichsweise niedrigschwellige Mediennutzung bzw. häufiger face-to-face-Kontakt charakteristisch ist, bilden IuK-Technologien bei letzteren das „Nervensystem" der virtuellen Zusammenarbeit (Reichwald, Möslein, Sachenbacher & Englberger, 1998). Eine zentrale Herausforderung für die beteiligten Akteure, die mit der computervermittelten Kommunikation und Koordination einhergeht, ist die Herstellung von Awareness: Allgemein beschreibt Awareness die Wahrnehmung der Präsenz und Aktivitäten von Akteuren in einem gemeinsamen Arbeitskontext im Rahmen kooperativer Arbeit (Dourish & Bellotti, 1992, S. 107). Das Erfassen und Verstehen der Aktivitäten anderer als auch das Sichtbarmachen eigener Beiträge ist sicherlich als elementarer Bestandteil jedweder interpersonaler Zusammenarbeit zu sehen (Berlage & Sohlenkamp, 1999). Wenn Kooperation allerdings räumlich und zeitlich verteilt stattfindet, bestehen besondere Herausforderungen an die Beteiligten: Im Vergleich zu traditionelleren (innerbetrieblichen) face-to-face-Settings sind in virtuell organisierten Netzwerkverbünden häufig die Sichtbarkeit individueller Beiträge und Leistungen und damit die Interpretations- und Adaptionsprozesse aufgrund mangelnder Kontextwahrnehmung erschwert. Diese daraus resultierende Anonymität von Prozessen und Beiträgen in vernetzten Bezügen impliziert bereits die Notwendigkeit der digitalen Substitution des Kommunikations- und Kooperationsverhaltens der Netzwerkmitglieder, um die Aktivitäten anderer Kooperationspartner zu erfassen und eigene Leistungen sichtbar zu machen („knowing what is going on", Endsley, 1995, S. 36). So entsteht ein Beziehungsgeflecht zwischen den beteiligten Akteuren, das mittels Reaktionen und Aktionen auf sichtbare Handlungen und Ereignisse gesteuert und beeinflusst wird (vgl. Winkler, 2007). Gleichzeitig wächst damit die Anforderung, nicht nur mit den im Netzwerk verwendeten IuK-Technologien kompetent umgehen zu können, sondern auch prinzipiell unmissverständlich und klar kommunizieren zu können. Das typische Setting virtueller Kooperationen beeinflusst nicht nur die Kommunikation, sondern prägt gleichzeitig auch die Möglichkeiten und Grenzen vernetzter Zusammenarbeit allgemein: So werden durch die vergleichsweise hohe Anonymität sowie fehlende face-to-face-Bezüge inter-individuelle Interaktionsbeziehungen in virtuellen Netzwerken als vergleichsweise unsicher (z.B. in Bezug auf Ziele, Interessen, Dauer und Ergebnis der Zusammenarbeit) und mehrdeutig (z.B. in Bezug auf anerkannte Verhaltensweisen und Formen der Interaktion, Beurteilungsmaßstäbe) charakterisiert (Winkler, 2006): "Role ambiguity is high, relationships shift, and action cannot always be predicted with a high degree of certainty". (Shamir, 1999, S. 56). Folglich gehen mit dieser Art der Zusammenarbeit oftmals „eher unklare Zuständigkeiten, ungeregelte Kommunikationswege, ungeplante Abhängigkeiten und Ambiguitäten, ungewollte Verunsicherungen etc. einher" (Sydow, 2010, S. 364). In der Regel werden in solchen Netzwerkkooperationen Handlungen und Entscheidungen der beteiligten Partner zudem nicht durch „feste Stellenbeschreibungen und formalisierte Abläufe" (Wetzel, Aderhold & Baitsch, 2001, S. 23) gesteuert. Stattdessen findet, wie oben bereits beschrieben, die Festlegung von gemeinsamen Zielen als Aushandlungsprozess unter der Beteiligung vieler statt. Die Zielaushandlung erfolgt dabei auf Grundlage der unterschiedlichen, mit der Mitgliedschaft verbundenen Interessen der beteiligten Akteure. Hinsichtlich der Ausrichtung von Zielen ist zum einen davon auszugehen, dass auch gemeinsame Ziele mit der vernetzten Zusammenarbeit erreicht werden sollen (vgl. Staar, 2010). Zum anderen betonen einige Autoren, dass daneben auch unterschiedliche Ziel- und Interessenlagen der beteiligten Partner die Regel sind (z.B. Elron & Vigoda, 2003; Elron & Vigoda-Gadot, 2006, Huxham & Beech, 2008). Aufgrund der prinzipiell polyzentrischen Organisation in Netzwerken existiert häufig jedoch kein dauerhaft machtvolles Element, das die individuellen Interessen der einzelnen Akteure kollektiven Zielen unterzuordnen im Stande ist (Winkler, 2006). Weiterhin lässt sich im klassischen Unternehmenskontext die Art der Zusammenarbeit durch die ausschließliche Zugehörigkeit zur selben Institution im weitesten Sinne als kooperativ, räumlich und zeitlich festgelegt sowie vertraglich gebunden (z.B. durch Arbeitsverträge) charakterisieren (ebd.). In vernetzten Kooperationen existieren zwischen den beteiligten Akteuren hingegen häufig nur geringe vertragliche Bindungen. Somit haben die Netzwerkakteure vergleichsweise hohe Handlungs- und Entscheidungsspielräume in der Art und Weise, wie die Zusammenarbeit konkret gestaltet wird, Interessen eingebracht, Entscheidungen getroffen und gemeinsames zielgerichtetes und erfolgreiches Arbeiten ermöglicht werden (Sydow, 2010; Wetzel, Aderhold & Baitsch, 2001). Schließlich werden in horizontalen Netzwerken die Knoten häufig von Personen bzw. Organisationen gebildet, die neben dem Engagement im Kooperationsverbund gleichzeitig als individuelle Wettbewerber auf dem Markt agieren. Entsprechend besteht in virtuellen Netzwerken also häufig eine Dualität von Kooperation und Konkurrenz („coopetition"; Brandenburger & Nalebuff, 1997).

4 Personale Führung in virtuellen Netzwerken

Führer- und Geführtenrollen ergeben sich in intra-organisationalen Bezügen aus der Position im Stellengefüge des Unternehmens und sind insofern zumindest teilweise an die formale Hierarchie gebunden. Damit wirken sie als formale Machtstrukturen und -ressourcen. Obgleich sich „gelebte" Führung in Unternehmen zuweilen anders darstellt als formal geplant (z.B. durch „laterale Führung" oder „Führung von unten"; Wunderer, 1991, 1992), wirkt die formale Festlegung von Rollen und Aufgaben im Interaktionsprozess (Winkler, 2006). Demgegenüber basieren inter-organisationale Netzwerke überwiegend auf keiner formalen hierarchischen Ordnung, die das Verhalten der beteiligten Akteure steuert und regelt: "In contrast to more traditional face-to-face settings, leadership in virtual contexts is less contingent on hierarchical structures and the leader's level of formal power" (Sutanto, Tan, Battistini & Phang, 2011, S. 422). Folglich sind auch Führungsrollen und -aufgaben nicht a priori festgelegt, sondern entwickeln sich vielmehr im Formations- und Organisationsprozess der Zusammenarbeit aus dem Beziehungsgeflecht der beteiligten Personen im Netzwerk (Offelmann & Zülch, 2006, Windeler, 2001). Entsprechend stark wird häufig die Rolle informeller personaler Führung in der Netzwerkliteratur betont (z.B. Huxham & Vangen, 2001; Pearce, Yoo & Alavi, 2004; Sydow, 2010; Yoo & Alavi, 2004). Es liegen allerdings bislang nur wenige theoretische und empirische Beiträge vor, die sich explizit aus akteursfokussierter Perspektive bzw. mit personaler Führung in dezentral organisierten Netzwerken beschäftigen (vgl. Shamir, 1999; Sydow, 2010; Winkler, 2004, 2007). Entsprechend fehlt es auch an methodischen Zugängen, um das informelle Verhalten der handelnden Akteure abzubilden. Angesichts der sparsamen Befundlage konstatiert Sydow (1999) zusammenfassend: „Obwohl Netzwerkorganisationen heute in aller Munde sind, ist bislang ungeklärt, was personale Führung in Netzwerken heißt und für Netzwerke bedeutet" (S. 279). Dass durch den Autor auch knapp zehn Jahre nach dieser Feststellung Führungsprozesse in vernetzten Kooperationen noch immer als „blinder Fleck" (Sydow & Zeichhardt, 2008, S. 157) nicht nur der Führungs-, sondern auch der Netzwerkforschung und Managementpraxis bezeichnet werden, verdeutlichen den weiterhin unzureichenden Stand der Forschung zu diesem Thema.

Neben der fehlenden formalen hierarchischen Ordnung und der polyzentrischen Organisation bestehen – vor allem, wenn Kooperation wie in Netzwerken räumlich und zeitlich verteilt stattfindet – weitere besondere Herausforderungen in Bezug auf die Möglichkeiten personaler Führungs- und Einflusswirkung. Wie oben beschrieben, sind im Vergleich zu traditionelleren (innerbetrieblichen) face-to-face-Settings in virtuellen Netzwerken häufig die Sichtbarkeit individueller Beiträge und Leistungen und damit die wechselseitigen Steuerungs- und Kontrollprozesse aufgrund mangelnder Kontextwahrnehmung erschwert. Diese daraus resultierende Anonymität von Prozessen und Beiträgen in vernetzten Bezügen erfordert eine zielgerichtete, digitale Substitution der Kommunikation und Koordination der Netzwerkmitglieder, um Awareness herzustellen, d.h. die Aktivitäten anderer Kooperationspartner zu erfassen und eigene Leistungen sichtbar zu machen (Endsley, 1995). Eine wesentliche Grundvoraussetzung personaler Führerschaft in virtuellen Netzwerken besteht also in der computervermittelten Überwindung räumlicher und zeitlicher Distanzen, um diese Unsicherheitsbereiche zu reduzieren (vgl. Scherm & Süß, 2000).

Aufgrund der besonderen Voraussetzungen – der geringe Grad an Formalisierung und Hierarchie, der häufig räumlich und zeitlich getrennte, IuK-vermittelte Austausch sowie das Spannungsfeld von Kooperation und Wettbewerb und damit verbundene divergierende Interessen und Ziele – kann davon ausgegangen werden, dass sich personale Führung in virtuellen Netzwerken erheblich von Führung im „klassischen" Unternehmenskontext unterscheidet. So sind für die Organisation der Akteursbeziehungen in Netzwerken wiederholte Kommunikations-, Entscheidungs- und Verhandlungsprozesse notwendig (Winkler, 2006), welche durch eine wechselseitige Abstimmung zwischen den beteiligten Akteuren geschehen. In der Netzwerkliteratur wird in der Regel davon ausgegangen, dass die Herausbildung von Kommunikations-, Entscheidungs- und Verhandlungs- und damit Führungsstrukturen machtdominiert ist (ebd.). Aufgrund der polyzentrischen Organisation als zentrales Merkmal horizontaler Netzwerke (Sydow, 2010) lässt sich dabei jedes einzelne Mitglied im Netzwerk grundsätzlich als eigenes informelles Einfluss- und Entscheidungszentrum betrachten, wobei die Akteure wechselseitig voneinander abhängig sind (Winkler, 2007). Mit diesem Fokus auf die individuellen Interessen sowie die sozialen Aushandlungsprozesse der beteiligten Personen in virtuellen Netzwerken wird eine mikropolitische Perspektive eingenommen: Das in der intraorganisationalen Forschung etablierte Führungskonzept Mikropolitik kann definiert werden als „der alltägliche Gebrauch von Macht, um organisationale Ordnungen im eigenen Interesse zu gestalten" (Neuberger, 1996, S. 66) und beschreibt damit den Versuch, informell auf soziale Strukturen und menschliche Verhältnisse gestaltenden Einfluss zu nehmen. Ziel von Mikropolitik ist es, „Optionen zu sichern, Interessen zu realisieren, Erfolg zu haben" (Dörrenbächer, 2006, S. 123). Daran anschließend kann auch personale Führung in Netzwerken als mikropolitischer Prozess verstanden werden, in dem sich informelle Dominanzstrukturen wie Führungs- und andere Rollen – also „die netzinterne ‚Hackordnung'" (Reiß, 1998, S. 225) – zwischen den Akteuren über Machtspiele herausbilden (Vangen & Huxham, 2003, 2006). Da Hierarchie als formale Machtquelle fehlt, stellt sich die Frage, welche Machtquellen bzw. welche Mechanismen und Praktiken auf der konkreten Verhaltensebene relevant sind, um Einflusswirkung ausüben zu können.

4.1 Möglichkeiten der Einflussnahme in virtuellen Netzwerken

Wie beschrieben wurde, können sich die handelnden Akteure nur in geringem Maße auf formale Autoritäts-, Steuerungs- und Kontrollstrukturen berufen, sondern müssen sich anderer, informeller Mechanismen und Praktiken bedienen, um Einflusswirkung ausüben zu können (Winkler, 2006). Welche Machtquellen und Möglichkeiten der Beeinflussung stehen den handelnden Akteuren in virtuellen Netzwerken in Abwesenheit formaler (hierarchischer) Machtquellen (vgl. Crozier & Friedberg, 1979) nun zur Verfügung? In der Netzwerkliteratur werden nach Winkler (2006) vornehmlich drei zentrale Quellen von Macht diskutiert: Erstens können aus dem Zugang zu bzw. der Kontrolle über für andere Netzwerkakteure relevante Ressourcen Abhängigkeiten und somit Machtunterschiede im Netzwerk entstehen (Reiß, 1998; Wetzel, Aderhold & Baitsch, 2001; Winkler, 2006). Diese personengebundenen Ressourcen sind je nach Art und Ausrichtung des Netzwerks unterschiedlich und können sowohl materieller (z.B. Geld) als auch immaterieller Natur (z.B. Wissen) sein. Insbesondere die Experten- oder Informationsmacht, also das Verfügen über bestimmte Kernkompetenzen oder der exklusive Zugang zu Informationen, werden als relevante Machtquellen in Netzwerken betont (vgl. French & Raven, 1959). So spielt auch der exklusive Zugang zu bzw. der kompetente Umgang mit den im virtuellen Netzwerk verwendeten IuK-Technologien eine wesentliche Rolle beim Auf- und Ausbau von Macht. Insofern als zwischen verschiedenen Netzwerkakteuren häufig erhebliche Unterschiede in der Nutzungskompetenz und im Umgang mit den IuK-Technologien bestehen, erscheinen Auswirkungen auf die interindividuelle Macht- und Einflussstruktur des Netzwerks durchaus wahrscheinlich (vgl. Ferris, Perrewé, Anthony & Gilmore, 2000). Zweitens wird, in Anlehnung an die soziale Netzwerkanalyse (vgl. Wasserman & Faust, 1994) und die strategische Organisationsanalyse von Crozier und Friedberg (1979), die Position im Beziehungsgeflecht des Netzwerkes als Machtquelle interpretiert (vgl. z.B. Boje & Whetten, 1981; Brass & Burkhardt, 1992; Mizruchi & Potts, 1998). Beispielsweise ist Zentralität „as a measure of how closely he or she 'belongs' to a virtual group" (Ahuja, Galletta & Carley, 2003, S. 24) unmittelbar mit der Möglichkeit assoziiert, Zugang zu relevanten Ressourcen zu erhalten und damit Macht im Netzwerkverbund auszuüben (Winkler, 2006). Je zentraler die Netzwerkposition eines Akteurs, desto größer ist sein Einfluss bei der Entscheidungsfindung und Problemlösung (ebd.) und desto erfolgreicher können die Erwartungen und Normen der anderen Beteiligten identifiziert sowie das eigene Handeln darauf ausgerichtet werden (Ahuja, Galletta & Carley, 2003). Nach Sutanto et al. (2011) wird Zentralität als Machtquelle vor allem in wenig formalisierten, virtuellen Strukturen relevant, da die über IuK-Technologien vermittelten Austauschprozesse die Wahrnehmung personaler Führerschaft maßgeblich mitbestimmen. Drittens wird neben diesen aus dem Strukturgefüge des Netzwerks resultierenden Machtquellen vor allem das konkrete Verhalten der Akteure als potenzielle Machtquelle hervorgehoben. Solch eine personale Macht verweist auf das mikropolitisch-taktische Verhalten der Individuen oder auf Eigenschaften und Kompetenzen der handelnden Akteure. Nach Rastetter (2009) wird Macht als Beziehungsphänomen erst greifbar, wenn man sich der Ebene der Handlungen und damit der Einflusstaktiken zuwendet: „Hier wird Macht konkret, sie wird aufgebaut, ausgebaut und genutzt" (Rastetter, 2009, S. 3). Somit wird Macht bei der rekursiven Stabilisierung der Netzwerkkooperation nicht nur durch die Kontrolle über relevante Ressourcen, sondern auch durch den strategischen Gebrauch von Deutungsschema und Normen sowie über Sets von Regeln der Sinnkonstitution ausgeübt (Winkler, 2006, S. 62). Gleichsam wird durch das Zitat von Rastetter deutlich, dass die genannten Machtquellen nicht voneinander unabhängig sind. Vielmehr widmet sich mikropolitisch-taktisches Verhalten als zentrale Kategorie dem Auf- und Ausbau von Ressourcen bzw. einer günstigen Position im Netzwerk und nutzt diese wiederum zur rekursiven Stabilisierung der eigenen Einflusswirkung (ebd.).

4.2 Mikropolitisches Verhalten als zentrale Form informeller Einflussnahme in virtuellen Netzwerken

Nach Obring (1992) werden Entscheidungen in Netzwerken in mikropolitischen Aushandlungs- und wechselseitigen Beeinflussungsprozessen zwischen mehreren Akteuren gefällt, wobei die beteiligten Personen versuchen, Interessen zu realisieren und Entscheidungen in die für sie günstige Richtung zu leiten (Stevenson & Greenberg, 2000; Windeler, 2001). In diesem Sinne beschreibt Feyerherm (1994) in Anlehnung an Burns (1962) Führung in Netzwerken als eine Art „Einflussnetz" ("network of influence"), an welchem die Akteure der gemeinsamen Kooperation zu unterschiedlichem Maße beteiligt sind (Feyerherm, 1994, S. 260). Die Existenz divergierender Ziele und Interessen der beteiligten Akteure bildet hier ein Element des mikropolitischen Spielraums im Verbund: „Versuche, andere Akteure zu beeinflussen und eine dominante Stellung im Beziehungsgeflecht des Netzwerkes zu erlangen, sind Verhaltensweisen, welche die Umsetzung eigener Ziele unterstützen sollen" (Winkler, 2006, S. 65). Ausgehend von dieser Perspektive interessengeleiteter Akteure soll Mikropolitik – „die Politik im Kleinen" (Brüggemeier & Felsch, 1992, S. 133) – als organisationstheoretisches Konzept auf den Kontext zwischenbetrieblicher, vornehmlich virtuell agierender Netzwerke übertragen und als Möglichkeit personaler Führung in solchen Verbünden untersucht werden.

5 Mikropolitische Taktiken in virtuellen Netzwerken: Ergebnisse aus dem krea.nets-Projekt[2]

Ein Großteil der mikropolitischen Forschung in klassischen Unternehmenskontexten widmet sich seit jeher der How-to-do-it-Frage (Neuberger, 2006, S. 86). Ziel des Forschungsinteresses ist hier vor allem die Identifizierung und kategoriale Ordnung von Taktiken, mit denen Akteure versuchen, ihre Interessen im organisationalen Kontext durchzusetzen. Mittlerweile scheint sich die Lage in Bezug auf Anzahl und Inhalt verschiedener Taktiken in traditionellen organisationalen Kontexten weitestgehend konsolidiert zu haben. Die Frage, wie (und mit welchem Erfolg) individuelle Akteure in virtuellen Netzwerken mikropolitisch vorgehen, um Interessen durchzusetzen, ist hingehen noch relativ neu. Die bislang einzige empirische Überprüfung der Übertragbarkeit von Taktiken auf den Kontext virtueller Netzwerke basiert auf einer krea.nets-Interviewstudie von Janneck und Staar (2011), in der Freiberufler und Repräsentanten verschiedener horizontaler virtueller Netzwerke unterschiedlicher Branchen anhand von critical incidents Aussagen darüber machen sollten, welche Hebel und Techniken sie und/oder ihre Partner einsetzen würden, um bestimmte Anliegen im Netzwerk erfolgreich durchzubringen. Insgesamt wurden 15 Interviews mit vernetzten Freiberuflern und Repräsentanten virtueller Organisationen aus verschiedenen Branchen geführt. Sämtliche Interviews wurden aufgezeichnet, unter Einhaltung vorher festgelegter Transkriptionsregeln transkribiert, im Textanalyseprogramm MaxQDA aufbereitet und in der Folge inhaltsanalytisch ausgewertet. Als Ergebnis der inhaltsanalytischen Auswertung konnten sowohl verschiedene, aus dem intra-organisationalen Kontext bekannte mikropolitischen Taktiken (1.-5.; vgl. Blickle 2004) als auch vier induktiv aus dem Datenmaterial abgeleitete, netzwerkspezifische Taktiken (6.-9.) identifiziert werden.

Auf die qualitativen Ergebnisse aufbauend wurde ein Fragebogeninstrument mit den neun, in Tabelle 1 abgebildeten Taktiken entwickelt (Janneck & Staar, 2011; Staar & Janneck, 2011). Insbesondere die vier induktiv formulierten Taktiken nehmen dabei auf den vernetzten bzw. virtuellen Kontext Bezug (Janneck & Staar, 2012, S. 212):

---

[2] Der folgende Abschnitt 5 gründet sich im Wesentlichen auf den Beitrag von Janneck und Staar (2012, S. 211ff.).

Tabelle 1: Mikropolitische Taktiken in virtuellen Netzwerken (Janneck & Staar, 2011, 2012)

Sachlichkeit	Mit Wissen oder Kenntnissen die eigene Position stützen; sich vor Aushandlungen Informationen besorgen *(z.B. „Um den Netzwerkkollegen von meiner Position zu überzeugen, versuche ich rational zu argumentieren")*
Assertivität	Fordern; Druck auf die Netzwerkpartner ausüben; eigenmächtig entscheiden *(z.B. „Um meine Vorstellungen durchzubringen, gehe ich auch offene Konfrontationen mit dem Netzwerkpartner ein")*
Inspirieren Anderer	Den „Netzwerkgedanken" bei den Partnern beschwören, um Unterstützung zu bekommen *(z.B. „Ich betone gegenüber meinem Netzwerkpartner, dass wir alle am selben Strang ziehen müssen, um erfolgreich zu sein")*
Selbstdarstellung	Erfolg des eigenen Unternehmens betonen; eigene Beiträge im Netzwerk loben *(z.B. „Damit meine Vorstellungen berücksichtigt werden, weise ich auf meine Kompetenzen und/oder Erfahrungen in dem Bereich hin")*
Tauschhandel	In Aushandlungen den Nutzen für die Netzwerkpartner sichtbar machen; an Gefallen erinnern *(z.B. „Um die Unterstützung des Netzwerkpartners zu bekommen, kündige ich an, mich an anderer Stelle dafür zu revanchieren")*
Visibilität	Frequentiertes Sich Zeigen im Netzwerk; „im Bilde sein"; „sich möglichst oft über IuK-Kanäle mitteilen *(z.B. „Ich beteilige mich aktiv an der Kommunikation im Netzwerk, um besser mitentscheiden zu können und/oder als Entscheidungsträger wahrgenommen zu werden")*
Strategisches Vertrauenshandeln	Vertrauenswürdigkeit vermitteln; den „kollektiven Gedanken" in den Handlungen nach außen tragen *(z.B. „Damit meine Vorstellungen in dieser Angelegenheit berücksichtigt werden, zeige ich mich gegenüber meinem Netzwerkpartner als besonders „netzwerkfähig" und vertrauenswürdig")*
Proaktives Handeln	Strategisches Suchen und Besetzen nicht klar zugeordneter Rollen oder Aufgaben im Netzwerk; „mehr" machen als andere (Besetzen von „Grenzstellen"; z.B. Hausmacht als Administrator) *(z.B. „Um an Entscheidungen besser beteiligt zu sein, versuche ich, mich über meine eigentliche Rolle/Aufgabe im Netzwerk einzubringen")*
Mediieren	Sich nicht in ein bestimmtes Lager begeben; alle Netzwerkpartner im Handeln gleichermaßen berücksichtigen *(z.B. „Bei Unstimmigkeiten versuche ich, nicht sofort Stellung zu beziehen sondern das vermittelnde Bindeglied zu sein")*

- **Visibilität**

Wie bereits formuliert, gestalten sich im Gegensatz zur Koordination der gemeinsamen Arbeit in traditionellen Unternehmensstrukturen die Interaktionsprozesse aufgrund überwiegend zeit- und ortsungebundener Kooperation der Akteure in vernetzten Verbünden nicht notwendigerweise transparent für die übrigen Partner Entsprechend ist die Herstellung von Awareness – also der Zugang zu und Austausch zwischen Netzwerkpartnern – und „sozialer Präsenz" (Kayworth & Leidner, 2002, S. 9) an die Nutzung von IuK-Technologien gekoppelt. Das proaktive Sichtbarmachen eigener Beiträge als auch das Erfassen der Aktivitäten anderer erscheint auch aus mikropolitischer Perspektive nutzbar: Zum einen kann ein Akteur durch frequentierte (virtuelle) Präsenz an Einfluss gewinnen, indem er „sichtbar" und damit zum zentralen Knotenpunkt innerhalb des Netzwerks wird und interessengeleitet Awareness herstellt (bzw. Anonymität aufrecht erhält). Zum anderen ist er durch die häufige Kontaktaufnahme zur Gemeinschaft des virtuellen Verbunds immer „im Bilde". Die bestehenden wechselseitigen Verflechtungen können so identifiziert, Beziehungen gepflegt und eigene Handlungen entsprechend darauf ausgerichtet werden (Berlage & Sohlenkamp, 1999).

- **Strategisches Vertrauenshandeln**

Wie oben beschrieben, stellt der Aufbau von Vertrauen einen wesentlichen Mechanismus in virtuellen Netzwerken dar, um Handlungsfähigkeit herzustellen und zu verhindern, dass sich die anderen Beteiligten opportunistisch verhalten. Auch Gilbert (2003) betont, dass bei der häufig unzureichenden personalen oder institutionellen Vertrautheit in Netzwerken vor allem die Notwendigkeit eines aktiven Vertrauenshandelns in den Vordergrund rückt (S. 301), um Erfahrungen zu schaffen, auf deren Grundlage ein Akteur erst handlungsfähig werden kann. Aus spieltheoretischer Sicht erscheint eine initiale Offenheit bei mehrmaligen Transaktionen zwischen den Partnern auch strategisch sinnvoll und mikropolitisch nutzbar, da die Einflussadressaten so ebenfalls zu kooperativem Handeln animiert werden (vgl. Neuberger, 1998). Insbesondere vor dem Hintergrund gegenseitiger Erwartungen in Bezug auf Vertrauenswürdigkeit, Offenheit und Reziprozität erscheint eine „Kooperationsstrategie", die bewusst Maßnahmen der Vertrauensbildung einbezieht, durchaus vielversprechend zu sein (Staar, 2010). Strategisches, also mikropolitisch motiviertes, Vertrauenshandeln bedient sich demnach einer instrumentellen Form des Vertrauens, bei der die Einhaltung bzw. aktive Ausübung der kooperativen Norm im Wesentlichen Mittel zum Zweck ist und die Interdependenz der beteiligten Akteure betont, um Kooperationsbereitschaft herzustellen (Büssing, 2000, S. 66).

- **Proaktives Handeln**

Diese Taktik zielt auf das strategische, aktive Suchen und Besetzen nicht klar zugeordneter (zusätzlicher) Aufgaben und Rollen im Netzwerk nach dem Motto „Wer mehr macht, hat mehr Macht". Proaktives Verhalten und persönliche Initiative sind auch im intra-organisationalen Kontext grundsätzlich mit erhöhter Effektivität assoziiert (Frese & Fay, 2001). Allerdings erscheinen insbesondere die für virtuelle Netzwerke charakteristischen, vergleichsweise strukturlosen Bedingungen für ein solches Verhalten besonders förderlich: So sind oftmals bestimmte Rollen und Aufgaben nicht von vornherein eindeutig an konkrete Personen gebunden und unterliegen somit der Freiwilligkeit, den Interessen und Kompetenzen der beteiligten Akteure, diese zu besetzen (Nullmeier, 2003). Proaktives Handeln zielt damit weniger auf eine direkte personale Akteur-Adressaten-Beeinflussung, sondern widmet sich bedingungsbezogen dem Auf- und Ausbau von Machtressourcen im Netzwerkverbund. In den Interviews der Studie von Janneck und Staar (2011) ging beispielsweise die Inanspruchnahme der Hausmacht als Administrator mit der (strategischen) Besetzung der „Grenzstellen" einher, so dass an dieser Stelle systematisch Informationen gefiltert werden können, bevor diese den anderen Partnern zugänglich gemacht werden. Zudem hat ein Administrator die Möglichkeit, das Netzwerk nach außen hin in seinem Sinne darzustellen und entsprechend dem gesamten Kooperationsverbund (s)ein Gesicht zu geben (Staar & Janneck, 2009, S. 9). Gerade im Kontext junger Lebensphasen virtueller Netzwerke erscheint das aktive Suchen und Binden freier Ressourcen aus mikropolitischer Perspektive wesentlich, um zusätzliche Machtgrundlagen zu generieren. Demgegenüber bieten traditionelle, stärker formalisierte Organisationen tendenziell weniger Handlungsspielraum für entsprechendes „Extrarollenverhalten" (Nerdinger, 2004).

- **Mediieren**

Netzwerke stellen ein komplexes Beziehungsgeflecht aus verschiedenen Teilnehmern dar, das bei Handlungen stets berücksichtigt werden muss (Winkler, 2004, 2007). Aus dieser Perspektive ergibt sich die Einflusswirkung eines Akteurs also aus seiner relationalen Position zu den anderen beteiligten Personen im Netz. Aus mikropolitischer Sicht erscheint folglich solch ein Verhalten zweckmäßig, das Bezüge zu möglichst vielen Akteuren sicherstellt und nicht die Teilhabe an einzelnen Cliquen innerhalb des Netzwerks zum Ziel hat. In Anlehnung an Wittes (1973) Promotorenmodell beschreiben Gemünden und Walter (1995, 1996) vor allem solche Akteure als effektiv und zentral bei netzwerkrelevanten Entscheidungen, die Aushandlungsprozesse neutral und vermittelnd begleiten (S. 237f.). Zum einen wirkt solch eine prozedurale Fairness opportunistischem Verhalten entgegen (Gilbert, 2003, S. 299). So führt der Nimbus der Unparteilichkeit dazu, dass Entscheidungen des Akteurs eher als gerecht wahrgenommen werden. Zum anderen wird durch die Einnahme einer vermittelnden und neutralen Position innerhalb der Kooperation ein hohes Maß an Reputation erreicht, die aus dem Gesamteindruck entsteht, der innerhalb des Netzwerks aus den Einzelwahrnehmungen der Interaktionspartner resultiert (Solga & Blickle, 2009). Dadurch werden vertrauensfördernde Normen reproduziert: Je höher die Reputation, desto größer die Bereitschaft, den Netzwerkpartner gewähren zu lassen, d.h. seine Entscheidungen und Handlungsanweisungen zu akzeptieren oder zu unterstützen. In der Interviewstudie von Janneck und Staar (2011) zeigte sich beispielsweise, dass Akteure Einfluss gewannen, indem sie bei Konflikten und Unstimmigkeiten im Netzwerk eine neutrale, vermittelnde Rolle („die Schweiz sein") einnahmen.

5.1 Situative und personale Bedingungen des Einsatzes und Erfolgs mikropolitischer Taktiken in virtuellen Netzwerken

Es ist davon auszugehen, dass mikropolitische Taktiken in virtuellen Netzwerken nicht per se universell anwendbar sind. Es genügt also nicht zu konstatieren, dass eine Taktik wirkt. Vielmehr ist zu reflektieren, unter welchen Bedingungen der Einsatz bestimmter Taktiken ermöglicht und/oder erfolgreich wird (Neuberger, 2006, S. 165). Eine Gruppe von bedingenden Faktoren bezieht sich dabei auf die situativen oder strukturellen Bedingungen, daneben spielen vor allem Persönlichkeitseigenschaften und Kompetenzen bei der Analyse von Wirkzusammenhängen eine Rolle. Ob und wie erfolgreich Taktiken angewendet werden können, hängt also von netzwerkrelevanten Charakteristika des Akteurs als auch vom Netzwerkkontext, in dem sich die Akteure bewegen, ab (Abb. 1).

Eine bedingungssensible Analyse muss also fragen, unter welchen personalen und situativen Bedingungen welche Taktiken genutzt werden (können) (Staar, 2010). So ist es zum einen möglich, dass bestimmte situative Bedingungen die Nutzungsmöglichkeiten einiger Taktiken beschränken bzw. fördern. Gleiches kann für bestimmte Kompetenzen angenommen werden, die Einsatz und Auswahl verschiedener Taktiken bedingen. Daneben erscheint es plausibel, situative Bedingungen und Kompetenzen als Moderatoren der Wirksamkeit von Taktiken zu betrachten (Abb. 1). Im intra-organisationalen Rahmen gibt es dazu einige Ansätze (z.B. summarische Einschätzungen des Zentralisierungs- oder

Formalisierungsgrads, Hierarchieebenen), die sich aufgrund der einbezogenen Parameter bei Analysen mikropolitischer Aushandlungsprozesse nicht unbedingt auf den Kontext virtueller Netzwerke übertragen lassen. Bezogen auf diesen noch jungen Forschungsbereich sind also solche relevanten Stellschrauben zu identifizieren, die Einsatz und Erfolg bestimmter Taktiken in der virtuellen Zusammenarbeit bedingen könnten (vgl. zusammenfassend Janneck & Staar, 2012, S. 220ff.).

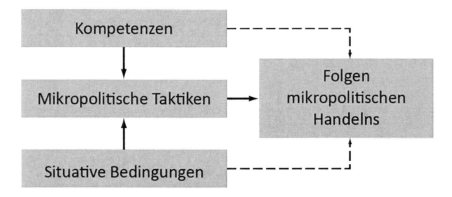

Abbildung 1: Mögliche Bedingungszusammenhänge mikropolitischer Taktiken (Janneck & Staar, 2012, S. 221)

Die Virtualität der Zusammenarbeit als Faktor zur (erfolgreichen) Nutzung mikropolitischer Taktiken im Netz

Zu den wesentlichen bedingungsbezogenen Charakteristika vieler netzwerkartiger Verbünde gehört (1) *die Virtualität der Zusammenarbeit*: Wie oben beschrieben, verläuft die Koordination der wechselseitigen Aktivitäten in Netzwerken räumlich und zeitlich oft voneinander getrennt und ist somit an eine mehr oder weniger intensive Nutzung multimedialer Informations-, Kommunikations- und Kooperationssysteme gekoppelt. Das heißt, es bestehen unterschiedlich starke Formen computervermittelter virtueller Zusammenarbeit zur Überwindung räumlicher und zeitlicher Distanzen und, damit einhergehend, unterschiedliche Bedingungen und Anforderungen in der interpersonalen Zusammenarbeit. Bezogen auf das in Abbildung 1 dargestellte Modell heißt dies erstens, dass der Virtualitätsgrad in der Zusammenarbeit einen unterschiedlich guten Nährboden für verschiedene Taktiken darstellt. So ist es denkbar, dass Taktiken, die bestimmte Charakteristika zeitlich und räumlich verteilter Zusammenarbeit (z.B. geringe Awareness, Anonymität, fehlende Vertrautheit) strategisch nutzen, auf einen gewissen Grad an Virtualität angewiesen sind, um eingesetzt werden zu können. Gleichzeitig dazu könnte die Anwendung anderer Taktiken durch die Einschränkung des *face-to-face*-Kontaktes hinfällig werden und deren Nutzungsmöglichkeiten verringern. Weiterhin legt das Modell nahe, dass der Grad an Virtualität Auswirkungen auf den Wirkzusammenhang bestimmter Taktiken und dem Einflusserfolg haben könnte: Taktiken, die sich in ihrer Ausrichtung auf virtuelle Bedingungen beziehen, könnten z.B. ihre volle Wirkung erst gänzlich in starken Formen computervermittelter Zusammenarbeit entfalten. Virtualität wäre hier also ein Katalysator. Aufbauend auf die von Griffith und Neale (1999) vorgeschlagene multidimensionale Konzeptualisierung von Virtualität wurde der Virtualitätsgrad in der Studie durch den Anteil verteilter Arbeitszeit und den Grad der Verwendung von IuK-Technologien operationalisiert.

Die Medienkompetenz der handelnden Akteure als Faktor zur (erfolgreichen) Nutzung mikropolitischer Taktiken im Netz

Neben dem Virtualitätsgrad wird, durch die beschriebene intensive Nutzung von IuK-Technologien, als eine wesentliche Schlüsselqualifikation in virtuell organisierten Netzwerken (2) *der kompetente Umgang mit den im Netzwerk verwendeten Medien* betont. Wie oben bereits erwähnt, heißt dies nicht nur, mit den im Netzwerk verwendeten IuK-Technologien technisch umgehen zu können, sondern intendiertes auch genauso vermitteln und kommunizieren zu können. Die Kenntnis medienspezifischer Auswirkungen auf die Qualität der Kommunikation, sowie die Fähigkeit, die sich daraus ergebenden Vorteile zu nutzen und über elektronische Medien sozialen Einfluss auszuüben, können als Medienkompetenz bezeichnet werden (Becker & Hess, 2002). Mit Blick auf das in Abbildung 1 dargestellte Modell bedeutet dies, dass die Ausprägung der Medienkompetenz eines Akteurs zum einen die Anwendung bestimmter Taktiken im virtuellen Netzwerk ermöglichen bzw. beschränken könnte: So ist es denkbar, dass solche Taktiken, die IuK-Technologien als wesentliches Vehikel nutzen (z.B. Visibilität), ein gewisses Maß an Expertise erfordern, um sie überhaupt einsetzen zu können. Daneben ist in Betracht zu ziehen, dass nicht nur die Selektion und Nutzungsintensität von Taktiken mit zugrunde liegenden Kompetenzen zusammenhängt, sondern die Fertigkeiten im Umgang mit den im Netzwerk verwendeten Medien auch wesentlich den Erfolg bestimmter (medienabhängiger) Taktiken beeinflussen könnten: Wenn zwei das Gleiche tun, ist es also noch lange nicht dasselbe. Vielmehr ist eine medienvermittelte, in einem bestimmten situativen Kontext sinnvolle Taktik nur dann zielführend, wenn der Akteur diese kompetent mit dem intendierten Ergebnis im virtuellen Raum vermitteln kann. In der Studie wurde Medienkompetenz mittels einer selbst entwickelten 3-Item-Skala erhoben, die sowohl technisch-handwerkliche als auch soziale Kompetenzbereiche berücksichtigte (Herrmann et al., 2006).

In unserer Studie (Staar & Janneck, 2011a) wurden insgesamt 215 untersuchte Netzwerke bzw. deren Akteure mittels eines Mediansplits in schwache und starke virtuelle Zusammenarbeit bzw. geringe und hohe Medienkompetenz eingeteilt. Tabelle 2 zeigt die signifikanten Unterschiede. Es wird deutlich, dass vor allem die als „netzwerkspezifisch" etikettierten Taktiken in den Gruppenvergleichen signifikante Mittelwertsunterschiede aufweisen (bis auf Mediieren). Dabei ist bei sämtlichen aufgeführten Taktiken der Mittelwert in der starken virtuellen Zusammenarbeit bzw. bei hoher Medienkompetenz der Akteure signifikant höher als bei der Vergleichsgruppe niedriger Virtualität/Kompetenz. Das heißt, in stärkeren Formen virtueller Zusammenarbeit und/oder bei hohen Medienkompetenzen des Akteurs werden diese Taktiken häufiger gegenüber Einflussadressaten im Netzwerk eingesetzt. Interessant ist diese Feststellung insbesondere in Bezug auf Sachlichkeit: Diese Taktik wird signifikant häufiger von Akteuren mit hoher Medienkompetenz eingesetzt (Irrtumswahrscheinlichkeit $p \leq .01**$). Darüber hinaus decken sich die Ergebnisse in Bezug auf die induktiv ermittelten Taktiken mit den eingangs formulierten Überlegungen, dass diese in besonderem Maße an personale und situative Charakteristika virtueller Netzwerke gebunden sind und folglich in virtuelleren Settings bzw. bei technisch geschickteren Akteuren häufiger zu finden sind.

Tabelle 2: Unter welchen situativen und personalen Bedingungen ist welches mikropolitische Handeln möglich? (Janneck & Staar, 2012, S. 223)

Taktiken	Schwach vs. stark virtuelle Zusammenarbeit	Geringe vs. hohe Medienkompetenzen
	Häufigerer Einsatz bei stark virtueller Zusammenarbeit:	Häufigerer Einsatz bei hoher Medienkompetenz:
Sachlichkeit	$p = .10$	$p = .005**$
Strategisches Vertrauenshandeln	$p = .001***$	$p = .000***$
Visibilität	$p = .000***$	$p = .000***$
Proaktives Handeln	$p = .006**$	$p = .017*$

Anmerkung: Signifikante Mittelwertunterschiede sind angegeben.
* $p < .05$; ** $p < .01$; *** $p < .001$.

Weiterhin zeigt sich, dass nicht nur die Nutzungsintensität durch den situativen Kontext oder die personalen Kompetenzen beeinflusst wird. Am Beispiel der Taktik Visibilität konnte beispielsweise gezeigt werden, dass der Zusammenhang zwischen dem Einsatz der Taktik und der Durchsetzungseffektivität durch den Virtualitätsgrad moderiert wird (Abb. 2). Gleiches konnte für Medienkompetenz als Moderator für diesen Wirkzusammenhang festgestellt werden (Staar & Janneck, 2011a).

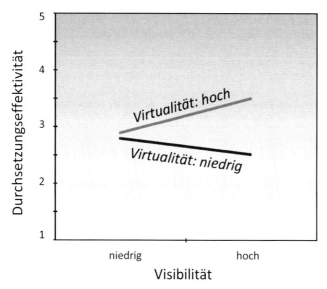

Abbildung 2: Interaktionszusammenhänge in der moderierten Regression (Janneck & Staar, 2012, S. 224)

6 Implikationen

Zusammenfassend lässt sich festhalten, dass aus mikropolitischer Perspektive in Netzwerken vor allem rationales „offenes" mikropolitisches Verhalten wie Sachlichkeit oder Visibilität gute Chancen hat, erfolgreich zu sein. Womöglich ist dies in der Natur virtueller Netzwerke begründet, in der durch wenig rationalisierte und formalisierte Prozesse ein besonderes Bedürfnis nach Handlungen besteht, die zumindest das Gefühl von Objektivität und wahrgenommener Transparenz vermitteln. Daneben hebt eine Taktik wie Visibilität möglicherweise die durch eine räumlich und zeitlich verteilte Arbeit mit wenig face-to-face-Kontakt bedingten Einschränkungen (fehlende Möglichkeiten des personalen Vertrauensaufbaus, mangelnder persönlicher Bezug) auf. Der mikropolitische Akteur gewinnt für die anderen an „Kontur" und kann gleichzeitig zielgerichtet die Weitergabe von Informationen steuern und kontrollieren. Diese Taktik ist – dies bestätigen auch die Ergebnisse – zweifelsohne an einen kompetenten Umgang mit technikvermittelter Kommunikation geknüpft, eine Art „virtuelle Ausdruckskompetenz" erscheint demnach gerade in Zeiten steigender IuK-vermittelter Kommunikation immer essentieller (Ferris et al., 2000, S. 31). Weiterhin legen die im Projekt erzielten Ergebnisse nahe, dass mikropolitisches Verhalten aus Akteursperspektive durchaus dazu beitragen kann, in eine günstige Netzwerkposition zu gelangen. So scheint die strategische Herstellung von Awareness durch Visibilität über die IuK-Technologien tatsächlich wesentlich, um „sichtbar", zentral und damit „prominent" im Netzwerk zu werden (Staar & Janneck, 2011b) und sich durchzusetzen: "Individual status might even be perpetuated by electronic communication, perhaps because individuals high in status may have a disproportionately strong influence on group decisions and judgments. These individuals having greater influence exhibit higher centrality because of their communication patterns. (Ahuja, Galletta & Carley, 2003). Die oben charakterisierten vergleichsweise strukturlosen Bedingungen virtuell agierender Netzwerke ermöglichen es auch, bestimmte (zusätzliche) Rollen und Aufgaben, die nicht von vornherein eindeutig an konkrete Personen gebunden sind, strategisch auszufüllen und zu besetzen. Daneben erscheint aus mikropolitischer Sicht im Kontext vernetzter Verbünde ein vermittelndes Verhalten zweckmäßig, um durch die anderen Akteure im Netzwerk Wertschätzung zu erfahren bzw. zum Treffen netzrelevanter Entscheidungen legitimiert zu werden. Was über Virtualität und technischen Fertigkeiten hinaus aber die relevanten Dimensionen kompetenten mikropolitischen Handelns in virtuellen Netzwerken darstellt, ist noch zu untersuchen. In diesem Sinne ist – bezogen auf den Titel dieses Beitrags – in zukünftigen Studien wohl weniger die Frage zu stellen was in Netzwerken mikropolitisch „geht", sondern vielmehr, unter welchen Merkmalskonfigurationen virtueller Kooperationen dies möglich ist.

Literatur

Ahuja, M. K.; Galletta, D. F.; Carley, K. M. (2003): *Individual Centrality and Performance in Virtual R&D Groups: An Empirical Study*. In: *Management Science*, 49(1), S. 21-38.

Arnold, O.; Faisst, W.; Härtling, M.; Sieber, P. (1995): *Virtuelle Unternehmen als Unternehmenstyp der Zukunft?* In: *Handbuch der maschinellen Datenverarbeitung (HMD)* Heidelberg: dpunkt.verlag, S. 8-23.

Becker, M.; Hess, G. (2002): *Führung virtueller Teams: Kognitive Modelle der Führungskraft, Teamprozesse und Teameffektivität*. Zürich.
Berlage, T.; Sohlenkamp, M. (1999): *Visualizing common artefacts to support awareness in computer-mediated cooperation*. In: Computer Supported Cooperative Work. Bd. 8, Nr. 3, S. 207-238.
Blickle, G. (2004): *Einfluss ausüben, Ziele verwirklichen. Ein Überblick über Einflusstaktiken in Organisationen und ihre situationsspezifischen Wirkmechanismen*. In: Personalführung Bd. 6, S. 58-70.
Boje, D. M.; Whetten, D. A. (1981): *Effects of Organizational Strategies and Contextual Constraints on Centrality and Attributions of Influence in Interorganizational Networks*. In: Administrative Science Quarterly, Bd. 26, Nr. 3, S. 378-395.
Brandenburger, A. M.; Nalebuff, B. J. (1997): *Co-opetition*. Eschborn: Riek.
Brass, D. J.; Burkhardt, M. E. (1992): *Centrality and power in organizations*. In: Nohria, N.; Eccles, R. G. (Hrsg.) *Networks and organizations*, Harvard Business School Press, Boston, S. 191-215.
Brüggemeier, M.; Felsch, A. (1992): *Mikropolitik*. In: *Die Betriebswirtschaft (DBW)*, Heft 1, S. 133-136.
Büssing, A. (2000): *Identität und Vertrauen durch Arbeit in virtuellen Organisationen?* In: Boos, M.; Jonas, K. J.; Sassenberg, K. (Hrsg): *Computervermittelte Kommunikation in Organisationen*. Göttingen: Hogrefe, S. 57-72.
Crozier, M.; Friedberg, E. (1979): *Macht und Organisation. Die Zwänge kollektiven Handelns. Zur Politologie organisierter Systeme*. Königstein/Taunus: Athenäum.
Dörrenbächer, C. (2006): *Mikropolitik in Multinationalen Unternehmen: Konturen eines neuen Forschungsfeldes*. In: Mense-Petermann, U.; Wagner, G. (Hrsg.): *Transnationale Konzerne. Ein neuer Organisationstyp?* Wiesbaden: VS-Verlag für Sozialwissenschaften, S. 123-152.
Dourish, P.; Bellotti, V. (1992): *Awareness and coordination in shared workspaces*. In: Proceedings of the 1992 ACM conference on Computer-supported cooperative work. New York: ACM, S. 107-114.
Elron, E.; Vigoda, E. (2003): *Influence and political processes in virtual teams*. In: Gibson C.B.; Cohen S.G. (Hrsg.): *Virtual Teams that Work: Creating Conditions for Virtual Team Effectiveness*. San Francisco: Jossey-Bass.
Elron, E.; Vigoda-Gadot, E. (2006): *Influence and political processes in cyberspace: The case of global virtual teams*. In: International Journal of Cross-Cultural Management. Band 6, Nr. 3, S. 295-317.
Endsley, M. R. (1995): *Toward a theory of situation awareness in dynamic systems*. In: Human Factors. Bd. 37, Nr.1, S. 32-64.
Feyerherm, A. E. (1994): *Leadership in Collaboration: A Longitudinal Study of Two Interorganizational Rule Making Groups*. In: Leadership Quarterly. Bd. 5, Nr. 3/4, S. 253-270.
Ferris, G. R.; Perrewe, P. L.; Anthony, W. P.; Gilmore, D. C. (2000): *Political Skill at Work*. In: Organizational Dynamics. 28(4), S. 25-37.
Finck, M.; Janneck, M. (2008): *Das Unvorhersehbare steuern? Zum Umgang mit der komplexen Dynamik in Technologieaneignungsprozessen*. In: Gumm, D.; Janneck, M.; Langer, R.; Simon, E. (Hrsg.): *Mensch, Technik, Ärger? Zur Beherrschbarkeit*

soziotechnischer Dynamik aus transdisziplinärer Sicht. Hamburg: Lit-Verlag, S. 85-102.

French, J. R.; Raven, B. (1959): *The bases of social power.* In: Cartwright, D. (Hrsg.): *Studies in social power.* Michigan: University of Michigan Press.

Frese, M.; Fay, D. (2001): *Personal initiative: An active performance concept for work in the 21st century.* In: Staw, B. M.; Sutton, R. I. (Hrsg.): *Research in Organizational Behavior.* Bd. 23, San Diego, CA: Elsevier Academic Press, S. 133-187.

Gemünden, H. G.; Walter, A. (1995): *Der Beziehungspromotor – Schlüsselperson für inter-organisationale Innovationsprozesse.* In: *Zeitschrift für Betriebswirtschaft.* Bd. 65, Nr. 9, S. 971-986.

Gemünden, H. G.; Walter, A. (1996): *Förderung des Technologietransfers durch Beziehungspromotoren.* In: *ZfO.* Bd. 65, S. 237-245.

Gilbert, D. U. (2003): *Vertrauen in strategischen Unternehmensnetzwerken – Ein strukturationstheoretischer Ansatz.* Habil. Wiesbaden: European Business School Ostrich-Winkel.

Griffith, T.; Neale, M. E. (1999): *Information processing and performance in traditional and virtual teams: The role of transactive memory.* In: *Stanford University, Graduate School of Business, Research paper series.* Nr. 1613.

Hoyos, C.G.; Frey, D. (1999): *Arbeits- und Organisationspsychologie. Ein Lehrbuch.* Weinheim: Psychologie Verlags Union.

Huxham, C.; Vangen, S. (2001): *Leadership in the Shaping and Implementation of Collaboration Agendas: How Things Happen in a (Not Quite) Joined-up World.* In: *Academy of Management Journal*, 43(6), S. 1159-1175.

Huxham, C.; Beech, N. (2008): *Inter-organizational power.* In: Cropper, S.; Ebers, M.; Huxham, C.; Ring, P. S. (Hrsg.): *The Handbook of Inter-organizational Relations.* Oxford: Oxford University Press, S. 555-579.

Janneck, M.; Staar, H. (2011): *Playing Virtual Power Games: Micro-political Processes in Inter-organizational Networks.* In: *International Journal of Social and Organizational Dynamics in Information Technology.* Bd. 1, Nr. 2, S. 46-66.

Janneck, M.; Staar, H. (2012): *Mikropolitik – Informelle Einflussnahme durch individuelle Akteure in Netzwerken.* In: Glückler, J.; Dehning, W.; Janneck, M.; Armbrüster, Th. (Hrsg.): *Unternehmensnetzwerke.* Heidelberg: Springer, S. 205-227.

Kayworth, T. R.; Leidner, D. (2002): Leadership Effectiveness in Global Virtual Teams. In: *Journal of Management Information Systems*, 18, S. 7-41.

Merkle, M. (1996): *Virtuelle Organisationen - ihr Erfolgspotential: eine integrative Informationsstruktur.* In: *Institutsbericht des IFI,* Zürich: Universität Zürich.

Mizruchi, M. S.; Potts, B. B. (1998): *Centrality and power revisited: actor success in group decision making.* In: *Social Networks.* 20, S. 353-387.

Nerdinger, F. W. (2004): *Organizational Citizenship Behavior und Extra-Rollenverhalten.* In: Schuler, H. (Hrsg.): *Organisationspsychologie 2 – Gruppe und Organisation. Enzyklopädie der Psychologie,* Bd. D/III/4. Göttingen: Hogrefe, S. 293-333.

Neuberger, O. (1996): *Zur Allgegenwart und Unvermeidbarkeit von Mikropolitik in Organisationen.* In: *Organisationsentwicklung.* 15(3), S. 66-71.

Neuberger, O. (1998): *Strategische Kooperation (Mikropolitik).* In: Spieß, E. (Hrsg.): *Formen der Kooperation. Bedingungen und Perspektiven.* Göttingen: Verlag für Angewandte, S. 37-52.

Neuberger, O. (2006): *Mikropolitik, Moral in Organisationen.* 2. Aufl. Stuttgart: Lucius & Lucius.
Nullmeier, E. (2003): *Kollektive Regulationserfordernisse und -möglichkeiten in virtuellen Arbeitsgruppen.* In: Luczak, H. (Hrsg.): *Kooperation und Arbeit in vernetzten Welten.* Stuttgart: Ergonomia Verlag, S. 77-80.
Obring, K. (1992): *Strategische Unternehmensführung und polyzentrische Strukturen.* München: Kirsch.
Offelmann, N.; Zülch, J. (2006): *Was ist an virtuellen Teams anders?* In: Zülch, J.; Barrantes, L.; Steinheuser, S. (Hrsg.): *Unternehmensführung in dynamischen Netzwerken Erfolgreiche Konzepte aus der Life-Science-Branche.* Berlin, Heidelberg: Springer.
Pearce, C. L.; Yoo, Y.; Alavi, M. (2004): *Leadership, social work and virtual teams: The relative influence of vertical vs. shared leadership in the nonprofit sector.* In: Riggio, R. E.; Smith-Orr, S. (Hrsg.): *Improving leadership in nonprofit organizations.* San Francisco: Jossey-Bass, S.180-203.
Picot, A.; Reichwald, R.; Wigand, R.T. (2003): *Die grenzenlose Unternehmung.* Wiesbaden: Gabler.
Pouly, M.; Monnier, F.; Bertschi D. (2005): *Success and Failure Factors of Collaborative Networks of SME.* In: Camarinha-Matos, L.; Afsarmanesh, H.; Ortiz, A. (Hrsg.): *Collaborative Networks and their Breeding Environment.* New York: Springer, S. 597-604.
Rastetter, D. (2009): *Macht und Mikropolitik. Frauen müssen taktischer werden! Positionen.* In: *Beiträge zur Beratung in der Arbeitswelt,* Bd. 2, S. 1-8.
Reichwald, R.; Möslein, K.; Sachenbacher, H.; Englberger, H. (1998): *Telekooperation: Verteilte Arbeits- und Organisationsformen.* Berlin: Springer.
Reiß, M. (1998): *Mythos Netzwerkorganisation.* In: *Zeitschrift für Führung und Organisation,* 67(4), S. 224-229.
Schaper, N. (2011): *Neue Formen der Arbeit: Das Beispiel Telekooperation.* In: Nerdinger, F. W.; Blickle, G.; Schaper, N. (Hrsg.): *Arbeits- und Organisationspsychologie.* Heidelberg: Springer, S. 497-514.
Scherm, E.; Süß, S. (2000): *Personalführung in virtuellen Unternehmen: Eine Analyse diskutierter Instrumente und Substitute der Führung.* In: *Zeitschrift für Personalforschung.* Bd. 1, S. 79-103.
Schick, S. (2005): *Interne Unternehmenskommunikation: Strategien entwickeln, Strukturen schaffen, Prozesse steuern.* Stuttgart: Schäffer-Poeschel.
Scholz, C. (1999): *Die virtuelle Personalabteilung als Zukunftsvision?* In: Scholz, C. (Hrsg.): *Innovative Personal-Organisation.* Neuwied/Kriftel/Berlin: Luchterhand, S. 233-253.
Schuh, G.; Friedli, T.; Kurr, M. A. (2007): *Prozessorientierte Reorganisation.* München Hanser Verlag.
Senst, E. (2001): *Virtuelle-Teamarbeit. Ein Lernprogramm im Medienverbund zur Einrichtung und Betreuung virtueller Teams.* Norderstedt: Books on demand GmbH.
Shamir, B. (1999): *Leadership in Boundaryless Organizations: Disposable or Indispensable?* In: *European Journal of Work and Organizational Psychology,* Bd. 8, Nr. 1, S. 49-71.

Solga, J.; Blickle, G. (2009): *Macht und Einfluss in Projekten.* In: Wastian, M.; Braumandl, I.; von Rosenstiel, L. (Hrsg.): *Angewandte Psychologie für Projektmanager. Ein Praxisbuch für die erfolgreiche Projektleitung.* Berlin: Springer, S. 145-164.

Staar, H.; Janneck, M. (2009): *„Einer für alle, alle für einen?"* – *Eine Analyse mikropolitischer Prozesse in virtuellen Netzwerken.* In: Meißner, K.; Engelien, M. (Hrsg.): *Virtuelle Organisation und Neue Medien 2008.* Dresden: TUDpress, S. 271-282.

Staar, H. (2010): *Auch im Netzwerk tobt das Leben – zur Relevanz mikropolitischer Prozesse in virtuellen Kooperationsverbünden. Gruppendynamik und Organisationsberatung.* In: *Themenheft „Virtuelle Gruppendynamik".* Bd. 41, Nr. 4, S. 305-330.

Staar, H.; Janneck, M. (2011a): *Anything goes? Eine Wirkungsanalyse mikropolitischer Taktiken in virtuellen Netzwerken.* In: *Wirtschaftspsychologie,* Bd. 3, Themenheft: *„Kooperation im globalen und virtuellen Kontext".* S. 62-84.

Staar, H.; Janneck, M. (2011b): *Wer mehr macht, hat mehr Macht - eine netzwerkanalytische Betrachtung informeller Einflussnahme in virtuellen Organisationen.* In: Meißner, K.; Engelien, M. (Hrsg.): *Virtuelle Organisation und Neue Medien 2011.* Dresden: TUDpress, S. 269-278.

Staehle, W. H. (1999): *Management: Eine verhaltenswissenschaftliche Perspektive.* München: Vahlen.

Stevenson, W. B.; Greenberg, D. (2000): *Agency and social networks: strategies of action in a social structure of position, opposition, and opportunity.* In: *Administrative Science Quarterly,* 45, S. 651-678.

Sutanto, J.; Tan, C. H.; Battistini, B.; Phang, C. W. (2011): *Emergent Leadership in Virtual Collaboration Settings: A Social Network Analysis Approach,* In: *Long Range Planning,* 44, 5-6, S. 421-439.

Sydow, J. (1996): *Virtuelle Unternehmung. Erfolg als Vertrauensorganisation.* In: *Office Management.* Nr. 7-8, S. 10-13.

Sydow, J.; Winand, U. (1998): *Unternehmensvernetzung und -virtualisierung: Die Zukunft der unternehmerischen Partnerschaft.* In: Winand, U.; Nathusius, U. (Hrsg.): *Unternehmensnetzwerke und virtuelle Organisationen,* Stuttgart, S. 11-31.

Sydow, J.; Zeichhardt, R. (2008). *Führung in neuen Kontexten: Netzwerke und Cluster. Führung + Organisation,* 77(3), 156-162.

Sydow, J. (1999): *Führung in Netzwerkorganisationen – Fragen an die Führungsforschung.* In: Schreyögg, G.; Sydow, J. (Hrsg.): *Managementforschung: Führung – neu gesehen.* Berlin: de Gruyter, S. 279-292.

Sydow, J. (2001): *Virtuelle Unternehmung – Flexibilität durch Stabilität.* In: Barthel, J.; Fuchs, G.; Wassermann, S.; Wolf, H. G. (Hrsg.): *Virtuelle Organisationen in regionalen Wirtschaftssystemen.* Arbeitspapier Nr. 113 der Akademie für Technikfolgenabschätzung in Baden-Württemberg. Stuttgart, S. 39-43.

Sydow, J. (2010): *Management von Netzwerkorganisationen.* 5. Aufl. Wiesbaden: Gabler.

Travica, B. (2005): *Virtual organization and electronic commerce.* In: *SIGMIS Database.* Bd. 36, Nr. 3, S. 45-68.

Vangen, S.; Huxham, C. (2003): *Enacting Leadership for Collaborative Advantage: Dilemmas of Ideology and Pragmatism in the Activities of Partnership Managers.* In: *British Journal of Management,* 14(1), S. 61-76.

Vangen, S.; Huxham, C. (2006): *Achieving collaborative advantage: understanding the challenge and making it happen*. In: Strategic Direction, 22(2), S. 3-5

Wasserman, S.; Faust, K. (1994): *Social Network Analysis: Methods and Applications*. New York and Cambridge: Cambridge University Press.

Wetzel, R.; Aderhold, J.; Baitsch, C. (2001): *Netzwerksteuerung zwischen Management und Moderation – Zur Bedeutung und Handhabung von Moderationskonzepten bei der Steuerung von Unternehmensnetzwerken*. In: Zeitschrift für Gruppendynamik und Organisationsberatung, 32(1), S. 21-36.

Windeler, A. (2001): *Unternehmungsnetzwerke – Konstitution und Strukturation*. Wiesbaden: Westdeutscher.

Winkler, I. (2004): *Personale Führung in Netzwerken kleiner und mittlerer Unternehmen – Theoretische und empirische Betrachtungen zur Entstehung, Reproduktion und Veränderung von Führungsbeziehungen bei überbetrieblicher netzwerkartiger Kooperation*. München und Mering: Rainer Hampp Verlag.

Winkler, I. (2006): *Personale Führung in Unternehmensnetzwerken: Eine Analyse der Netzwerkliteratur*. Management, 9(2), S. 49-71.

Winkler, I. (2007): *Polyzentriertheit in Unternehmensnetzwerken – Führungstheoretische Erklärungsansätze zur Beschreibung der Entstehung und Existenz mehrerer Akteure mit Steuerungswirkung*. In: Wagner, D.; Voigt, B.F. (Hrsg.): *Diversity-Management als Leitbild von Personalpolitik*. Klagenfurt: DUV, S. 173-209.

Wunderer, R. (1991): *Kooperation*. Stuttgart.

Wunderer, R. (1992): *Managing the boss – „Führung von unten"*. In: Zeitschrift für Personalforschung. Bd. 3, S. 287-311.

Yoo, Y.; Alavi, M. (2004): *Emergent leadership in virtual teams: what do emergent leaders do?* Information and Organization 14, S. 27-58.

Rekonstruktion urbaner Umgebungen und ihre Anwendungen

Lars Krecklau, Dominik Sibbing, Torsten Sattler, Ming Li, Martin Habbecke, Leif Kobbelt[*]

Abstract

Virtuelle Stadtmodelle erhalten in zunehmendem Maße eine bedeutende Rolle für diverse praktische Anwendungen wie beispielsweise virtuelle Stadtführungen, geographische Informationssysteme, Planung und Optimierung öffentlicher drahtloser Netzwerke bis hin zur Simulation und Analyse von komplexen Verkehrsabläufen. Die Erzeugung virtueller Stadtmodelle in hinreichender Qualität in Bezug auf die verschiedenen Zielapplikationen ist bis heute eine extreme Herausforderung und stellt zumeist eine zeitaufwendige (oft manuelle) Aufgabe dar. Dieser Artikel befasst sich mit der Digitalisierung (Rekonstruktion), der Verarbeitung (Aufbereitung und Anonymisierung) und der Visualisierung der anfallenden großen Datenmengen von urbanen Umgebungen, um die ganzheitliche Prozesskette zu verdeutlichen. Des Weiteren werden eine Reihe von praktischen Anwendungsbeispielen vorgestellt, in denen diese Stadtmodelle Verwendung finden.

---

[*] Dipl.-Inform. Lars Krecklau | krecklau@cs.rwth-aachen.de
Dipl.-Inform. Dominik Sibbing | sibbing@cs.rwth-aachen.de
Dipl.-Inform. Torsten Sattler | tsattler@cs.rwth-aachen.de
Ming Li, Sc., | mingli@cs.rwth-aachen.de
Dr. rer. nat. Martin Habbecke | habbecke@cs.rwth-aachen.de
Prof. Dr. rer. nat. Leif Kobbelt | kobbelt@cs.rwth-aachen.de

Institut: Computer Graphics and Multimedia | RWTH Aachen University
Ahornstraße 55 | 52074 Aachen

1 Einleitung

Viele Anwendungen wie beispielsweise die Simulation von Menschenmengen, die Analyse des Verkehrsflusses und die Echtzeiterkundung in Computerspielen oder touristischen Applikationen, benötigen ein virtuelles Stadtmodell in verschiedenen Repräsentationen unterschiedlichster Detailstufen. Leider ist die Erstellung eines solchen Stadtmodells eine äußerst komplexe Aufgabe, die das Lösen diverser Problemstellungen aus den Bereichen der Datenerfassung, Bilderkennung, Geometrieverarbeitung und der Visualisierung erfordern (vgl. Abbildung 1).

Eine der ersten Hauptfragen, mit denen man bei der Erstellung eines komplexen 3D Modells konfrontiert wird, ist die Akquirierung immens großer Datenmengen. Insbesondere in städtischen Umgebungen ist man vorwiegend an der detailgetreuen Abbildung der Fassaden interessiert, was die Aufnahme von Fotos oder sogenannten Laserscans auf Straßenhöhe erfordert. Hierbei können sich mitunter Häuser gegenseitig verdecken, so dass es nötig wird die Daten an vielen Positionen in allen Straßen der Stadt zu erfassen. Da nun jede Aufnahme für sich genommen bereits eine größere Datenmenge beinhaltet, ist es leicht vorstellbar, dass die Handhabung des so entstandenen Gesamtmodells eine besondere Herausforderung darstellt. Praktische Anwendungen erfordern eine kompakte und semantisch aufbereitete Version der Rohdaten. Die Simulation der Radiowellenausbreitung (vgl. Kapitel 5) basiert beispielsweise auf einem nicht allzu komplexen, wasserdichten Netz der Oberfläche, da nur mit einem vereinfachten Modell eine effiziente Berechnung möglich wird.

Für die Echtzeitvisualisierung ist es zwar nicht unbedingt erforderlich ein wasserdichtes Netz aus den Rohdaten abzuleiten, jedoch ist es ebenso wichtig wie bei der Simulation, die Komplexität der Ausgangsdaten zu reduzieren und gegebenenfalls den Realismus der Darstellung mit zusätzlichem Bildmaterial zu verbessern.

Angelehnt an die aufeinander folgenden Problemstellungen von der Akquirierung der Daten bis zu den praktischen Anwendungen ist dieser Artikel folgendermaßen aufgebaut. Zunächst erläutern wir die Erfassung der Rohdaten mittels Laserscannern und Fotos. Bereits in diesem Schritt wird eine effiziente Darstellung diskutiert, die eine direkte visuelle Validierung der Daten erlaubt.

Danach befassen wir uns mit der Aufbereitung und Abstrahierung der Daten hinsichtlich verschiedener Anwendungsszenarien, die am Ende des Artikels näher beschrieben werden.

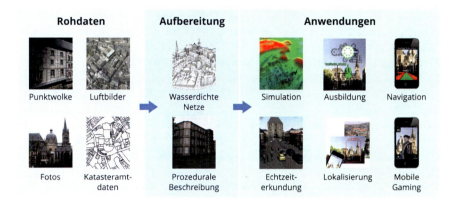

Abbildung 1: Überblick der Eingabedaten, der Verarbeitung und der Anwendung von virtuellen Stadtmodellen. Der größte Teil der Rohdaten liegt zumeist als Foto auf Straßenlevel oder als Luftbild vor. Des Weiteren können Stadtkarten als Eingabe dienen oder direkt eine 3D Punktwolke, wenn ein entsprechender Scanner vorhanden ist. Die Daten können dann in ein wasserdichtes Netz überführt werden, welches die Anforderungen bestimmter Simulationsprozesse erfüllt. Durch die Ableitung einer prozeduralen Beschreibung kann das Modell in einer kompakten Form dargestellt werden und einige Anwendungen können die dadurch entstehenden Zusatzinformationen nutzen um gezielt Inhalte hinzuzufügen oder auszutauschen. Typische Anwendungen virtueller Stadtmodelle sind schlussendlich mobile Navigation, Simulation komplexer Sachverhalte wie der Radiowellenausbreitung, Echtzeiterkundung des virtuellen 3D Modells, sowie Spiele und Lehrprogramme.

2 Digitalisierung der realen Welt

Um immersive virtuelle Stadtlandschaften schaffen zu können, benötigt man ein möglichst realistisches 3D Computermodell der realen Stadt. Um diese Daten zu erfassen, muss die reale Welt so genau wie möglich „gescannt" werden. Hierzu ist das einfachste Vorgehen wahrscheinlich die Aufnahme gewöhnlicher Fotos von Häuserfassaden aus der Perspektive eines Touristen. Diese Bilder können unter Umständen mit Luftbildern erweitert werden. Computer Vision ist ein Bereich der Informatik, der sich mit der Bearbeitung und Analyse von Bildern und Videos beschäftigt. Die in diesem Bereich entwickelten Algorithmen sind heute zum einen in der Lage die genaue Position und Orientierung der Kamera zum Zeitpunkt der Aufnahme zu bestimmen. Zum anderen nutzen sie Stereo Rekonstruktion um Bildpunkte, welche in mehreren Bildern erkannt wurden, im 3-dimensionalen Raum zu rekonstruieren. Aus der resultierenden Punktwolke kann nun durch eine Triangulierung eine zusammenhängende Geometrie erzeugt werden welche unter anderem die Echtzeitdarstellung der ursprünglichen Daten auf effiziente Weise ermöglicht. Algorithmen wie die stereoskopische Rekonstruktion können aufgrund der einfachen Anwendbarkeit selbst von unerfahrenen Nutzern verwendet werden. Außerdem existieren bereits OpenSource Lösungen[1] die einen zügigen Einstieg in den Themenbereich ermöglichen.

Da die Rekonstruktionsalgorithmen auf der Erkennung von markanten Bildpunkten beruhen, die sich in Kontrast und Textur klar von umliegenden Bildpunkten unterscheiden, ist die Rekonstruktion von homogen gefärbten Oberflächen schwierig bzw. nicht möglich, so dass die resultierende 3D Punktwolke an derartigen Stellen größere Lücken aufweisen würde. Erschwerend kommt hinzu, dass die 3D Punktwolke ein gewisses Rauschen beinhaltet, weil der Prozess der Positions- und Orientierungsbestimmung sowie die Erkennung markanter Bildpunkte ein gewisses Fehlermaß zulässt.

Laser Scanner auf der anderen Seite sind sehr gut geeignet um elektronische Repliken der realen Welt mit einem sehr hohen Detaillierungsgrad zu erzeugen. In unseren Projekten haben wir einen Riegl LMS-390i Laser Scanner benutzt (siehe Abbildung 2 links), mit dem bis zu 8000 Punkte pro Sekunde aufgenommen werden können. Die gescannten Objekte können bis zu 500 Meter weit entfernt liegen und mit einer Genauigkeit von 6mm erfasst werden. Mit Hilfe von Fotos einer gewöhnlichen, auf dem Gerät montierten Kamera können die erfassten Punkte zusätzlich eingefärbt werden, so dass ein präzises 3D Modell einer realen Stadt erstellt werden kann.

Weiterhin verwenden wir Karten, wie sie zum Beispiel von dem OpenStreet Map Projekt[2] zur Verfügung gestellt werden, um Wege und Straßen zu identifizieren. Wir benutzen Karten vom Katasteramt (vgl. Abbildung 2 rechts) um Bereiche der Stadt in beispielsweise Grünflächen, Wohngebiete oder Industriegebiete zu klassifizieren und verwenden historische Informationen aus Bildern, Karten und Zeitungen um daraus plausible Animationen der historischen Stadtentwicklung abzuleiten.

---

1 Wu, Changchang (2011).
2 Haklay, Mordechai M.; Weber, Patrick (2008).

Abbildung 2: Links: Der verwendete Laserscanner zur Akquirierung der Daten. Rechts: Eine Karte liefert genug Informationen um ein abstrahiertes Modell der Stadt zu erzeugen und um hoch aufgelöste Laserscans korrekt in der Szene zu platzieren.

3 Visualisierung der Daten

Wie bereits erwähnt, ist die einfachste Form eins 3D Computermodells eine einfache Punktwolke, die möglicherweise zusätzliche Informationen enthält, wie zum Beispiel die Farbe der Punkte. Natürlich können aufgrund begrenzter Speicherkapazität die realen Oberflächen nicht beliebig fein abgetastet werden, so dass sich auf den Fassaden Lücken zwischen den Punkten ergeben, wie in Abbildung 3 links zu sehen ist.

Um diese Lücken, an denen der Hintergrund zum Vorschein kommt, zu vermeiden, verwenden wir einen Ansatz der jedem Punkt neben der Farbe noch eine Normale zuweist. So kann jeder Punkt als kleine Scheibe oder Splat dargestellt werden. Um von jeder beliebigen virtuellen Position ein 2D Bild unserer kolorierten 3D Splat Wolke zu erstellen, rendern wir diese in drei Durchläufen.

Abbildung 3: Verschiedene Techniken der Visualisierung für Punktwolken. Einfaches Point Rendering (links) liefert zwar einen ersten Eindruck der 3D Geometrie, ist jedoch aufgrund der vielen Lücken zwischen den Punkten keine realistische Visualisierung der Daten. Splat Rendering (mitte) stellt Punkte mit Normalen als Scheiben dar und ermöglicht so das Schließen der Lücken zwischen den Punkten. Das Zuordnen einer Farbe zu jedem Punkt ermöglicht eine visuell ansprechende Darstellung, die jedoch erhebliche Unschärfen aufweist. Die Zuordnung von Bildausschnitten zu jeder Scheibe (rechts) erlaubt eine fast fotorealistische Darstellung des virtuellen 3D Modells.

Der erste Durchlauf erstellt lediglich ein Tiefenbild der Szene, welches jedem Pixel die Distanz zur sichtbaren Oberfläche zuweist. So können im zweiten Durchlauf die Splats ignoriert werden, die weit hinter der sichtbaren Oberfläche liegen. In diesem zweiten Durchlauf werden zudem in jedem Pixel die Farben und Normalen der Splats aufsummiert, die nahe der sichtbaren Oberfläche liegen und die perspektivisch auf das Pixel projizieren. Da wir zusätzlich die Anzahl der Splats zählen, die auf ein gewisses Pixel projizieren, können wir im dritten und letzten Durchlauf eine durchschnittliche Farbe und Normale pro Pixel berechnen, indem wir durch diese Anzahl teilen. Da uns die Normale der Oberfläche zur Verfügung steht, kann in diesem letzten Durchlauf die Farbe eines Pixels über ein lokales Beleuchtungsmodell angepasst werden, so dass das resultierende 2D Bild noch realistischer wirkt (vgl. Abbildung 3 Mitte).

Dieser Ansatz erzeugt glatte Übergänge der Farben und Normalen zwischen einzelnen Splats, wodurch der Eindruck entsteht, es handelt sich um eine geschlossene Oberfläche anstatt einer Menge von unzusammenhängenden Punkten. Zudem können die virtuellen Ansichten unseres Modells, welches typischerweise aus 10-20 Millionen Punkten besteht, auf heutigen Grafikkarten derart schnell berechnet werden, dass eine interaktive Exploration der Daten möglich ist. In unseren Projekten haben wir diesen Ansatz noch um einen Schritt erweitert, indem wir jedem Splat nicht nur eine einzige Farbe zugeordnet haben, sondern einen perspektivisch korrekt verzerrten Bildbereich aus einem der Bilder, die während des Scannvorgangs aufgenommen wurden. Dadurch wird hoch aufgelöste Bildinformation zu der Splat-Wolke hinzugefügt, wodurch die virtuellen Ansichten fast fotorealistisch wirken, wie in Abbildung 3 rechts zu sehen ist.

Auch wenn die virtuellen Ansichten mit interaktiven Bildraten berechnet werden können, wird dieser hohe Grad an Realismus mit einer hohen Ausnutzung des Speichers erkauft. Es ist auffällig, dass in urbanen Umgebungen viele Objekte, wie Straßen, Fassaden und Dächer eher planare Oberflächen sind. Würde man diese Oberflächen mit einfacheren geometrischen Objekten, wie Rechtecke oder Dreiecke repräsentieren, würden zwar die Genauigkeit etwas verloren gehen, dafür könnten aber mehrere tausend Punkte durch beispielsweise ein Rechteck mit nur 4 Ecken ersetzt werden, was natürlich sehr viel Speicherplatz einsparen würde. Die weitere Abstraktion der Punktwolke hätte schließlich eine Menge von Dreiecken zur Folge, die durchaus auch eine sinnvolle Repräsentation unseres Stadtmodells ist und in dem Projekt zu Abbildung 4 zum Einsatz kam.

Abbildung 4: Die schematische Ansicht verdeutlicht den Übergang aus den gegebenen Eingabedaten (beispielsweise Fotos) zu einem virtuellen Stadtmodell. Dies kann entweder für die direkte Visualisierung verwendet werden (mittig) oder die Daten werden weiter abstrahiert um ein anonymisiertes Modell zu erhalten (rechts).

Da das Modell in dieser groben Darstellung noch effizienter gerendert werden kann, können zusätzliche Effekte wie zum Beispiel Schatten, Wolken, Sonnenlicht, Straßenverkehr, Reflexionen auf Wasseroberflächen oder die Bewegung von Fußgängern in die Simulation einfließen, so dass die Immersion in die virtuelle Umgebung weiter verbessert wird.

4 Abstrahierung der Daten

Eine Vielzahl an praktischen Anwendungen benötigt eine Abstraktion der digitalisierten Daten, da diese in ihrer initialen Form spezifische Informationen für einzelne Punkte oder Dreiecke im 3D Raum bereitstellen, wodurch eine große Speichermenge belegt wird. Diese Einschränkung wird vor allem verschärft, wenn es sich um Echtzeitanwendungen handelt, die die GPU (engl. graphics processing unit) benutzen, welche einen sehr schnellen aber dafür relativ kleinen Speicher zur Verfügung stellt. Infolgedessen können häufig nur Ausschnitte großer Stadtmodelle in Echtzeit angezeigt werden. Um die Einschränkung etwas zu lockern kommen oft Streamingmethoden zum Einsatz, das heißt es wird immer nur ein kleiner Teil der Stadt von der GPU bearbeitet[3]. Sobald sich der Betrachter in einen anderen Sektor bewegt werden unwichtige Bereiche des Modells von der GPU entfernt, so dass Platz für neue Daten geschaffen wird. Diese Daten werden dann typischerweise von einem anderen Medium (zum Beispiel einer Festplatte) nachgeladen. Eine solche Streamingmethode ermöglicht zwar das Erkunden großer Stadtmodelle, jedoch ist die nötige Speichermenge für hochdetaillierte Modelle immer noch ein Problem, da selbst persistente Speichermedien, wie Festplatten, an ihre Grenzen stoßen. Ein alternativer Ansatz beruht auf der Beobachtung, dass es gerade bei Stadtmodellen eine große Anzahl von sich wiederholenden Elementen gibt. Eine intelligente Repräsentation der Daten würde also einerseits atomare Elemente, wie Fenster, Türen oder Ornamente, als Rohdaten speichern und andererseits würde die Platzierung dieser Elemente durch eine Menge von Regeln ausgedrückt werden, welche prinzipiell größer angelegte Strukturen definieren, wie den Aufbau einer Fassade oder eines ganzen Gebäudes[4,5,6]. Abbildung 4 zeigt auf schematische Weise den Übergang von einem Foto, über ein Rendering des virtuellen Modells zur reinen Visualisierung der Struktur. Diese Kooperation von einzigartigen Grundbausteinen und einer algorithmisch beschreibbaren Struktur wird häufig als prozedurale Model-

---

3 Mittring, Martin (2008).
4 Müller, Pascal et al. (2006).
5 Krecklau, Lars et al. (2010).
6 Haegler, Simon et al. (2010).

lierung bezeichnet, da zunächst eine Menge von Prozeduren (oder Regeln) ausgeführt werden muss um die finale Geometrie zu erzeugen.
Der ersichtlichste Vorteil von prozeduraler Modellierung gegenüber Streamingmethoden ist der benötigte Speicher. Während bei der Streamingmethode weiterhin die Daten in Rohform vorliegen müssen, wird der Speicherbedarf durch die Kompression bei der prozeduralen Modellierung extrem reduziert. Überdies kann die enthaltene Strukturinformation eines prozeduralen Modells weiter genutzt werden um das virtuelle Stadtmodell bezüglich diverser Kriterien zu verbessern. Zum Beispiel können die atomaren Elemente einer algorithmischen Beschreibung ausgetauscht werden[7]. Wenn nun angenommen wird, dass die Rohdaten (und somit auch die atomaren Elemente) des gesamten Stadtmodells in einer relativ niedrigen Auflösung vorliegen, aber eine Datenbank mit detaillierten Rohdaten der Fenstern, Türen und Ornamenten existiert, so kann die visuelle Qualität des Renderings stark erhöht werden, indem einfach die schlecht aufgelösten atomaren Elemente durch ihre jeweiligen hochaufgelösten Gegenstücke aus der Datenbank ausgetauscht werden. Zusätzlich kann dieser Ansatz auf die Anonymisierung des Stadtmodells übertragen werden ohne die Immersion zu schwächen, dass sich der Benutzer durch ein virtuelles Modell einer existierenden Stadt bewegt. Dies kann erreicht werden, indem künstliche Inhalte als atomare Elemente verwendet werden. Dabei sollten diese Inhalte zwar ein ähnliches Erscheinungsbild aufweisen wie die atomaren Elemente in den Rohdaten, um den Wiedererkennungseffekt zu erhöhen, jedoch sollte die tatsächliche Geometrie nicht vollständig dem Original entsprechen und sich in bestimmten Feinheiten unterscheiden damit bei genauer Betrachtung offensichtlich wird, dass es sich eben nicht um das Original handelt. Durch die algorithmische Beschreibung der Gebäude ist die globale Struktur der Stadt klar wiedererkennbar, so dass der Betrachter einen direkten gedanklichen Bezug zur korrespondierenden real existierenden Stadt aufbauen kann. Nichtsdestotrotz ist die finale Geometrie zusammengesetzt aus künstlichen Inhalten und somit werden keine persönlichen Informationen offen gelegt.
Die Sicherstellung der Privatsphäre bei der Darstellung virtueller Stadtmodelle stellt ein großes Problem dar. Ganze Städte werden gescannt und digitalisiert in Form von Punktwolken[8] oder Panoramabildern[9]. Diese Daten sind sehr leicht zugänglich und ermöglichen auf einfache Weise existierende Städte bequem von zu Hause zu erkunden. Teilweise wird jedoch befürchtet, dass die Technologie eben auch von kriminellen Personen missbraucht werden könnte um Einbruchsziele auszuspähen. Demzufolge werden in einigen Panoramabildern bestimmte Fassaden mit einem Unschärfefilter belegt, wenn die darin wohnende

---

7 Aliaga, Daniel et al. (2007).
8 Photosynth (2013).
9 GoogleStreetView (2013).

Person nicht damit einverstanden ist, dass das Gebäude öffentlich im Internet gezeigt wird. Leider bedeutet dies natürlich auch, dass die visuelle Qualität der Bilder unermesslich abnimmt. Natürlich werden somit private Informationen verschleiert, jedoch stellt dann das gesamte Medium kein immersives Erlebnis mehr dar, auch nicht für Personen ohne kriminelle Absichten. Im Gegensatz zur Darstellung der realen Daten, kann ein prozedurales Verfahren angewendet werden um die Immersion aufrecht zu erhalten indem eben nur die Struktur der Stadt wiedergegeben wird aber persönliche Details durch künstliche Inhalte ausgetauscht werden. Auf diese Weise wird die Privatsphäre der Personen nicht verletzt, obwohl eine hohe visuelle Qualität des Renderings erreicht wird. Die prozedurale Modellierung kann sogar dazu genutzt werden fiktive Daten zu erzeugen, die den Gesamteindruck der Stadt vollständiger und somit realistischer wirken lassen. Beispielsweise wäre es nicht vorstellbar, dass sogar die Innenräume der Gebäude gescannt und digitalisiert werden. Dennoch ist es auf einfache Weise möglich, künstliche Inhalte hinter den Fenstern zu erzeugen[10][11]. Solange der Betrachter die realen Räume nicht kennt – was auf den größten Teil der Gebäude zutrifft – wirkt das synthetisierte Bild des virtuellen Stadtmodells wesentlich realistischer.

5 Applikationen für virtuelle Stadtmodelle

Neben der statischen Repräsentation einer Stadt zu genau einem Zeitpunkt eröffnen virtuelle Stadtmodelle auch die Möglichkeit einen Blick in die Vergangenheit zu werfen. Hierbei wird auf historische Daten zurückgegriffen, die in Büchern oder Stadtkarten aus den letzten Jahrzehnten bzw. Jahrhunderten eingesehen werden können. Im einfachsten Fall ist es also denkbar das digitale Modell mit Hilfe dieser zusätzlichen Daten an die Vergangenheit anzupassen, jedoch wäre dies nur ein einziger weiterer Zeitpunkt, den man als virtuelles Stadtmodell betrachten könnte. Die grundsätzliche Idee kann aber auch dahingehend erweitert werden, dass eine plausible Animation der Stadtentwicklung aus den historischen Daten abgeleitet wird[12]. Basierend auf nur wenigen historischen Stadtkarten und zumeist unscharfen Zeiträumen aus Büchern wird für jede zu animierende Instanz des Stadtmodells, wie Straßen oder Gebäude, ein konkreter Zeitpunkt für den Bau oder die Errichtung abgeleitet.

Bei der Erstellung der Animation müssen außerdem bestimmte Randbedingungen einhalten werden. Zunächst werden durch ein Regelwerk typische Ab-

---

10 Krecklau, Lars et al. (2013).
11 Krecklau, Lars; Kobbelt, Leif (2011).
12 Krecklau, Lars et al. (2012).

hängigkeiten zwischen Bauereignissen definiert, wie beispielsweise, dass eine Straße nur dann gebaut werden kann, wenn sie einen Anschluss an das restliche Straßennetz besitzt. Ebenso werden Gebäude nur dann errichtet, wenn bereits eine Straße existiert, die einen Zugang ermöglichen würde. Durch die Analyse dieser Abhängigkeiten kann schlussendlich erreicht werden, dass die Eingabedaten korrekt interpoliert werden. Dementsprechend gleicht das Modell der Realität in den Zeitpunkten zu denen eine historische Karte gegeben war und für die restlichen Zeitintervalle kann basierend auf dem Regelwerk eine plausible Abfolge von Bau- und Abrissereignissen rekonstruiert werden. Abbildung 5 zeigt Ausschnitte einer Animationssequenz der Stadt Aachen über 200 Jahre basierend auf 8 historischen Stadtkarten. Die Erstellung der gesamten Animation inklusive der Eingabe der historischen Daten dauerte dabei gerade mal einen Arbeitstag für eine Person.

Abbildung 5: Mithilfe der prozeduralen Interpolation gegebener historischer Stadtkarten können plausible Animationen des virtuellen Stadtmodells erzeugt werden um die Stadtentwicklung der vergangenen Jahrzehnte zu veranschaulichen.

Eine weitere Anwendung virtueller Stadtmodelle zeichnet sich auf heutigen Mobilgeräten wie Smartphones oder Tablets ab. Da die Performance dieser Geräte mittlerweile die Darstellung von 3D Inhalten ermöglicht und die Geräte auch meist mit zusätzlicher Sensorik ausgestattet sind, wie einem GPS Empfänger oder einer Kamera, werden ganz neue Einsatzgebiete eröffnet. Ein Anwendungsfall ist die mobile Navigation, bei der als Grundlage das Bild der Kamera des Mobilgeräts verwendet werden kann, um zusätzliche Informationen in die reale Aufnahme zu blenden[13]. Im einfachsten Fall kann so zum Beispiel die Stadtkarte perspektivisch korrekt in das aktuelle Kamerabild projiziert werden. Auf diese Weise wird jedoch die Immersion dadurch abgeschwächt, dass Gebäude und andere Gegenstände, die das Straßennetz eigentlich verdecken sollten, nun von der projizierten Stadtkarte überblendet werden. Abbildung 6 links zeigt, dass mit Hilfe des digitalisierten Stadtmodells eben genau diese Verdeckung berücksichtigt werden kann und die mobile Navigation somit in der aktuellen Sicht nur die zu verwendende Route hervorheben kann. Mit demselben Prinzip lassen sich auch andere Informationen einblenden wie beispielsweise historische Details bekannter Gebäude. In Abbildung 6 rechts wird verdeutlicht wie die beschriebene Technik eingesetzt werden kann um bestimmte Lehrinhalte einzublenden. Die Verschmelzung von Realität und abstrakter Information ermöglicht somit auf spaßmachende Weise das Erlernen neuer Inhalte oder das Aneignen detaillierter Hintergrundinformationen.

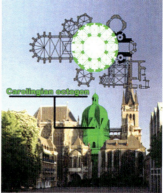

Abbildung 6: Heutige Mobilgeräte ermöglichen über integrierte Kameras und GPS Empfänger die aufgenommene Realität ohne weitere Vorberechnungen mit zusätzlichen Inhalten zu überblenden. Auf diese Weise können intuitive Navigationssysteme oder spaßmachende Lernprogramme umgesetzt werden.

Die in Kapitel 3 angesprochene Visualisierung findet Einsatz in der Exploration der gewonnen Daten, was nur eine Anwendung darstellt. Das (abstrahierte) 3D Modell der Stadt ist aber noch in vielen anderen Bereichen aus der Forschung

---

13 Li, Ming et al. (2012).

und Industrie verwendbar. Einer dieser Bereiche ist die Simulation von realen Effekten wie beispielsweise die Ausbreitung von Radiowellen[14] (vgl. Abbildung 7 links). Eine interessante Fragestellung für Mobilfunkanbieter ist die Netzabdeckung in einer urbanen Umgebung. Um diese zu erfassen wird in der Regel sehr viel Aufwand betrieben indem an vielen Stellen in der Stadt Messungen vorgenommen werden.

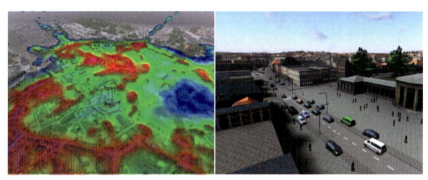

Abbildung 7: Links Visualisierung der Radiowellenausbreitung ausgehend von einen bestimmten Punkt. Rot kodiert Regionen in unserem Stadtmodell mit besonders guter Signalstärke, während grüne und blaue Regionen schlechten Empfang charakterisieren. Rechts: Simulation des Verkehrsflusses. Autos bewegen sich nach den Regeln der Straßenverkehrsordnung und versuchen einen gewissen Mindestabstand zueinander einzuhalten. Bei zu hohem Verkehrsaufkommen kann es zu simulierten Staus kommen.

Mit Hilfe des virtuellen Stadtmodells und sogenannten Raytracing Techniken, kann die Ausbreitung der Radiowellen simuliert werden. Dabei werden Reflexionen der Radiowellen an Häuserwänden genau berechnet, wobei die Emitter der Radiowellen sowohl Sendemasten als auch Mobilfunkgeräte sein können. Diese Simulation kann dann Hinweise auf mögliche Schwachstellen in der Netzabdeckung liefern und man kann zunächst am Computer neue Sendemasten optimal platzieren, bevor in der realen Umgebung kostspielige Tests vorgenommen werden um die letztendliche Position eines neuen Sendemasten zu bestimmen. Ähnlich wie die Ausbreitung von Radiowellen können auch andere Phänomene simuliert werden. So können die Gebäude der virtuellen Stadt zum Beispiel in eine Strömungssimulation integriert werden. Auf diese Weise lässt sich am Computer herausfinden, ob gefährliche Turbolenzen hinter geplanten Hochhäusern entste-

---

14 Schmitz, Arne; Kobbelt, Leif (2011).

hen würden, und es lässt sich ermitteln, ob diese durch die Abänderung der Geometrie der Gebäude vermieden werden können. Insbesondere in immer enger werden Großstädten ist die Simulation des Verkehrsaufkommen von großem Interesse. Die durch die Abstraktion der Daten (siehe Kapitel 4) gewonnene Straßenkarte der Stadt ermöglicht eine Simulation des Verkehrs mit Autos, Bussen, Fahrradfahrern und Fußgängern, unter Berücksichtigung der Verkehrsregeln und der vorhandenen Kapazitäten der Straßen (vgl. Abbildung 7 rechts). Zum einen ist es so möglich das Verkehrsaufkommen zu bestimmten Tageszeiten vorherzusagen, um dann Verkehrsleitsysteme (in erster Linie Ampeln) so zu steuern, dass die Engpässe reduziert werden. Zum anderen lassen sich auch Langzeitprognosen über die Nutzung von Straßen machen, die dann in die Straßenplanung einfließen können, und die dann helfen können das künftige Verkehrsaufkommen und die damit verbundene Umweltbelastung zu verringern.

6 Fazit

In diesem Artikel haben wir einen Überblick über verschiedene Techniken zur Akquirierung, Aufbereitung und Nutzung von urbanen 3D Daten gegeben. Schon für unerfahrene Nutzer bieten bildbasierte Techniken, für die nur eine Menge von Fotos aufgenommen werden muss, eine einfache Möglichkeit ein erstes 3D Modell zu erzeugen. Wenn genauere Messungen erforderlich sind, kommen heutzutage Laserscanner zum Einsatz. Die so gewonnen großen Datenmengen können zum Beispiel mittels Splat-Rendering realistisch dargestellt werden. Leider wird dazu viel Speicher benötigt und die größte Rechenzeit wird für die Darstellung selbst verwendet. Das Abstrahieren der Daten ermöglicht nicht nur eine Anonymisierung der Daten, sondern ist auch in der Lage die speicherintensive Punktwolke in eine weniger komplexe Repräsentation zu überführen. So eröffnen sich eine Reihe von interessanten Anwendungen wie die Visualisierung von zeitlichen Veränderungen der Stadt, die Nutzung der Modelle in Navigations- und Augmented Reality Anwendungen, die Simulation von physikalischen Prozessen (Radiowellen, Wind) und die Analyse des Verkehrsaufkommens. Leider existieren heute immer noch keine vollständig automatischen Techniken um die gewonnen Daten in die gewünschte Repräsentation zu überführen, so dass diese Aufgabe vorerst ein interessantes Forschungsgebiet bleiben wird.

Literaturverzeichnis

Aliaga, Daniel G.; Rosen, Paul A.; Bekins, Daniel R. (2007): *Style Grammars for Interactive Visualization of Architecture*. In: IEEE Transactions on Visualization and Computer Graphics, Bd. 13, Nr. 4, S. 786–797.

GoogleStreetView (2013): http://www.google.com/streetview.

Haegler, Simon et al. (2010): *Grammar-based Encoding of Facades*. In: Computer Graphics Forum. Bd. 29, Nr. 4, S. 1479–1487.

Haklay, Mordechai M.; Weber, Patrick (2008): *OpenStreetMap: User-Generated Street Maps*. In: IEEE Pervasive Computing, Bd. 7, Nr. 4, S. 12–18.

Krecklau, Lars; Born Janis; Kobbelt, Leif (2013): *View-Dependent Realtime Rendering of Procedural Facades with High Geometric Detail*. In: Computer Graphics Forum, Bd. 32, Nr. 2.

Krecklau, Lars; Kobbelt, Leif (2011): *Realtime Compositing of Procedural Facade Textures on the GPU*. In: Proceedings of the 4th ISPRS International Workshop 3D-ARCH 2011 (ISPRS, 2011).

Krecklau, Lars; Manthei, Christopher; Kobbelt, Leif (2012): *Procedural Interpolation of Historical City Maps*. In: Computer Graphics Forum, Bd. 31, Nr. 2pt3, S. 691–700.

Krecklau, Lars; Pavic, Darko; Kobbelt, Leif (2010): *Generalized Use of Non-Terminal Symbols for Procedural Modeling*. In: Computer Graphics Forum, Bd. 29, Nr. 8, S. 2291–2303.

Li, Ming; Mahnkopf, Lars; Kobbelt, Leif (2012): *The Design of a Segway AR-Tactile Navigation System*. In: *Pervasive Computing*, Kay, Judy et al. (Hrsg.): Lecture Notes in Computer Science, Bd. 7319, Berlin Heidelberg: Springer , S. 161–178.

Mittring, Martin (2008): *Advanced Virtual Texture Topics*. In: SIGGRAPH 2008 Classes, NY, USA: ACM, S. 23–51.

Müller, Pascal et al. (2006): *Procedural Modeling of Buildings*. In: ACM SIGGRAPH 2006 Papers, SIGGRAPH '06, New York, NY, USA: ACM, S. 614–623.

Photosynth (2013): http://www.photosynth.net.

Schmitz, Arne; Kobbelt, Leif (2011): *Efficient and Accurate Urban Outdoor Radio Wave Propagation*. In: Electromagnetics in Advanced Applications (ICEAA), S. 323–326.

Wu, Changchang (2011): *VisualSFM: A Visual Structure from Motion System*, http://homes.cs.washington.edu/ ccwu/vsfm/.

Alt schlägt Jung
Bewegungsförderung für Ältere durch Serious Games

Philipp Brauner, Christopher Rausch, Shirley Beul, Martina Ziefle[*]

Abstract

Der demographische Wandel stellt unsere Sozialsysteme vor die Herausforderung, mehr Ältere für längere Zeit adäquat zu versorgen. Ein Ansatz zur Senkung der durch Muskel-Skelett-Erkrankungen verursachten Kosten ist die computergestützte Bewegungsförderung und Rehabilitation. Um bei diesen computergestützten Verfahren die Komplianz sicher zu stellen, müssen diese nachhaltig motivierend gestalten sein, was sich durch die Integration dieser Verfahren in Spiele realisieren lässt. Wir haben in einem nutzerzentrierten, partizipativen Entwicklungsprozess ein Spiel zur Bewegungsförderung in einem virtuellen Obstgarten realisiert und den Einfluss von Nutzerfaktoren auf die Akzeptanz in einem Nutzertest mit unterschiedlichen Altersgruppen getestet. Das Spiel wurde generell sehr gut bewertet und es zeigt sich, dass gerade Ältere das Spiel gerne zur Bewegungsförderung nutzen würden. Durch die Interaktion mit dem Spiel verbesserten sich die subjektiven Schmerzwerte aller Teilnehmer der Studie, besonders deutlich ist dieser Effekt aber gerade bei den Älteren.

---

[*] Dipl.-Inform. Philipp Brauner | brauner@comm.rwth-aachen.de
Christopher Rausch, M.Sc. | rausch@comm.rwth-aachen.de
Shirley Beul, M.A. | beul@comm.rwth-aachen.de
Prof. Dr. phil. Martina Ziefle | ziefle@comm.rwth-aachen.de

Human-Computer-Interaction Center | Theaterplatz 14 | 52062 Aachen
RWTH Aachen University

1 Einleitung

Die alternde Gesellschaft, allen voran in Deutschland, weiten Teilen Europas, Nord Amerika und Japan, ist eine der großen Herausforderungen dieses Jahrhunderts. Der demographische Wandel führt dazu, dass immer weniger Arbeitnehmerinnen und Arbeitnehmer für immer mehr ältere Menschen und ebenso für immer mehr Pflegebedürftige aufkommen müssen. In Deutschland wird sich bereits im Jahr 2030 der Anteil der Über-75-Jährigen im Vergleich zu heute verdoppelt haben. Nach der aktuellen Bevölkerungsvorausberechnung wird im Vergleich zu heute der Anteil der durch die Arbeitnehmerinnen und Arbeitnehmer zu versorgenden Älteren im Jahr 2050 um etwa 75% steigen (Statistisches Bundesamt 2009). Schon heute zeichnet sich in den Ländern der OECD ab, dass sich das Wachstum der Gesundheitsausgaben pro Kopf verlangsamt oder gar fällt (OECD 2012) und somit für den Einzelnen weniger Geld für Pflege und Therapie zur Verfügung steht.

Um den steigenden Kosten im Gesundheitssystem bei gleichzeitig sinkenden Einnahmen zu begegnen, müssen neue, kostengünstige und durch alle im Gesundheitssystem beteiligten Stakeholder akzeptierte Ansätze identifiziert und genutzt werden.

In diesem Artikel stellen wir eine spielbasierte Umgebung zur Bewegungsförderung vor, die das Problem des Bluthochdrucks adressiert. Bluthochdruck ist einer der wesentlichen Risikofaktoren für das Auftreten von Herz-Kreislauf-Krankheiten. Nach einer Erhebung des Robert-Koch-Instituts (RKI) leiden derzeit 12,7% der Frauen und 18,1% der Männer an Bluthochdruck, wobei der Anteil bei beiden Geschlechtern mit zunehmenden Alter zunimmt (Ho et al. 1993, Neuhauser et al. 2013). Die Weltgesundheitsorganisation (WHO) empfiehlt zur Verringerung des Bluthochdrucks und zur Minderung der damit verbundenen Krankheitsrisiken mindestens 150 min. leichten, bzw. 75 min. intensiveren, Sport in der Woche (World Health Organization 2010).

Viele Menschen sind bis ins hohe Alter sportlich aktiv und bewegen sich regelmäßig, zum Beispiel in Sportclubs und Fitnessstudios oder bei Aktivitäten außerhalb der eigenen Wohnung. Aus verschiedenen Gründen kommt dies jedoch nicht immer und nicht für jeden in Frage: Erstens muss für eine sportliche Aktivität außerhalb der Wohnung eine gewisse Hemmschwelle überwunden werden, wofür bei einigen Menschen schlicht die notwendige Motivation nicht ausreicht. Zweitens fürchten manche Menschen nach einer langen Zeit ohne sportliche Aktivität eine Stigmatisierung durch ihre geringe Fitness und ihre geringere motorische Koordinationsfähigkeit, was sich wiederum negativ auf die Motivation auswirkt. Drittens können einige Menschen aufgrund von körperlichen Einschränkungen nicht mehr ohne weiteres ihre Wohnung verlassen, beispielsweise weil sie auf externe Unterstützung von Pflegekräften oder Geräten angewiesen sind. Ein Ansatz um auch diese Menschen zu mehr Bewegung zu motivieren bietet die computergestützte Bewegungsförderung in der häuslichen Umgebung der Nutzerinnen und Nutzer. Sie kann damit als eine wesentliche und kostengünstige Komponente für ein längeres und selbstbestimmtes Leben betrachtet werden.

Eine Herausforderung bei der Entwicklung derartiger Systeme ist, diese so zu gestalten, dass sie nicht nur medizinisch sinnvoll sind, sondern sie auch gerne und regelmäßig genutzt werden. Im Hinblick auf die empfundene Nützlichkeit und die Nachhaltigkeit des Nutzens solcher Systeme ist es entscheidend, dass technologische Entwicklungen sich an menschlichen Grundmotiven orientieren (Wilkowska 2010): die grundsätzliche Wertschätzung (Hertel 2012, Rosenstiel 2009), die Bezugnahme zu Spiel, Wettkampf und Spaß (Huizinga 1939) der Appell an die intrinsische Leistungsmotivation und die Möglichkeit, Leistung zu erbringen (Brunstein und Heckhausen 2006) und ein Verstärkungssystem, mit dem der Nutzer seine eigene Leistung erleben kann und belohnt weiß (Schwarzer und Jerusalem 1982). Gerade im Bereich der Bewegungsförderung sind solche Grundmotive gut umzusetzen. Eine Grundlage um dies zu erreichen bildet das Premack-Prinzip (Premack 1959): Wird menschliches Verhalten mit einer niedrigeren Auftretenswahrscheinlichkeit mit Verhalten mit einer hohen Auftretenswahrscheinlichkeit verknüpft, so wird dies die Auftretenswahrscheinlichkeit des vormals selten gezeigten Verhaltens erhöhen. Konkret lassen sich so die als unangenehm empfundenen und daher selten praktizierten Bewegungsübungen an angenehme und daher häufig durchgeführte Verhaltensweisen koppeln. Als Kopplungsgegenstück eignen sich Spiele, da Spielen als angenehm empfunden und gern und häufig praktiziert wird (Huizinga 1939).

Das Konzept der Kopplung eines Spiels mit einer weiteren rein ernsthaften Tätigkeit ist nicht neu. Bereits 1970 wird von Abt der Begriff „*Serious Games*" erstmalig von Abt verwendet. Abt (Abt 1987) bezog ihn generell auf Spiele mit einem ernsthaften Hintergrund und – anders als in dem hier vorgestellten Projekt – nicht auf Computerspiele. Michael und Chen definieren ein Serious Game (oder deutsch: ernsthaftes Spiel) als „ein Spiel, in dem Lernen (in allen Formen) und nicht die Unterhaltung das Hauptziel darstellt" (Michael und Chen 2006)[1].

Im Kontext von Spielen zur Bewegungsförderung hat sich der Begriff „Exergame" als Kombination und aus „Exercise" (engl. „*Sport treiben*") und „game" (engl. „*Spiel*") durchgesetzt. Darunter werden Spiele verstanden, die Körperbewegungen der Nutzerinnen und Nutzer als Eingabe zur Steuerung des Spiels nutzen (Sinclair, J. et al. 2007). Die hierfür notwendige Technologie ist seit 2006 mit der Einführung der Spielekonsole Wii von Nintendo auch im

---

1   engl. Original: „*A serious game is a game in which education (in its various forms) is the primary goal, rather than entertainment.*".

kommerziellen Umfeld verfügbar. Die Konsole zeichnet sich durch den mitgelieferten Controller aus, der durch integrierte Sensoren die Bewegungen der Nutzerinnen und Nutzer nachvollziehen kann. Inzwischen bieten auch die Spielekonsolen XBox 360 von Microsoft und die Playstation 3 von Sony mit Microsoft Kinect bzw. Playstation Move optionale Eingabegeräte zur Steuerung von Exergames.

Inzwischen setzen viele kommerzielle Spieleentwickler und wissenschaftliche Forschungsprojekte den Microsoft-Kinect-Sensor ein. Dieser Sensor verfügt neben einer Kamera und einem 3d-Mikrofon über einen Tiefensensor, der über zusätzliche Software die Bewegungen von einer bis sechs Personen erkennen und in ein Skelettmodell überführen kann. Im kommerziellen Bereich wird dieser Sensor einerseits von Spielen wie *Kinect Sports* (Microsoft Corporation 2013) oder *Kung Fu High Impact* (Virtual Air Guitar Company Oy 2013) verwendet, bei denen der Spielspaß im Vordergrund steht und andererseits von Titeln wie Ubisofts *Your Shape* (Ubisoft 2012), bei dem lediglich Spielkomponenten als Anreize genutzt werden, ansonsten aber normale Fitnessübungen im Vordergrund stehen. Auf wissenschaftlicher Ebene existieren Anwendungen wie GrabApple (Gao und Mandryk 2011), das wie das hier untersuchte Spiel ebenfalls auf ein Gartenszenario setzt, allerdings nicht für Ältere konzipiert wurde, sondern zur Bewegungsförderung am Arbeitsplatz eingesetzt werden soll.

Damit ein computerbasiertes Spiel zu Bewegungsförderung für Ältere aktiv genutzt wird, muss es von den Nutzerinnen und Nutzern akzeptiert werden. Hierfür identifiziert das Technology Acceptance Model (TAM) von Davis (Davis 1989) wesentliche Einflussfaktoren: Bedeutend sind dem Modell nach die wahrgenommene Leichtigkeit der Bedienung und die empfundene Nützlichkeit der Anwendung. Werden diese beiden Größen von den Nutzerinnen und Nutzern als gering bewertet, wird das Produkt nicht akzeptiert und folglich auch kaum genutzt werden. Die Optimierung dieser beiden Parameter muss also ein wesentliches Ziel sein. In diesem Artikel werden wir daher die Entwicklung eines Serious Games zur Bewegungsförderung mit Hinblick auf die Akzeptanz darstellen. Die Nutzung virtueller Spielumgebungen bieten vielfältige Möglichkeiten, die Akzeptanz zusätzlich zu steigern. Einige Beispiele hierfür und eine anschließende Validierung werden ebenfalls in diesem Artikel vorgestellt.

2 Ältere Menschen als Nutzer technologischer Systeme

Gerade vor dem Hintergrund der alternden Gesellschaft ist es zentral, dass die technologische Entwicklung ihre Zielgruppe versteht, richtig adressiert und die spezifischen Anforderungen feinsinnig in das technologische Design umsetzen kann (Silver 2004), da nur dann eine nachhaltige Akzeptanz und Nutzung der

Technologie erreicht wird. Die Leistungsfähigkeit moderner Informations- und Kommunikationstechnologien, ihre flächendeckende Einsetzbarkeit und die Möglichkeit, viele auch altersgerechte Services und elektronische Unterstützungssysteme bereitzustellen, weisen Informations- und Kommunikationstechnologien eine herausragende Rolle bei der Bewältigung des demographischen Wandels zu. Gerade ältere Menschen könnten in besonderem Ausmaß von modernen Technologien profitieren, hinsichtlich Mobilität (Schaar und Ziefle 2010), Kontaktmöglichkeiten (Calero Valdez et al. 2012), Unterstützung im Alltag (Beul et al. 2012, Mynatt und Rogers 2001), bei der medizinischen Versorgung (Klack et al. 2011) als auch der (sozialen) Netzwerkbildung (Mynatt und Rogers 2001).

Dennoch stoßen ältere Menschen oft auf erhebliche Probleme im Umgang mit bestehenden Technologien und erleben Zugangsschwierigkeiten, die ihrer alltäglichen und selbstverständlichen Nutzung entgegenstehen und die Akzeptanz erschweren. Die genannten Schwierigkeiten sind dadurch bedingt, dass „Alter" und „Altern" in der Entwicklung der Technologien nicht angemessen umgesetzt sind (Arning und Ziefle 2007, Baltes und Baltes 1993, Dethloff 2004).

Das Alterskonzept ist – insbesondere in westlichen Kulturen – insgesamt eher negativ, vornehmlich charakterisiert durch den alterskorrelierten Rückgang von Fähigkeiten (im Vergleich zu Jüngeren). Sie betreffen sowohl die subjektive Bewertung des vorhandenen Handlungspotentials beim alternden Menschen als auch das im Alter vorhandene Potential, Neues zu lernen (Ellis und Allaire 1999). Im Selbsterleben weisen ältere Menschen eine höhere Technikangst auf (Chua et al. 1999) und schreiben sich ein geringeres Technikverständnis (Arning und Ziefle 2007) zu. Bezeichnenderweise zeigen Ältere, wenn sie mit altersgerecht gestalteten Technologien umgehen, eine mit jüngeren Nutzern vergleichbare Leistung mit dem Gerät (Arning und Ziefle 2010).

Einen diametral entgegengesetzten Zugang leistet die Konzeptualisierung des Alters im Sinne von Weisheit (Baltes und Baltes 1993): Erfolgreiches Altern bestimmt sich durch die Minimierung von Verlusten und die Maximierung von Gewinnen und stellt eine fundamentale Pragmatik dar, die das über die Lebensspanne gesammelte Wissen und Erfahrungen verbindet und damit Älteren in die Lage versetzt, vertiefte Einsichten, ausgewogene Urteile sowie fundierte Ratschläge zu komplexen, unklaren und ungewissen Problemstellungen zu geben. Dies hat eine zentrale Bedeutung im Hinblick auf die Eigenständigkeit der Lebensführung, gerade bei der medizinischen Versorgung im häuslichen Umfeld. Die Nutzung von Technologien in häuslichen Umfeld muss nicht nur in besonderem Maße altersbedingte Restriktionen und Potentiale berücksichtigen (Gaul und Ziefle 2009), sondern darüber hinaus auch die von Nutzern empfundene Sorge um die Einhaltung ihrer (familiären) Intimität, des Schutzes der Persönlichkeit und der Vertrautheit in den eigenen vier Wänden (Lahlou 2008, Ziefle 2011).

In jüngsten Studien wurde gezeigt, dass ältere Nutzer die Einfachheit der Bedienung einer Technologie als zentral bewerten (Ziefle et al. 2012), jedoch die „wahrgenommene Nützlichkeit" für Ältere eine ungleich wichtigere Rolle spielt. Sie entscheidet darüber, ob ein älterer Mensch sich mit einer Technologie überhaupt auseinandersetzen will (Wilkowska und Ziefle 2009). Neben funktionalen Komponenten wie der Einfachheit der Bedienung und der empfundenen Nützlichkeit der Technologie spielen jedoch weitere Faktoren eine wichtige Rolle, etwa hedonische Komponenten also der Spaß im Umgang mit der Technologie, die Attraktivität des Designs und die von der Technologie vermittelte Bedeutung und Selbstwert (Ziefle und Jakobs 2010).

3 Motivation zur Nutzung virtueller Umgebungen

Die Bewegungsförderung in virtuelle Umgebungen soll keineswegs generell die Bewegung im Sportclub, Fitnessstudio oder in der freien Natur ersetzen. Sie soll vielmehr eine Alternative bieten, die auch im häuslichen Umfeld genutzt werden kann. Gedacht ist sie für Menschen, die nicht ohne externe Unterstützung durch Pflegekräfte oder Technik ihre Wohnung verlassen können, oder für Menschen, die nach längerer Zeit ohne sportliche Betätigungen erst ihre Motivation zur Bewegung außerhalb aufbauen müssen und durch die Spielumgebung lernen wollen, dass Bewegung auch wieder „Spaß" machen kann. Die Bewegungsförderung in virtuellen Umgebungen bietet nichtsdestotrotz auch wesentliche Vorzüge, einerseits im Bereich der Gestaltungsmöglichkeiten der Umgebung, andererseits durch die Nutzung der Umgebung als Testlabor zur Erforschung menschlicher Motivation.

Die Gestaltungsmöglichkeiten in virtuellen Umgebungen sind mannigfaltig: Natürlich besteht die Möglichkeit die Sportübungen auf einem virtuell dargestellten Sportplatz durchzuführen. Durch das Austauschen von Grafiken und Geräuschen und durch das Anpassen der Spielmechanik und des Leveldesigns ist es jedoch auch ebenso leicht möglich, die Übungen in einer völlig anderen Umgebung stattfinden zu lassen. Etwa wie in diesem Artikel beschrieben in einem virtuellen Obstgarten, oder aber in einer Raumstation oder einem mittelalterlichen Turnier. Die vielfältigen Möglichkeiten und die leichte Anpassbarkeit ermöglicht es insbesondere auch, die Umgebung individuell an die Nutzerpräferenzen anzupassen und unterschiedlichen Nutzern verschiedene Umgebungen anbieten zu können. Ein weiteres Beispiel für die Vorzüge virtueller Umgebungen ist die Anpassbarkeit der Spielschwierigkeit an die Fähigkeiten der Nutzerinnen und Nutzer. So werden in dem hier vorgestellten Spiel die unterschiedlichen Körpergrößen der Nutzerinnen und Nutzer virtuell angeglichen, wodurch der Schwierigkeitsgrad der durchzuführenden Übungen trotz unterschiedlicher Voraussetzungen konstant gehalten wird (siehe Abschnitt 4.4).

Die Nutzung der virtuellen Umgebung als Labor für die Forschung ergibt sich aus der Möglichkeit, die Bewegungen und Aktivitäten der Nutzerinnen und Nutzer detailliert aufzeichnen und anschließend analysieren zu können. Dies ermöglicht einerseits die Erstellung individueller Leistungsprofile und damit die Anzeige von individuellem Feedback, andererseits können die Leistungsdaten in wissenschaftlichen Studien mit zuvor erhobenen demographischen Daten und Persönlichkeitsmerkmalen korreliert werden. Hierdurch lässt sich dann ableiten, wie Spielumgebungen für unterschiedliche Spielertypen oder verschiedene Fitnesslevel gestaltet werden müssen und wie eine Umgebung gestaltet werden kann, um besonders schwach motivierte Personen zu erreichen.

4 Iterative und Partizipative Entwicklung eines Serious Games zur Bewegungsförderung

Im Folgenden wird die nutzerzentrierte Entwicklung des Spielprototypen, die Wahl des Szenarios, sowie Überlegung hinsichtlich des angestrebten Realismusgrades vorgestellt.

4.1 Entwicklungsmodell

Da Fehler und die notwendigen Korrekturen umso günstiger sind, je früher sie im Entwicklungsprozess aufgedeckt werden (Nielsen 1993), wurde der Prototyp anhand eines iterativen und partizipativen Vorgehensmodells entwickelt. Unter einem iterativen Vorgehensmodell versteht man einen zyklischen Prozess, bei dem das zu entwickelnde Produkt von einem sehr groben und unvollständigen Entwurf schrittweise entwickelt und regelmäßig evaluiert wird, um kontinuierlich Anregungen für die weitere Entwicklung zu erhalten. In einem partizipativen Entwicklungsmodell werden darüber hinaus die Evaluationen mit potentiellen Nutzerinnen und Nutzern des späteren Produkts durchgeführt und nicht nur mit den Entwicklern des Produkts oder mit anderen Experten. Durch die Integration echter Nutzerinnen und Nutzern können etwaige Schwierigkeiten in der Nutzbarkeit und der Akzeptanz einer Anwendung rechtzeitig aufgedeckt und frühzeitig korrigiert werden. Um dabei nicht nur die tatsächliche Nutzbarkeit für ältere Spieler sicherzustellen, sondern auch die geforderten Bewegungsabläufe medizinisch sinnvoll zu gestalten, flossen darüber hinaus Erkenntnisse aus Experteninterviews mit Spezialisten aus den Bereichen Physiotherapie und Sportmedizin in den Entwicklungsprozess ein.

4.2 Szenario und Spielkonzept

Ausgehend von der Anforderung eine spielbasierte Anwendung zur Bewegungsförderung zu entwickeln und zu testen, wurde zunächst ein geeignetes Spielszenario identifiziert. In (De Schutter und Vandenabeele 2008) werden Anforderungen Älterer an Spiele identifiziert: Zentral sind demnach eine geeignete Kernaktivität, die Anbindung an Andere, Entwicklungsmöglichkeiten, sowie die Möglichkeit nicht nur für sich, sondern auch für andere etwas zu tun. Zunächst wurde eine geeignete Kernaktivität identifiziert, um die ein ansprechendes Spiel gestaltet werden sollte. In späteren Entwicklungsstufen wird die Anwendung um die weiteren Anforderungen Älterer ergänzt, beispielsweise die Anbindung weiterer Spielerinnen und Spieler. Als mögliche Kernaktivitäten eignen sich nach (De Schutter und Vandenabeele 2008) Themen, die ohnehin gerne von den Älteren durchgeführt werden. Da viele Älteren gerne im Garten arbeiten, wird eine Gartenumgebung als Spielfeld gewählt, in der verschiedene Tätigkeiten spielerisch durchgeführt werden sollen. Diesen Ansatz wurde auch von anderen Spielprototypen für junge und ältere Spieler erfolgreich verfolgt (Gao und Mandryk 2011, Gerling et al. 2012).

Der Spielprototyp besteht derzeit aus drei Spielszenen bzw. Spiellevels, die sequentiell durchlaufen werden: Die ersten beiden Level dienen dem Verständnis des Spielkonzeptes und dem Erlernen der notwendigen Bewegungsgesten: Während der Spieler im ersten Level Äpfel von den Bäumen pflückt, besteht im zweiten Level die Aufgabe darin, Karotten aus dem Boden zu ziehen. Somit unterstützt der Prototyp in einem ersten Schritt zwei im Alltag häufig verwendete Bewegungsabläufe: Die Streckbewegung (Äpfel pflücken) und die Beugebewegung (Karotten ziehen). Im dritten und derzeit letzten Level muss der Spieler in zufälliger Reihenfolge sowohl Äpfel von den Bäumen pflücken, wie auch Karotten aus dem Boden ziehen. Natürlich sind zukünftig weitere Level mit weiteren zu trainierenden Bewegungen angedacht.

4.3 Papierprototyp

Nachdem das grobe Spielszenario definiert wurde, wurde das Spiel zunächst als Papierprototyp realisiert, um erstes Feedback von möglichen Nutzerinnen und Nutzern zu gewinnen. Die Methode der Papierprototypen bietet nach Snyder (Snyder 2003) die Vorzüge, dass frühzeigt und kostengünstig Feedback von den Nutzerinnen und Nutzern gesammelt werden kann und verschiedene Designalternativen gegenüber gestellt werden können. Die frühe Entwicklung von funktionsfähigen Softwareprototypen hingegen ist einerseits erheblich kostenintensiver, andererseits fällt die Kritik an fundamentalen Designfehlern häufig deutlich verhaltener aus, da Nutzerinnen und Nutzer den in die Entwicklung investierten Aufwand bei der Artikulation von Lob und Kritik berücksichtigen. In dem Prototyp des Spiels sehen die Nutzerinnen und Nutzer einen Apfelbaum, an dem eine gewisse Anzahl an Äpfeln hängen (vgl. Abbildung 1). Die Aufgabe der Nutzerinnen und Nutzer ist es nun, durch die Greifbewegungen Äpfel einzusammeln und durch die Bückbewegung in einem Obstkorb abzulegen.

Abbildung 1: Erster Papierprototyp des Spiels.

Der Papierprototyp wurde mit sieben Probanden beider Geschlechter im Alter zwischen 59 und 70 Jahren, sowie mit vier jüngeren Probanden (im Alter zwischen 20 und 25 Jahren) getestet. Generell wurde das Spielkonzept und dessen Aufbereitung als gut angesehen. Bereits in diesem Entwicklungsstadium wurden durch die Probanden Vorschläge unterbreitet, wie das Spiel nachhaltig interessant gestaltet werden kann, beispielsweise dadurch, dass in fortgeschrittenen Spielrunden Hindernisse und zusätzliche Aufgaben eingeführt werden.

4.4 Funktionaler Prototyp

Der funktionale Prototyp des Spiels wurde in der Spiel- und Grafikengine „Unity" (www.unity3d.com) umgesetzt. Diese Engine bietet neben der Realisierung dreidimensionaler Spielwelten und einfachem Zugriff auf häufig genutzte Algorithmen (z.B. Kollisionserkennung für Spielobjekte) eine Entwicklungsumgebung, die das schnelle und relativ kostengünstige Erstellen von ersten funktionalen Prototypen ermöglicht. Ähnlich einem visuellen Editor für dreidimensionale Grafiken lassen sich in der Unity-Entwicklungsumgebung die verschiedenen Spielszenen aus einfachen 3d-Objekten und importierten 3d-Modellen zusammenstellen. Über eine Programmiersprache werden dann das Verhalten und Zusammenspiel der einzelnen Objekte festgelegt. Im Falle unseres Prototypen konnten wir so das grundlegende Level-Design, die Positionierung der Bäume, des Ablagekorbes und der Spielfigur im visuellen Editor vornehmen um die Szenen dann per Programmcode mit Leben zu füllen.

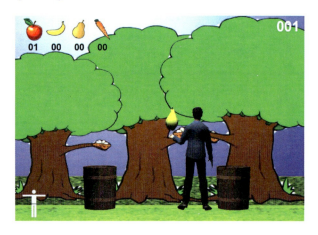

Abbildung 2: Erster funktionaler Prototyp des Spiels „Obstsalat".

Sowohl das gesamte Interaktionskonzept, als auch das generelle Design der Spielszenen ist dabei den im Vorfeld bestimmten Wünschen und Bedürfnissen der Nutzerinnen und Nutzer angepasst. So lässt sich der Prototyp beispielsweise ausschließlich mit Gesten steuern und verzichtet in diesem Entwicklungsstadium gänzlich auf klassische Bedienelemente wie Schaltflächen und Eingabefelder. Darüber hinaus wurde in Bezug auf das grafische Design darauf geachtet, möglichst einfache Texturen mit einem farblich hohen Sättigungsgrad zu verwenden. Das daraus resultierende, comic-anmutende Grafikdesign bietet hohe optische Kontraste und klare Objektkanten (vgl. Abbildung 2). Eine Darstellungsform, die auch Nutzern mit reduzierter Sehfähigkeit eine problemlose Interaktion mit dem System ermöglichen soll. Weiter wurde im Bereich des auditiven Feedback auf die Nutzung hochfrequenter Kangnanteile verzichtet, da die Fähigkeit diese wahrzunehmen im Alter stark abnimmt (Hesse 2003). Da der Alterungsprozess und die daraus resultierenden Veränderungen von Mensch zu Mensch sehr unterschiedlich ausgeprägt sein können, kann das Spiel außerdem jederzeit pausiert werden. Für die Motivation des Spielers ist es wichtig, dass die zu absolvierenden körperlichen Übungen weder über- noch unterfordernd ausfallen. Durch die Pause-Funktion hat jeder Spieler die Möglichkeit das Spieltempo und damit die körperliche Belastung auf seine Fähigkeiten abzustimmen.

Als Spielfigur dient ein humanoides 3d-Modell, welches intern über ein Skelettmodell verfügt. Dieses Modell bietet 20 Stützpunkte, die mit den für die Bewegung wichtigsten Gelenken vergleichbar sind. Über eine Programmschnittstelle werden während des Spiels die Daten des über den Kinect-Sensor erkannten Spieler-Skeletts mit dem Skelettmodell der Spielfigur gekoppelt. Auf diese Weise sind die Bewegungen der Figur im Spiel identisch mit den Bewegungen des Spielers. Dies ermöglicht dem Spieler eine weitgehend intuitive Interaktion mit der virtuellen Spielwelt.

Berücksichtigt werden muss die unterschiedliche Körpergröße der Spieler. Um sicherzustellen, dass die Körpergröße der Nutzerinnen und Nutzer keinen Einfluss auf den Schwierigkeitsgrad des Spiels hat und alle Nutzer die gleichen Chancen auf einen Platz in der Bestenliste haben, werden die über den Kinect-Sensor empfangenen Positionen der Skelettstützpunkte auf das einheitliche Modell der Spielfigur normiert. Die zu Beginn des Spiels durchzuführende Bestätigungsgeste dient somit nicht zuletzt auch der Kalibration dieser Normierungsfunktion. Diese Technik wird in virtuellen Umgebungen häufig eingesetzt und ist insbesondere für das Greifen und Manipulieren von Objekten in 3d-Umgebungen geeignet (Poupyrev und Ichikawa 1999). Im Abschnitt 5.2.6 wird die Wirksamkeit dieser Normierung untersucht.

5 Evaluation

In einem letzten Schritt gilt es nun zu überprüfen, ob der entwickelte Prototyp von den Nutzern akzeptiert wird, ob die Spieldurchführung einfach umzusetzen ist und ob das Spiel den erhofften Spaß und Nutzen bringt. In mehrstufigen Nutzerstudien wurde die Usability und die Spielleistung quantitativ überprüft und mit qualitativen Daten, die in Form offener und halb-standardisierter Interviews erhoben wurden, angereichert (Courage und Baxter 2005). In diesem Abschnitt werden der Ablauf des Experiments, die erhobenen Variablen und die Ergebnisse der Nutzerstudie vorgestellt.

5.1 Experiment und betrachtete Variablen

Zur Bewertung des ersten funktionalen Prototyps von „ObstSalat" haben Versuchspersonen die ersten drei Level des Spiels gespielt, wobei vor und nach dem Experiment ein Fragebogen mit demographischen Angaben, psychometrischen Tests und der Bewertung des Spiels durch die Probanden ausgefüllt wurde (Pre/Post-Design). Die Versuchspersonen wurden durch persönliche Kontakte und durch Ansprache eines Arztes gewonnen. Zur Sicherung der ökologischen Validität der Erhebung, wurden Teile des Experiments in einer orthopädischen

Praxis durchgeführt. In Abbildung 3 sieht man eine Nutzerin bei der Interaktion mit dem Spielprototyp in einer Praxis für Orthopädie.

Abbildung 3: Nutzerin bei der Interaktion mit dem Spiel in einer Arztpraxis.

Zur Abschätzung ob das Spiel später akzeptiert und auch genutzt werden würde, wurde das Technology Acceptance Model (TAM) von Davis herangezogen (Davis 1989, Venkatesh et al. 2003). Nach diesem Modell sind wesentliche Indikatoren für die Akzeptanz eines Produkts die wahrgenommene Leichtigkeit der Bedienung und die empfundene Nützlichkeit der Anwendung.

Als unabhängige Variablen werden das Geschlecht, das Alter und die Kontrollüberzeugung im Umgang mit Technik (s.u.) erhoben. Als abhängige Variablen wurden u.a. die Bewertung des Spiels, der Spaß beim Spielen und die Einfachheit der Steuerung des Spiels erfasst. Darüber hinaus wurde die Geschwindigkeit beim Greifen von Objekten während des Spielens über eine Analyse der Logfiles erhoben. Zusätzlich wurde vor und nach dem Spiel der subjektive Schmerzlevel und das subjektive Anstrengungsniveau der Probanden erfasst.

Die im Folgenden dargestellten Ergebnisse geben lediglich einen Teil der durchgeführten Studie wieder. Eine tiefergehende Analyse, die sich beispielsweise auch unterschiedlichen Spielertypen widmet, findet sich in (Brauner et al. 2013).

5.2 Ergebnisse

In diesem Kapitel werden die Ergebnisse der Untersuchung vorgestellt und mit statistischen Methoden darauf hin untersucht, ob sie zufälliger oder systematischer Natur sind. Hierzu stellt man in der empirischen Forschung einerseits die Mittelwerte und die Streuung der untersuchten Variablen und andererseits die Ergebnisse verschiedener statistischer Verfahren und Tests dar. Eine ausführliche Beschreibung über die Hintergründe zu den hier genutzten Auswertungsmethoden und wie die genannten Werte zu lesen sind findet sich in (Bortz und Döring 2006). Genannt werden im Folgenden die Mittelwerte einer Variable (häufig allgemein bezeichnet mit *M* oder über den Variablennamen *Var*) und die Standardabweichung (*SD*) als Maß der Streuung bzw. als Maß der Stabilität der gemessenen Variable. Ferner wird der Korrelationskoeffizient *r* genannt, der zwischen -1 (starker negativer Zusammenhang), 0 und +1 (starker positiver Zusammenhang) den Zusammenhang zwischen zwei Variablen beschreibt. Ergänzend werden mit uni- und multivarianten Varianzanalysen und dem χ^2-Test (Chi-Quadrat) getestet, ob ein Faktor (z.B. die Zugehörigkeit zu einer Altersgruppe) statistisch bedeutsame (signifikante) Unterschiede hervorruft. Hierbei wird einerseits die für Fachexperten zur Überprüfung der Ergebnisse relevante Teststatistik (z.B. *F(1,69)=18.978*) angegeben und andererseits ob es sich bei einem Unterschied um einen statistisch bedeutsamen (*sig.* für signifikant) oder statistisch unbedeutsamen Befund handelt (*n.s.* für nicht signifikant), der nicht auf die untersuchten Faktoren zurückführbar ist. Ausschlaggebend hierfür ist die Über- oder Unterschreitung des gewählten Signifikanzniveaus von bspw. 5%, also einer akzeptierten Fehlerwahrscheinlichkeit des Tests. Diese Fehlerwahrscheinlichkeit und die Über- oder Unterschreitung dieser Schwelle wird ebenfalls in der Teststatistik genannt (e.g. *p=.550 > .05, n.s.*). Die genannte Anzahl an Fällen (Versuchsteilnehmer) oder Anzahl der Freiheitsgrade bei den statistischen Tests kann über den Ergebnisteil variieren. Dies ist darauf zurückzuführen, dass einige Versuchsteilnehmer nicht alle Fragen beantwortet haben.

Die erhobenen Daten wurden mit bivariaten Korrelationen, χ^2-Tests, Uni-Multivariatenvarianzanalysen (ANOVA/MANOVA) auf statistische Signifikanz hin untersucht, wobei ein Signifikanzniveau von $\alpha=.05$ zugrunde gelegt wurde. Pillai-*F* wurde für die Signifikanz des Omnibus *F*-Tests der MANOVAs verwendet. Im Folgenden wird zuerst die Stichprobe beschrieben, anschließend wird der Einfluss des Alters, des Geschlechts und der Technikexpertise analysiert.

5.2.1 Beschreibung der Stichprobe

An der Untersuchung nahmen insgesamt 71 Personen teil (35 Männer und 36 Frauen). Das Alter war gleichmäßig verteilt und reichte von 20 bis 86 Jahren.

Um den Einfluss des Alters betrachten zu können, wurden die Teilnehmer anhand Ihres Alters in drei Versuchsgruppen eingeteilt: In der Gruppe *Jung* werden die 21 Probanden bis 30 Jahre zusammengefasst. Die Gruppe *Mittel* besteht aus den 29 Probanden zwischen 30 und 65 Jahren. Die Gruppe *Alt* versammelt die 21 Probanden mit einem Alter und 65 und mehr. Es besteht kein Zusammenhang zwischen Geschlecht und den Altersgruppen ($\chi^2(2, n=71) = 2.914, p = .233 > .05$).

5.2.2 Generelle Bewertung des Spiels

Der Spielprototyp wird von den Teilnehmerinnen und Teilnehmern sehr positiv bewertet. Alle Probanden (*100%, n=70*) fanden das Spiel verständlich und hatten keine Schwierigkeiten den virtuellen Avatar im Spiel zu steuern. Ebenso geben 94% (*n=66*) der Nutzer an, dass ihnen das Spielen Spaß gemacht hat. Gleichermaßen geben 78% der Probanden an, dass sie das Spiel gerne erneut spielen möchten (vgl. Abbildung 4).

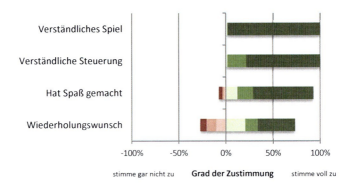

Abbildung 4: Generelle Bewertung des Spiels.

Ein Indikator für die Wirksamkeit des Spiels liefert die Betrachtung des subjektiven Schmerzempfindens und des subjektiven Anstrengungsniveaus der Studienteilnehmer, die jeweils vor und nach der Interaktion mit dem Spiel erfasst wurden. Im Durchschnitt über alle Versuchsteilnehmer sank der Schmerzlevel von 0.69 um 0.32 auf 0.37 Punkte (Skala von 0 bis 5) signifikant ($F(1,66)=17.007, p=.000, <.05, sig.$). Der Schmerzlevel blieb mit 1.43 (vorher) und 1.41 (nachher) Punkten (Skala 0 bis 5) nahezu unverändert ($F(1,69)=.004$,

$p=.950$, n.s.). Die Veränderung von subjektiven Schmerz- und Anstrengungsniveau findet sich in Abbildung 5.

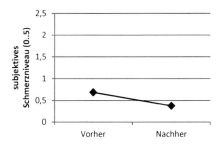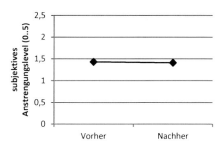

Abbildung 5: Veränderung des subjektiven Schmerzempfindens und der subjektiven Anstrengung vor und nach dem Spiel.

Um einen tieferen Einblick in die Faktoren zu bekommen, die für eine gute Bewertung des Spiels, einen hohen Wiederholungswunsch und eine hohe Spielleistung ausschlaggebend sind, wird in den folgenden Abschnitten der Einfluss des Geschlechts, des Alters und der Technikexpertise untersucht. Die generelle Bewertung des Spiels war außerordentlich positiv, daher werden nur abhängige Variablen betrachtet, die eine hinreichend große Varianz aufweisen.

5.2.3 Einfluss des Geschlechts

Das Spiel wurde von Männern wie Frauen gleichermaßen als sehr positiv bewertet $(F(1,43) = .998, p=.323 > .05$, n.s.$)$. Im 1. Level des Spiels unterschied sich die Geschwindigkeit von Männern und Frauen signifikant $(F(1,69)=4.168, p=.045<.05$, sig.$)$, wobei Männer mit M=.18 Objekten pro Sekunden (SD=.07) schneller waren als die Frauen mit M=.14 Objekten pro Sekunde (SD=.06). Der Spielspaß $(F(1,68)=1.131, p=.291>.05$, n.s.$)$, der Wiederholungswunsch $(F(1,68)=.277, p=.601>.05$, n.s.$)$ und die Frage, ob die Nutzung des Spiels die Bewegungsmotivation fördert $(F(1,67)=2.779, p=.124>.05$, n.s.$)$, ist unabhängig vom Geschlecht.

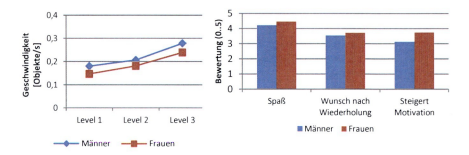

Abbildung 6: Geschwindigkeitsvergleich zwischen Männern und Frauen, Unterschiede in der Spielbewertung zwischen Männern und Frauen.

Das Geschlecht der Probanden hat keinen Einfluss auf die Entwicklung der subjektiven Schmerzen, da der subjektive Schmerzlevel vor und nach dem Spiel gleichermaßen bei Männern und Frauen sinkt ($F(1,65)=.257$, $p=.614>.05$, $n.s.$). Jedoch entwickelt sich das subjektive Anstrengungsniveau zwischen Männern und Frauen signifikant unterschiedlich($F(1,66)=4.532$, $p=.037<.05$, $sig.$). Männer fühlen sich mit 1.66 Punkten nach dem Spiel angestrengter als vor dem Spiel (1.20 Punkte), wohingegen die subjektive Anstrengung der Frauen von 1.66 Punkte auf 1.17 Punkte sinkt (vgl. Abbildung 7).

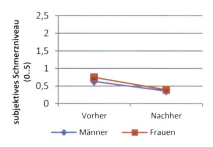 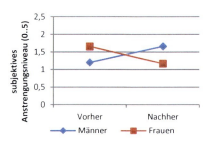

Abbildung 7: Subjektive Schmerzen (links) und Anstregung (rechts) vor und nach dem Spielen.

5.2.4 Einfluss des Alters

Wie erwartet, beeinflusst das Alter der Probanden signifikant die Spielgeschwindigkeit (r(70)=.559, p<.001 < .05): Jüngere Probanden spielten schneller als Probanden mit höherem Alter. Im arithmetischen Mittel griffen die Teilnehmer der jungen Gruppe $M=0.30$ ($SD=1.16$) die Spielobjekte (Äpfel oder Karotten) im dritten Level des Spiels, wohingegen die Versuchspersonen der alten Gruppe mit $M=0.15$ ($SD=.26$) Objekten pro Sekunde nur etwa halb so schnell waren. Die Versuchspersonen der mittleren Altersgruppe erreichten $M=0.26$ ($SD=.86$) Objekte pro Sekunde und lagen damit in ihrer Spielgeschwindigkeit zwischen den beiden Altersextremen. Die Differenz in den Geschwindigkeiten zwischen den Altersgruppen ist signifikant ($F(2, 68)=12.886$, $p=.000 < .05$, sig.). Ein post-hoc-Test zeigt, dass die Geschwindigkeit der Gruppe der Älteren sich signifikant von beiden jüngeren Gruppen unterscheidet (vgl. Abbildung 8, links).

Die Bewertung des Spielspaß unterscheidet sich signifikant zwischen den drei Altersgruppen ($F(2,67) = 3.14$, $p = .049 < .05$, sig.), wobei die Älteren mit M=4.8 von 5.0 Punkten mehr Spaß am Spiel hatten als die mittelalte (M=4.3) und die junge Gruppe (M=4.0). Ebenso zeigt sich, dass die Älteren das Spiel eher erneut spielen möchten (M=4.4) im Vergleich zu den beiden jüngeren Altersgruppen (mittelalt (M=3.6) und jung (M=3.6), $F(2, 67) = 3.74$, $p = .029 < .05$, sig.). Im Hinblick auf die empfundene Spielschwierigkeit und die Frage, ob das Spiel die Bewegungsmotivation steigert ergaben sich keine signifikanten Unterschiede (n.s.).

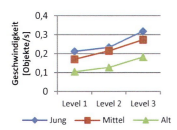 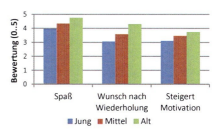

Abbildung 8: Vergleich von Geschwindigkeit (links) und Spielbewertung (rechts) in Abhängigkeit der Altersgruppe.

Das subjektive Schmerzniveau entwickelt sich über die drei Altersgruppen signifikant unterschiedlich ($F(1,64)=3.859$, $p=.026<.05$, sig.). In allen drei Altersgruppen sinkt der subjektive Schmerzlevel. In der jungen Gruppe sinkt er von

0.43 um 0.07 auf 0.36 Punkte. In der mittleren Gruppe von 0.55 um 0.31 auf 0.24 Punkte. Beachtenswert ist, dass der Abfall der subjektiven Schmerzen bei der Gruppe der alten Spieler von 1.22 um 0.61 auf 0.61 Punkte am stärksten ist (vgl. Abbildung 9, links).
Die Entwicklung der subjektiven Anstrengung verläuft zwischen der jungen und der alten Altersgruppe diametral, auch wenn sich die Gruppen nicht signifikant unterscheiden ($F(1,67)=.681$, $p=.076 >.05$, n.s.). Die subjektive Anstrengung der Alten nimmt von 1.4 um 0.6 auf 0.8 Punkte ab, wohingegen die Anstrengung der jungen Gruppe von 1.4 um 0.7 auf 2.1 Punkte zunimmt (vgl. Abbildung 9, rechts). Im Vergleich dazu verändert sich der Anstrengungslevel der mittleren Altersgruppe von 1.48 auf 1.34 Punkte kaum.

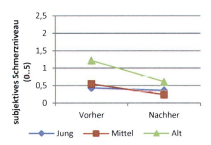
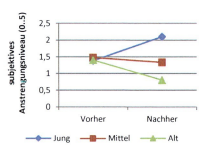

Abbildung 9: subjektiver Schmerz (links) und Anstrengung (rechts) vor und nach dem Spielen.

5.2.5 Einfluss der Technikexpertise

In vielen Studien hatte sich gezeigt, dass die Kontrollüberzeugung im Umgang mit Technik (KUT) (Beier 1999) – populärwissenschaftlich in etwa das Selbstvertrauen im Umgang mit Technik – einerseits stark mit der Technikexpertise korreliert ist und andererseits einen enormen Einfluss auf die Nutz- und Lernbarkeit technischer Geräte und Anwendungen hat (Arning und Ziefle 2007, Brauner et al. 2013, Brauner et al. 2010). Bislang war unklar, inwieweit das erlebte Selbstvertrauen sich auch in diesem spielerischen Kontext auswirkt. Es zeigt sich, dass die Kontrollüberzeugung im Umgang mit Technik auch hier einen signifikanten und deutlichen Einfluss auf die Geschwindigkeit im Spiel ($F(1,69)=4.935$, $p=.030<.05$, sig.) ausübt. Probanden mit hoher Kontrollüberzeugung mit Umgang mit Technik etwa konnten doppelt (!) so schnell die geforderten Objekte greifen, wie die Probanden mit niedriger Kontrollüberzeugung im Umgang mit Technik.

Interessant ist, dass sich die Bewertung des Spiels zwischen den Probanden mit hoher und niedriger Kontrollüberzeugung ebenfalls signifikant unterscheidet ($F(1, 43) = 4.467$, $p=.040 <.05$, sig.), wobei die Nutzerinnen mit niedriger Kontrollüberzeugung das Spiel mit durchschnittlich 3.7 von maximal 5 Punkten besser bewerteten als die Gruppe mit hoher Kontrollüberzeugung (3.0 Punkte).

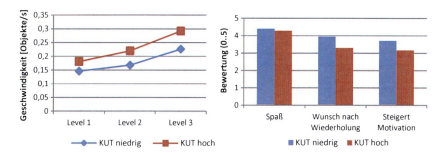

Abbildung 10: Spielgeschwindigkeit (links) und Spielbewertung (rechts) in Abhängigkeit der Kontrollüberzeugung im Umgang mit Technik.

5.2.6 Einfluss der Körpergröße

In Abschnitt 4.4 wird erläutert, dass das Spiel die unterschiedlichen Körpergrößen seiner Nutzerinnen und Nutzer normiert, um unabhängig von der Körpergröße eine konstante Schwierigkeit und damit möglichst auch eine konstante Bewertung des Spielspaßes und der Nützlichkeit zu gewährleisten. Diese Normierung hat die gewünschte Wirkung erzielt, da kein signifikanter Einfluss der Körpergröße auf die Geschwindigkeit im Spiel festgestellt wurde ($r(70)=-.203$, $p=.092 > .05$, n.s.). Ebenso wirkt sich die Körpergröße nicht auf die Spielbewertung ($r(70)=.166$, $p=.17>.05$, n.s.) und den Wunsch eines wiederholten Spielens aus ($r(70)=-.066$, $p=.587>.05$, n.s.).

5.3 Qualitative Erhebung und Befunde

Parallel zu der oben beschrieben Fragebogenstudie haben wir die Untersuchung um qualitative Komponenten angereichert, um – jenseits der rein quantifizierbaren Leistung – vertiefte Einsichten in das Erleben und Verhalten der Probanden während des Spiels zu erhalten. Zum einen wurden die Nutzerinnen und Nutzer bei der Interaktion mit dem Spiel beobachtet, zum anderen wurden vor und nach dem Spiel über halb-standardisierte Interviews ergänzende Einschätzungen der Probanden hinsichtlich Serious Games zur Bewegungsförderung abgefragt.

Aus den Beobachtungen und Interviews konnten wir ableiten, dass die im Spiel integrierte Pausenfunktion (aktiviert durch das horizontale Ausstrecken der

Arme) von einigen und hier insbesondere den älteren Probanden als „verwirrend" empfunden wurde und kein einziges Mal intentional aktiviert wurde. Die Pausenfunktion war in das Spiel integriert worden, um es gerade den Älteren zu ermöglichen, das Spiel zwischenzeitlich anzuhalten und sich zu erholen, ohne dass der Punktestand vermindert wird. Auch hier zeigt sich die Nützlichkeit und Notwendigkeit der Abstimmung des Spieldesigns mit der Zielgruppe. Offenbar wird diese Funktion jedoch bei den maximal 2 bis 3 Minuten langen Spielzeiten als nicht notwendig erlebt.

Insgesamt wurde das Spiel, die Implementierung und die Möglichkeit, sich an der iterativen Produktentwicklung aktiv zu beteiligen als höchst positiv erlebt. Sowohl die jüngeren als vor allem die Älteren waren von der Idee und der Umsetzung begeistert und haben während des Spiels mit Verve und Begeisterung „Obst gepflückt". Die hohe Zustimmung zur Frage, ob die Probanden das Spiel ein weiteres Mal spielen würden und auch jenseits des Experimentes daheim mit Freunden und Enkeln zu spielen, zeigt, wie sehr technische Entwicklungen, die gesundheitsförderliche Wirkung haben, dann akzeptiert und geschätzt werden, wenn sie im Sinne des Nutzers entwickelt wurden und Spiel und Spaß bringen.

6 Diskussion, Zusammenfassung und Ausblick

In diesem Artikel wurde dargestellt, dass Serious Games ein geeigneter Ansatz sind, um den durch den demographischen Wandel verursachten explosionsartig wachsenden Kosten im Gesundheitssystem effektiv beggnen zu können. Hiervon ausgehend wurde mit einem iterativen Vorgehensmodell nutzerzentriert und partizipativ ein Serious Game zur Bewegungsförderung für Ältere entwickelt. In mehreren Schritten wurde ausgehend vom Konzept über Papierprototypen ein lauffähiger Softwareprototyp realisiert. In regelmäßigen Abschnitten wurden einerseits Fachexperten und andererseits potentielle Nutzerinnen und Nutzer in den Entwicklungsprozess einbezogen. Deren Anregungen und Kritik flossen stetig in Verbesserungen des Spielkonzepts, der Steuerung oder der graphischen Darstellung ein.

Der derzeitige Prototyp wurde in einer auf dem Technologieakzeptanzmodell von Davis (Davis 1989) aufbauenden Nutzerstudie mit 71 Personen unterschiedlichen Alters untersucht. Die Ergebnisse dieser ersten Bewertungsstudie sind vielversprechend. Wir konnten zeigen, dass die Nutzung des Prototyps allen Probanden Spaß gemacht hat und dass der Prototyp generell gut bewertet wurde. Unabhängig von Alter, Geschlecht und körperlicher Fitness stuften alle Probanden das Spiel, die Steuerung des virtuellen Avatars über den Bewegungssensor und das Greifen bzw. Bücken nach Obst als leicht verständlich ein. Ebenso gaben alle Probanden an, dass ihnen das Spiel Spaß gemacht hat. Insbesondere wünschte sich die deutliche Mehrheit, das Spiel erneut zu spielen. Interessanterweise ist es gerade die ältere Gruppe, die diesem spielerischen Ansatz die beste Bewertung gibt, was auf drei maßgebliche Komponenten zurückgeführt werden kann: (1) Leistungsmotivation und Spaß am Spiel ist eine altersinvariante Eigenschaft, die bislang – durch das Ausscheiden am aktiven Arbeitsleben – bislang nicht systematisch unterstützt wird. Hier eröffnen sich große Potentiale, nicht nur durch die Unterstützung der körperlichen Fitness im Alter, sondern dadurch, dass intrinsische kognitive und emotionale Wettbewerbskomponenten, die das Spiel vermittelt, weiter aktiviert bleiben. (2) Die Möglichkeit, das Spiel intra- und intergenerational zu spielen, ist eine weitere Facette, die die Älteren wertschätzen. Auch wenn in dem hier vorgestellten Prototyp die Senioren das Spiel ohne Mitspieler gespielt haben, wurde mehrfach der Wunsch geäußert, das Spiel mit anderen Senioren und Enkelkindern kollaborativ zu spielen. Damit wird die Funktion des Prototyps – Steigerung der Bewegungsmotivation im Alter- um die Komponente lebenslanges Lernen und intergenerationale Kommunikation erweitert. (3) Umgang mit moderner Informations- und Kommunikationstechnologie. Das weitverbreitete Vorurteil, dass ältere Menschen kein Interesse und keine Begeisterung für moderne Technologien haben, überdies keine Freude an elektronisch vermittelten Systemen haben und Angst im Umgang mit Technik, konnte hier eindrucksvoll widerlegt werden. Damit wurde ein weiteres Mal gezeigt, dass Technologie, wenn sie mit der Zielgruppe entwickelt wird und jenseits funktionaler auch hedonische Komponenten umsetzt, ein großes Potential an Leistungsmotivation, Freude und Begeisterung freizusetzen in der Lage ist.

Ausgehend von den Ergebnissen dieser Nutzerstudie werden in der nächsten Entwicklungsiteration weitere Verbesserungen vorgenommen: Einerseits werden weitere Spiellevel mit ansteigendem Schwierigkeitsgrad integriert, um einen längeres und vielseitigeres Spielen zu ermöglichen. Andererseits werden wir das Spiel in dem Ambient Assisted Living Lab der RWTH Aachen University (Ziefle 2010) integrieren und prüfen, wie gut sich derartige Spiele tatsächlich in das häusliche Umfeld integrieren lassen und unter welchen Voraussetzungen das Spiel von den Nutzerinnen und Nutzern optimal genutzt wird.

Ferner werden weitere Studien zeigen müssen, ob es neben der reinen Bewegungsförderung noch weitere Einsatzbereiche für derartige Serious Games gibt. So lässt der starke Zusammenhang zwischen physischer Fitness und kognitiver Fähigkeiten vermuten, dass ein Spiel wie „ObstSalat" als ein Baustein in der Therapie von Alzheimer oder Demenz eingesetzt werden kann (Heyn et al. 2004).

Eine positive Wirkung des Spiels auf das körperliche Wohlbefinden konnte bereits in der hier vorgestellten Studie gezeigt werden: Das subjektive Schmerzniveau der Teilnehmerinnen und Teilnehmer der Studie nahm durch das Experiment ab – unabhängig von Geschlecht und Alter. Insbesondere ist festzustellen, dass die Gruppe der Spieler über 65 Jahre die stärkste Verbesserung des körperlichen Wohlbefindens zeigt.

Danksagungen

Die Autoren danken allen Teilnehmerinnen und Teilnehmern der verschiedenen Prototyping-Sitzungen, sowie der Nutzerstudien. Ebenso möchten wir unseren besonderen Dank unseren engagierten Studierenden Tatjana Hamann, Janina Schellartz, Chen Tao, Ralf Philipsen, Nedim Süzen und Martin Moos aussprechen, die uns bei der Entwicklung, den Prototyping-Sitzungen oder den Nutzertests unterstützt haben. Ebenso danken wir Herrn Dr. Rausch, der uns seine Praxis für die Studie zur Verfügung stellte und uns maßgeblich bei der Gewinnung von Probanden unterstützt hat.

Literaturverzeichnis

Abt, C.C. (1987): *Serious Games*. Madison Books.
Arning, K.; Ziefle, M. (2010): *Ask and You Will Receive*. In: *International Journal of Mobile Human Computer Interaction*. Bd. 2, Nr. 1, S. 21–47.
Arning, K.; Ziefle, M. (2007): *Understanding age differences in PDA acceptance and performance*. In: *Computers in Human Behavior*. Bd. 23, Nr. 6, S. 2904–2927.
Baltes, P.B.: Baltes, M.M. (1993): *Successful aging: Perspectives from the behavioral sciences*. Cambridge University Press.
Beier, G. (1999): *Kontrollüberzeugungen im Umgang mit Technik [Locus of control when interacting with technology]*. In: *Report Psychologie*. Bd. 24, Nr. 9, S. 684–693.
Beul, S. et al. (2012): *How to bring your doctor home. Designing a telemedical consultation service in an Ambient Assisted Living Environment*. In: Duffy, V. (Hrsg.): *Advances in Human Aspects of Healthcare*. CRC Press.
Bortz, J.; Döring, N. (2006): *Forschungsmethoden und Evaluation für Human- und Sozialwissenschaftler*. Heidelberg: Springer.
Brauner, P. et al. (2013): *Human Factors in Supply Chain Management – Decision making in complex logistic scenarios*. In: Yamamoto, S. (Hrsg.): *Proceedings of the 15th HCI International 2013, Las Vegas, Nevada, USA, Part III, LNCS 8018*. Berlin, Heidelberg: Springer-Verlag, S. 423–432.
Brauner, P. et al. (2013): *Increase Physical Fitness and Create Health Awareness through Exergames and Gamification. The Role of Individual Factors, Motivation and Acceptance*. In: Holzinger, A. et al. (Hrsg.): *Proceedings of the SouthCHI 2013, Maribor, Slovenia, LNCS 7946*. Berlin, Heidelberg: Springer, S. 349–362.
Brauner, P. et al. (2010): *The effect of tangible artifacts, gender and subjective technical competence on teaching programming to seventh graders*. In: Hromkovic, J. et al. (Hrsg.): *Proceedings of the 4th International Conference on Informatics in*

Secondary Schools – Evolution and Perspectives: Teaching Fundamentals Concepts of Informatics, Zurich, Switzerland (ISSEP 2010), LNCS 5941. Berlin, Heidelberg: Springer, S. 61–71.

Brunstein, J.; Heckhausen, H. (2006): *Leistungsmotivation.* In: Heckhausen, J.; Heckhausen, H. (Hrsg.): *Motivation und Handeln.* Berlin, Heidelberg: Springer, S. 143–191.

Calero Valdez, A. et al. (2012): *State of the (Net)work Address Developing criteria for applying social networking.* In: *Work: A Journal of Prevention, Assessment and Rehabilitation.* Bd. 41, S. 3459–3467.

Chua, S.L. et al. (1999): *Computer anxiety and its correlates: a meta-analysis.* In: *Computers in Human Behavior.* Bd. 15, Nr. 5, S. 609–623.

Courage, C., Baxter, K. (2005): *Understanding Your Users – A practical guide top user requirements.*

Davis, F.D. (1989): *Perceived Usefulness, Perceived Ease of Use, and User Acceptance of Information Technology.* In: *MIS Quarterly.* Bd. 13, Nr. 3, 319–340.

Dethloff, C. (2004): *Akzeptanz und Nicht-Akzeptanz von technischen Produktinnovationen.* Pabst Science Publishers.

Ellis, D.; Allaire, J.C. (1999): *Modeling computer interest in older adults: the role of age, education, computer knowledge, and computer anxiety.* In: *Human Factors.* Bd. 41, Nr. 3, S. 345–355.

Gao, Y.; Mandryk, R.L. (2011): *GrabApple: The Design of a Casual Exergame.* In: *The International Conference on Entertainment Computing (ICEC '11).* S. 35–46.

Gaul, S.; Ziefle, M. (2009): *Smart Home Technologies: Insights into Generation-Specific Acceptance Motives.* In: *Technology.* Bd. 5889, S. 312–332.

Gerling, K. et al. (2012): *Full-body motion-based game interaction for older adults.* In: *Proceedings of the 2012 ACM annual conference on Human Factors in Computing Systems – CHI '12.* S. 1873–1882.

Hertel, G. et al. (2012): *Age Differences in Motivation and Stress at Work.* In: Schlick, C.M. et al. (Hrsg.): *Age-Differentiated Work Systems.* Berlin, Heidelberg: Springer, S. 119–147.

Hesse, G. (2003): *Altershörigkeit – Audiometrische Befunde zur Differenzierung peripherer und zentraler Anteile der Hörfähigkeit im Alter.* University of Witten/Herdecke, Germany 2003.

Heyn, P. et al. (2004): *The effects of exercise training on elderly persons with cognitive impairment and dementia: A meta-analysis.* In: *Archives of Physical Medicine and Rehabilitation.* Bd. 85, Nr. 10, S. 1694–1704.

Ho, K.K.L. et al. (1993): *The Epidemiology of Heart Failure: The Framingham Study.* In: *Journal of the American College of Cardiology.* Bd. 22, Nr. 4, S. A6–A13.

Huizinga, J. (1939): *Homo Ludens: vom Ursprung der Kultur im Spiel.* Pantheon.

Klack, L. et al. (2011): *Integrated home monitoring and compliance optimization for patients with mechanical circulatory support devices.* In: *Annals of Biomedical Engineering.* Bd. 39, Nr. 12, S. 2911–2921.

Lahlou, S. (2008): *Identity, social status, privacy and face-keeping in digital society.* In: *Social Science Information.* Bd. 47, Nr. 3, S. 299–330.

Michael, D.; Chen, S. (2006): *Serious Games: Games That Educate, Train and Inform.* Thomson Course Technology.

Microsoft Corporation (2013): *Kinect Sport*, http://www.rare.net/games/kinect-sports (abgerufen 13.4.2013).
Mynatt, E.D.; Rogers, W.A. (2001): *Developing technology to support the functional independence of older adults*. In: *Ageing International*. Bd. 27, Nr. 1, S. 24–41.
Neuhauser, H. et al. (2013): *Blood pressure in Germany 2008-2011 : Results of the German Health Interview and Examination Survey for Adults (DEGS1)*. Bundesgesundheitsblatt, Gesundheitsforschung, Gesundheitsschutz. Bd. 56, Nr. 5-6, S. 795–801.
Nielsen, J. (1993): *Usability Engineering*. San Francisco, CA, USA: Morgan Kaufmann Publishers Inc.
Poupyrev, I.; Ichikawa, T. (1999): *Manipulating Objects in Virtual Worlds: Categorization and Empirical Evaluation of Interaction Techniques*. In: *Journal of Visual Languages & Computing*. Bd. 10, Nr. 1, S. 19–35.
Premack, D. (1959): *Toward empirical behavior laws: I. Positive reinforcement*. In: *Psychological Review*. Bd. 66, Nr. 4, S. 219.
Rosenstiel, L. (2009): *Unerkannte Potenziale — ältere Beschäftigte aus der Sicht der Arbeits- und Organisationspsychologie*. In: Brauer, K. and Korge, G. (Hrsg.): *Perspektive 50plus?* VS Verlag für Sozialwissenschaften, S. 41–53.
Schaar, A.K.; Ziefle, M. (2010): *Potential of e-Travel Assistants to Increase Older Adults' Mobility*. In: Leitner, G. et al. (Hrsg.): *HCI in Work & Learning, Life & Leisure, 6th Symposium of the Workgroup Human-Computer Interaction and Usability Engineering of the Austrian Computer Society, USAB 2010, LNCS 6389*. Berlin, Heidelberg: Springer, S.138–155.
De Schutter, B.; Vandenabeele, V. (2008): *Meaningful Play in Elderly Life*. In: *58th annual conference of the International Communication Association "Communicating for Social Impact"*.
Schwarzer, R.; Jerusalem, M. (1982): *Selbstwertdienliche Attributionen nach Leistungsrückmeldungen. [Self-serving attributions after performance feedback.]*. In: *Zeitschrift für Entwicklungspsychologie und Pädagogische Psychologie*. Bd. 14, Nr. 1, S. 47–57.
Silver, M. (2004): *Exploring Interface Design: Proven Techniques for Creating Compelling & Usable Interfaces for Multimedia & the Web*. Delmar.
Sinclair, J. et al. (2007): *Considerations for the design of exergames*. In: *Proceedings of the 5th international conference on Computer graphics and interactive techniques in Australia and Southeast Asia*. S. 289–295.
Snyder, C. (2003): *Paper prototyping: the fast and easy way to design and refine user interfaces*. San Francisco, CA, USA: Morgan Kaufmann, Elsevier Science.
Statistisches Bundesamt (2009): *Bevölkerung Deutschlands bis 2060 – 12. koordinierte Bevölkerungsvorausberechnung*.
Ubisoft (2012): *YOUR SHAPE 2012*, http://www.ubi.com/DE/Games/Info.aspx?pId=10096 (abgerufen 13.4.2013).
Venkatesh, V. et al. (2003): *User acceptance of information technology: Toward a unified view*. In: *MIS Quarterly*. Bd. 27, Nr. 3, S. 425–478.
Virtual Air Guitar Company Oy (2013): *Kung Fu High Impact*, http://www.kungfuhighimpact.com/home/ (abgerufen 13.4.2013).

Wilkowska, W.; Ziefle, M. (2010): *User diversity as a challenge for the integration of medical technology into future home environments.* In: Ziefle, M. and Röcker, C. (Hrsg.): *Human-Centred Design of eHealth Technologies. Concepts, Methods and Applications.* Hersgey, P.A., USA: IGI Global, S. 95–126.

Wilkowska, W.; Ziefle, M. (2009): *Which Factors Form Older Adults' Acceptance of Mobile Information and Communication Technologies?* In: Holzinger, A. and Miesenberger, K. (Hrsg.): *5th Symposium of the Workgroup Human-Computer Interaction and Usability Engineering of the Austrian Computer Society, USAB 2009, Linz, Austria, November 9-10, 2009 Proceedings.* Heidelberg: Springer, S. 81–101.

World Health Organization (2010): *Global Recommendations on Physical Activity for Health.* Switzerland.

Ziefle, M. et al. (2010): *A Multi-Disciplinary Approach to Ambient Assisted Living.* In: *E-Health, Assistive Technologies and Applications for Assisted Living: Challenges and Solutions.* S. 76–93.

Ziefle, M. et al. (2012): *How usage context shapes evaluation and adoption in different technologies.* In: *Advances in Usability Evaluation.* S. 2812-2821.

Ziefle, M. et al. (2011): *Medical Technology in Smart Homes: Exploring the User's Perspective on Privacy, Intimacy and Trust.* In: *The 3rd IEEE International Workshop on Security Aspects of Process and Services Engineering (SAPSE'11). 35th Annual IEEE Computer Software and Applications Conference, July 18-22, 2011, Munich, Germany.* IEEE, S. 410-415.

Ziefle, M.; Jakobs, E.-M. (2010): *New challenges in human computer interaction: Strategic directions and interdisciplinary trends.* In: *4th International Conference on Competitive Manufacturing Technologies*, University of Stellenbosch, South Africa, S. 389–398.

OECD (2012): *Health at a Glance: Europe 2012.* OECD Publishing.

Virtuelle Psychophysik
Psychologische Untersuchungen zur räumlichen Wahrnehmung in virtuellen Umgebungen

Rebekka S. Renner, Boris M. Velichkovsky, Ralph H. Stelzer, Jens R. Helmert[*]

Abstract

Die klassische Psychophysik beschreibt Zusammenhänge zwischen physikalischen Reizen und menschlicher Wahrnehmung. Die zunehmende Verbreitung und Nutzungsvielfalt von virtuellen Umgebungen macht eine virtuelle Psychophysik notwendig. Diese untersucht die menschliche Wahrnehmung in virtuellen Umgebungen und liefert Parameter für eine möglichst realitätsnahe Visualisierung. Hier wird am Beispiel räumlicher Wahrnehmung dargestellt, dass es in virtuellen Umgebungen zu Fehlwahrnehmungen kommen kann, welche Faktoren diese beeinflussen und welche Untersuchungsmethoden hierfür zur Verfügung stehen. Ergebnisse einer aktuellen psychophysischen Studie werden berichtet. Diese bestätigen den Einfluss der Komplexität der virtuellen Umgebung auf die räumliche Wahrnehmung, speziell den Nutzen einer regelmäßigen Bodentextur und des Tiefenreizes *Höhe im visuellen Feld*. Für eine Manipulation der Stereobasis konnte kein Einfluss gezeigt werden.

---

[*] Dipl.-Psych. Rebekka S. Renner | Rebekka.Renner@tu-dresden.de
Professur Ingenieurpsychologie und angewandte Kognitionsforschung | Institut für Psychologie III
Fakultät Mathematik und Naturwissenschaften | Technische Universität Dresden

Prof. (em.) Dr. Dr. psych. habil. Boris M. Velichkovsky
Professur Ingenieurpsychologie und angewandte Kognitionsforschung | Institut für Psychologie III
Fakultät Mathematik und Naturwissenschaften | Technische Universität Dresden
Institute of Cognitive Studies | Kurchatov Research Center | Moskau | Russische Föderation

Prof. Dr.-Ing. habil. Ralph H. Stelzer
Professur Konstruktionstechnik/CAD | Institut für Maschinenelemente und Maschinenkonstruktion
Fakultät Maschinenwesen | Technische Universität Dresden

Dr. rer. nat. Jens R. Helmert
Professur Ingenieurpsychologie und angewandte Kognitionsforschung | Institut für Psychologie III
Fakultät Mathematik und Naturwissenschaften | Technische Universität Dresden

RSR und JRH wurden kofinanziert vom Europäischen Sozialfonds und dem Freistaat Sachsen im Rahmen der Nachwuchsforschergruppe CogITo.

1 Einleitung

Die immer weiter verbreitete Nutzung virtueller Realität macht herausfordernde, interdisziplinäre Forschung möglich und notwendig. In diesem Artikel soll das Forschungsfeld der virtuellen Psychophysik am Beispiel der Erforschung der räumlichen Wahrnehmung vorgestellt und Daten einer aktuellen Studie präsentiert werden. Im folgenden Abschnitt wird zunächst das Forschungsfeld der virtuellen Psychophysik vorgestellt. Im zweiten Abschnitt werden die Begriffe virtuelle Realität und virtuelle Umgebung eingeführt. Der dritte Abschnitt leitet zum Fokus räumliche Wahrnehmung über.

1.1 Von klassischer zu virtueller Psychophysik

Der Begriff der Psychophysik wurde von Gustav Theodor Fechner in seinem Buch *Elemente der Psychophysik* eingeführt (Fechner, 1860), das sich auch auf Vorarbeiten von Ernst Weber bezieht. In seinem Buch beschreibt Fechner Methoden zur quantitativen Bestimmung des Zusammenhangs zwischen menschlicher Wahrnehmung *(Psycho-)* und physikalischen Reizen *(-physik)*. Diese Methoden, heute Grenzmethode, Herstellungsmethode und Konstanzmethode genannt, werden als die klassischen psychophysischen Methoden bezeichnet (Goldstein & Irtel, 2008) und zur Bestimmung von Schwellen verwendet. Dabei beschreibt die absolute Schwelle den Wert, ab dem ein physikalischer Reiz wahrgenommen werden kann. Die Unterschiedsschwelle ist der Betrag, ab dem die Differenz zwischen zwei physikalischen Reizen bemerkt wird. Stanley S. Stevens, der als dritter wegweisender Forscher der Psychophysik zu nennen ist, beschäftigte sich mit der Frage, ob eine Verdopplung der physikalischen Reizintensität zu mehr als, genau oder weniger als einer Verdopplung der wahrgenommenen Reizintensität führt. Er stellte das Potenzgesetz auf, das diesen Zusammenhang für unterschiedliche physikalische Größen beschreibt (Stevens, 1962). Neben den Methoden zur Schwellenbestimmung werden in einem weiteren Sinne alle Messungen des Zusammenhangs zwischen physikalischen Reizen und menschlicher Wahrnehmung als Psychophysik bezeichnet (Goldstein & Irtel, 2008).

Die Ergebnisse der klassischen Psychophysik lieferten unerlässliche Grundlagen für den Bereich Ergonomie/Human Factors. So bieten sie unter anderem Anhaltspunkte für die Gestaltung von Arbeitsplätzen sowie die Konstruktion bedienerfreundlicher Anzeigen und gingen in technische Normen ein.

Bei vielen Anwendungen der virtuellen Realität hängt der Nutzen entscheidend von der Übertragbarkeit der Ergebnisse in die reale Welt ab, wie etwa bei virtuellem Training oder virtuellem Prototyping. Um dies zu gewährleisten ist eine an die menschliche Wahrnehmung angepasste Abbildung der realen Welt als virtuelle Umgebung notwendig. Die Parameter für diese Anpassung zu liefern ist Forschungsgegenstand der virtuellen Psychophysik. Analog zur Psychophysik werden in der virtuellen Psychophysik die Zusammenhänge zwischen virtuellen Reizen und der menschlichen Wahrnehmung gemessen. Eine vereinfachte Darstellung des Gegenstands der klassischen Psychophysik und der virtuellen Psychophysik ist in Abbildung 1 zu sehen.

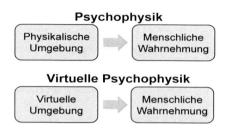

Abbildung 1: Vereinfachte Darstellung des Gegenstands der klassischen Psychophysik und der virtuellen Psychophysik.

1.2 Zum Begriff der Virtualität

Das Konzept der Virtualität verursacht nach Hrachovec (2002) begriffliche Turbulenzen, da die eher philosophisch eprägte Verwendung im Sinne einer alternativen Realitätsdimension (Esposito, 1998) oder eines potenziellen Seins (Hrachovec, 2002) auf die Verwendung in den Ingenieurswissenschaften und der Informatik im Sinne einer Simulation trifft. Im vorliegenden Artikel wird der Begriff Virtualität an sich daher nicht verwendet. Stattdessen wird der Begriff virtuelle Realität genutzt, der die unterschiedlichsten Formen digital generierter künstlicher Welten meint (Münker, 2005). Jedoch ist auch dieser Begriff nicht ganz trennscharf, da damit sowohl die präsentierten Inhalte, als auch die zur Präsentation verwendete Technik bezeichnet werden kann. Die computergenerierte Umgebung, die dem Nutzer präsentiert wird und meist Modelle real existierender Objekte enthält, wird daher als virtuelle Umgebung bezeichnet. Dabei sind reale und virtuelle Umgebung nicht als Antithesen zu verstehen sondern als Pole des *Reality-Virtuality (RV) continuum*, in dessen Mitte die erweiterte Realität liegt, die sowohl reale Objekte als auch computergenerierte Objekte enthält (Milgram, Takemura, Utsumi, & Kishino, 1994).

1.3 Räumliche Wahrnehmung im Fokus

Durch den technischen Fortschritt der letzten Jahre nimmt die Verbreitung und Nutzungsvielfalt von virtuellen Umgebungen im Arbeits-, Freizeit- und Gesundheitsbereich stetig zu. Virtuelle Umgebungen werden beispielsweise in der Produktentwicklung genutzt, erlauben die Durchführung spezieller Trainings (insbesondere von Gefahrensituationen), finden Anwendung im Unterhaltungsbereich oder helfen bei der Therapie psychischer Störungen. Nicht für alle Anwendungen virtueller Umgebungen ist eine exakte räumliche Wahrnehmung notwendig, für einige jedoch ist sie von entscheidender Bedeutung. So wäre es für die Begehung eines virtuellen Architekturmodells zum Beispiel ungünstig, wenn die Dimensionen der Strukturen und Räume nicht wie beabsichtigt wahrgenommen werden könnten. Eine exakte räumliche Wahrnehmung kann außerdem als ein Indikator für die Nutzerakzeptanz (Loomis & Philbeck, 2008) und die Glaubwürdigkeit einer virtuellen Umgebung und damit als Gütemaßstab verwendet werden.

Daher wird der Fokus innerhalb der virtuellen Psychophysik hier auf die Erforschung der räumlichen Wahrnehmung gelegt, konkret auf die Wahrnehmung egozentrischer Entfernungen. Eine egozentrische Entfernung ist die Distanz zwischen einem Beobachter und einem Objekt, in Abgrenzung zur exozentrischen Entfernung zwischen zwei Objekten.

2 Theoretischer Hintergrund

Im folgenden Abschnitt wird zunächst als Grundlage ein Überblick zur räumlichen Wahrnehmung in realen Umgebungen gegeben, bevor dann der Stand der Forschung zur Wahrnehmung egozentrischer Entfernungen in virtuellen Umgebungen zusammengefasst wird.

2.1 Entfernungswahrnehmung in realen Umgebungen

Die Frage, wie Entfernungen wahrgenommen werden und inwiefern menschliche Wahrnehmung der physikalischen Metrik entspricht, hat in der psychologischen Forschung eine lange Tradition. Die Wahrnehmung egozentrischer Entfernungen ist als innerer Prozess im Beobachter nicht direkt messbar oder beobachtbar. Daher werden eine Reihe von Messmethoden verwendet um sichtbar zu machen, in welcher Distanz ein Proband ein Objekt wahrgenommen hat. Diese Methoden können grob in drei Kategorien eingeteilt werden: Verbale Schätzung, Größen- oder Entfernungsanpassung und visuell gelenkte Handlung. Bei einer verbalen Schätzung gibt der Proband die wahrgenommene Distanz in einer physikalischen Einheit (zumeist Meter) an. Mit dieser Messmethode werden kleine Entfernungen relativ genau wiedergegeben, größere Entfernungen dagegen unterschätzt (Loomis & Philbeck, 2008). Bei einer Größen- oder Entfernungsanpassung gleicht der Proband entweder die Entfernung zu einem Objekt an eine Vergleichsentfernung oder die Größe eines Objekts an die Größe eines Vergleichsobjekts an oder er teilt eine Entfernung in zwei gleich große Hälften. Mit dieser Messmethode werden Distanzen relativ geschätzt (Creem-Regehr & Kunz, 2010; Proffitt, 2006; Rieser, Ashmead, Talor, & Youngquist, 1990). Die Kategorie visuell gelenkte Handlung enthält alle Messmethoden, bei denen der Proband die Entfernung zu einem Objekt sieht, dann die Augen schließt und ohne Sicht eine Handlung zum Objekt ausführt. Am häufigsten wird der Proband instruiert, zu der Stelle zu gehen, an der das Objekt wahrgenommen wurde oder nach dem Objekt zu greifen. Diese Messmethoden zeigen, dass Entfernungen bis zu 25 m relativ genau wahrgenommen werden (Loomis & Philbeck, 2008).

Wie aber können Menschen Entfernungen wahrnehmen? Dafür nutzt das visuelle System des Menschen eine Reihe von Informationsquellen über die räumlichen Beziehungen der Objekte in der Umgebung, die so genannten Tiefenreize. Cutting und Vishton (1995) nennen fünf bildbezogene und vier nicht-bildbezogene Tiefenreize. Erstere sind auch in einer bewegungslosen Szene, wie etwa einem Bild oder Foto enthalten (Goldstein & Irtel, 2008). Dies sind *Verdeckung* (ein verdecktes Objekt ist weiter entfernt), *relative Größe* (ein Objekt ist kleiner, je weiter entfernt), *relative Dichte* (mehrere Objekte sind näher zusammen, je weiter entfernt), *Höhe im visuellen Feld* (ein auf der Bodenfläche stehendes Objekt ist höher im visuellen Feld, je weiter entfernt) und *atmosphärische Perspektive* (ein Objekt ist blauer und unschärfer, je weiter entfernt). Nicht-bildbezogene Tiefenreize sind zusätzliche Quellen für Tiefeninformation, die entweder von einer Bewegung (*Bewegungsparallaxe*) oder vom okulomotorischen System herrühren (*Konvergenz* und *Akkommodation*) oder davon, dass Menschen zwei Augen haben (*binokulare Disparität*). Cutting und Vishton (1995) teilen den Raum um den Beobachter in drei kreisförmige Bereiche ein, die sie *personal space*, *action space* und *vista space* nennen und in denen jeweils andere Tiefenreize effektiv sind (siehe Abbildung 2). Wie das visuelle System die Informationen der verschiedenen Tiefenreize integriert, versuchen mehrere Modelle zu beschreiben, jedoch kann keines davon alle empirischen Ergebnisse erklären (Proffitt & Caudek, 2002).

Neuere Studien zeigen, dass Entfernungswahrnehmung möglicherweise nicht nur vom Vorhandensein und der Reliabilität der Tiefenreize abhängt, sondern auch vom Kontext beeinflusst wird (Lappin, Shelton, & Rieser, 2006; Witt, Stefanucci, Riener, & Proffitt, 2007).

Ebenso zeigt eine Reihe von Studien den Einfluss von personenbezogenen Variablen des Beobachters, wie zum Beispiel Verhaltensintention, Stereotypaktivierung, Wünsche und Emotionen (Balcetis & Dunning, 2010; Chambon, 2009; Proffitt, 2008; Proffitt, Stefanucci, Banton, & Epstein, 2003; Stefanucci, Gagnon, & Lessard, 2011; Witt, Proffitt, & Epstein, 2004), wobei diese Interpretation von anderen Wissenschaftlern in Frage gestellt wird (Durgin et al., 2009; Francis, 2012; Hutchison & Loomis, 2006; Loomis & Philbeck, 2008; Woods, Philbeck, & Danoff, 2009).

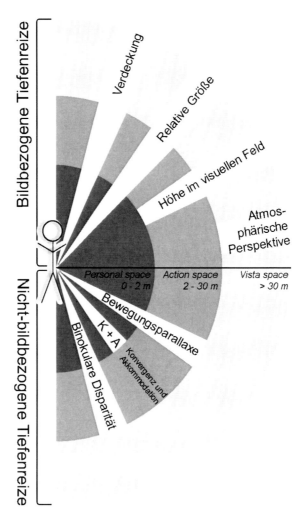

Abbildung 2: Effektivität der Tiefenreize in den verschiedenen Entfernungsbereichen (nach Renner, Velichkovsky, & Helmert (2013).

Zusammenfassend kann festgehalten werden, dass Menschen in realen Umgebungen, die viele Tiefenreize enthalten, bei geeigneter Messmethode Entfernungen gut schätzen können. In virtuellen Umgebungen dagegen werden häufig deutlich abweichende Schätzungen beobachtet, selbst wenn die virtuelle Umgebung viele Tiefenreize enthält. Diese Fehlwahrnehmung und mögliche Gründe dafür werden im nächsten Abschnitt dargestellt.

2.2 Entfernungswahrnehmung in virtuellen Umgebungen

Analog zur Forschung in realen Umgebungen wurden die Methoden zur Messung der Entfernungswahrnehmung für virtuelle Umgebungen adaptiert. Verbale Schätzungen können problemlos auch in virtuellen Umgebungen verwendet werden. Bei Größen- und Entfernungsanpassungen sind zwei Fälle zu unterscheiden. Im ersten Fall wird ein virtuelles Objekt an ein reales Vergleichsobjekt angepasst. Dies ist jedoch nur möglich, wenn ein reales Vergleichsobjekt sichtbar ist. Wird die virtuelle Umgebung durch eine Technik dargestellt, die die reale Umgebung komplett ausblendet, wie dies etwa bei *head mounted displays* der Fall ist, kann lediglich eine Anpassung an ein virtuelles Vergleichsobjekt vorgenommen werden. In diesem zweiten Fall liefert die Messmethode nur Informationen über die Wahrnehmung relativer, aber nicht absoluter Entfernungen. Am häufigsten werden in virtuellen Umgebungen visuell gelenkte Handlungen als Messmethode verwendet, wobei der zur Verfügung stehende Raum die Wahl der Handlung limitiert.

Relativ unabhängig von der verwendeten Messmethode zeigen viele Studien übereinstimmend, dass egozentrische Entfernungen in virtuellen Umgebungen unterschätzt werden. Waller und Richardson (2008) berichten eine durchschnittliche Schätzung von 71% der modellierten Entfernung. Ein aktuelles Review kommt auf eine durchschnittliche Schätzung von 74% (Renner et al., 2013). Da Menschen egozentrische Entfernungen in realen Umgebungen gut schätzen können, ist dies erstaunlich. Viele mögliche Ursachen für diese Fehlwahrnehmung sind in der Literatur bereits diskutiert worden. Renner et al. (2013) teilen potenzielle Einflussfaktoren auf die Entfernungswahrnehmung in virtuellen Umgebungen in vier Gruppen ein: Messmethode, Technische Faktoren, Kompositorische Faktoren und Menschliche Faktoren (siehe Abbildung 3).

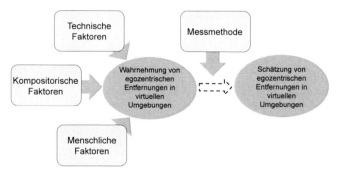

Abbildung 3: Die vier Gruppen von Einflussfaktoren auf die Wahrnehmung und Schätzung von egozentrischen Entfernungen in virtuellen Umgebungen (nach Renner, Velichkovsky, & Helmert (2013).

Während reale Umgebungen unvermittelt wahrgenommen werden, ist zur Präsentation einer virtuellen Umgebung komplexe Hard- und Software notwendig. Daher wurde in vielen Studien untersucht, inwiefern technische Faktoren die Entfernungswahrnehmung in virtuellen Umgebungen beeinflussen. Es zeigte sich, dass die Einschränkung des Sichtfelds durch ein *head mounted display* in Kombination mit dessen Gewicht Entfernungsschätzungen beeinflusst (z.B. Willemsen, Colton, Creem-Regehr, & Thompson, 2009). Die Unterschätzung ist jedoch nicht auf *head mounted displays* beschränkt, sondern tritt auch bei Verwendung anderer Hardware auf (Renner et al., 2013). Stereoskopische im Vergleich zu monoskopischer Darstellung verbessert Entfernungsschätzungen für nahe Entfernungen (z.B. Bingham, Bradley, Bailey, & Vinner, 2001; Luo, Kenyon, Kamper, Sandin, & DeFanti, 2009). Die sich widersprechenden Entfernungsinformationen von *Akkommodation* und *Konvergenz* sind eine Schwierigkeit für gute Entfernungswahrnehmung (z.B. Bingham et al., 2001; Drascic & Milgram, 1996), wie auch mögliche geometrische Verzerrungen (z.B. Bruder, Pusch, & Steinicke, 2012; Kuhl, Thompson, & Creem-Regehr, 2009; Leyrer, Linkenauger, Bülthoff, Kloos, & Mohler, 2011). Zusätzliche Ermöglichung von *Bewegungsparallaxe* scheint dagegen keinen Einfluss auf Entfernungsschätzungen zu haben (z.B. Beall, Loomis, Philbeck, & Fikes, 1995; Luo et al., 2009).

Forschung zu kompositorischen Faktoren zeigte wenig überraschend, dass, wie in realen Umgebungen, Entfernungsschätzungen besser werden, je mehr bildbezogene Tiefenreize zur Verfügung stehen (z.B. Kenyon, Sandin, Smith, Pawlicki, & DeFanti, 2007; Murgia & Sharkey, 2009; Sinai, Krebs, Darken, Rowland, & McCarley, 1999). Studien mit Avataren weisen darauf hin, dass bei Verwendung von *head mounted displays* die fehlende Sichtbarkeit des eigenen Körpers die Entfernungswahrnehmung beeinträchtigt (z.B. Mohler, Creem-Regehr, Thompson, & Bülthoff, 2010; Phillips, Ries, Kaeding, & Interrante, 2010). Ist die virtuelle Umgebung ein Modell des realen Raumes, in dem sich die Probanden befinden und den sie zuvor gesehen haben, können Entfernungen darin und in nachfolgenden anderen virtuellen Umgebungen gut geschätzt werden (z.B. Interrante, Ries, & Anderson, 2006; Steinicke, Bruder, Hinrichs, & Steed, 2010).

Zu Faktoren, die interindividuelle Unterschiede zwischen verschiedenen Nutzern erklären könnten, gibt es bisher wenig Befunde. Möglicherweise spielt das Präsenzerleben, d.h. das Gefühl tatsächlich in der virtuellen Umgebung zu sein, eine wichtige Rolle (z.B. Interrante et al., 2006; Mohler, Bülthoff, Thompson, & Creem-Regehr, 2008; Steinicke et al., 2010). Rückmeldungen können Entfernungsschätzungen verbessern, führen aber nachfolgend zu Veränderung der Schätzungen in Realität (z.B. Interrante et al., 2006; Waller & Richardson, 2008).

Zusammengefasst beeinflussen viele Faktoren die Entfernungswahrnehmung in virtuellen Umgebungen, wobei egozentrische Entfernungen generell unterschätzt werden. Dabei sind trotz zahlreicher Studien noch viele Fragen offen.

3 Aktuelle Studie

Im folgenden Abschnitt werden psychophysische Daten einer aktuellen Studie zum Einfluss der Stereobasis und bildbezogener Tiefenreize auf die Wahrnehmung egozentrischer Entfernungen in virtuellen Umgebungen dargestellt.

3.1 Fragestellung

Einer von vielen potentiellen Einflüssen auf die Entfernungswahrnehmung in virtuellen Umgebungen ist die Stereobasis. Dies bezeichnet den Abstand zwischen den beiden virtuellen Kameras, mit denen die stereoskopischen Bilder für die Darstellung einer virtuellen Umgebung erzeugt werden. Werden dem linken und rechten Auge des Nutzers diese leicht unterschiedlichen Bilder präsentiert, entsteht ein räumlicher bzw. 3D Eindruck. Für ein geometrisch korrektes stereoskopisches Bild sollte die Stereobasis dem Pupillenabstand des Nutzers entsprechen. In der Praxis wird jedoch der Pupillenabstand des Nutzers selten gemessen und stattdessen meist ein Standardwert für die Stereobasis verwendet. Dies könnte die räumliche Wahrnehmung beeinflussen. Experimentelle Studien, die die Stereobasis manipuliert und den Einfluss auf die Entfernungswahrnehmung gemessen haben, kommen zu widersprüchlichen Ergebnissen (Bruder et al., 2012; Kellner et al., 2012; Willemsen, Gooch, Thompson, & Creem-Regehr, 2008). Daher wurde in dieser Studie die Stereobasis im Verhältnis zum individuellen Pupillenabstand variiert.

Als zweiter Faktor wurde die Komplexität der virtuellen Umgebung und damit die Anzahl bildbezogener Tiefenreize manipuliert. Als Baseline wurde eine Bedingung verwendet, in der das Zielobjekt vor weißem Hintergrund auf Augenhöhe dargestellt wurde. Da außerdem die Größe des Zielobjekts variiert wurde, waren in dieser Bedingung keine bildbezogenen Tiefenreize vorhanden. Daher würde man in dieser Bedingung den größten Einfluss der Stereobasis erwarten. Als nächste Stufe wurde das Zielobjekt auf der Bodenfläche stehend präsentiert. Somit war in dieser Bedingung zusätzlich der Tiefenreiz *Höhe im visuellen Feld* vorhanden. Wenn Beobachter und Objekt auf derselben Bodenfläche stehen, ist die *Höhe im visuellen Feld* ein sehr effektiver Tiefenreiz (Cutting & Vishton, 1995). In der nächsten Stufe des Faktors Komplexität wurde eine regelmäßige Bodentextur als Anreicherung hinzugefügt. Die Bedeutung einer Bodentextur, die die Tiefenreize *relative Größe* und *relative Dichte* liefert, wurde bereits von Gibson (1950) beschrieben. Neuere Forschung konnte zeigen, dass in realen Umgebungen eine kontinuierliche und einheitlich texturierte Bodenfläche für exakte Entfernungswahrnehmung notwendig ist (He, Wu, Ooi, Yarbrough, & Wu, 2004; Sinai, Ooi, & He, 1998; Wu, Ooi, & He, 2004). Zur Frage, ob die Tiefeninformation einer regelmäßigen Bodentextur in virtuellen Umgebungen genutzt werden kann, gibt es bisher nur wenige Studien mit widersprüchlichen Ergebnissen (Kenyon, Phenany, Sandin, & DeFanti, 2007; Kenyon, Sandin, et al., 2007; Luo et al., 2009; Sinai et al., 1999; Witmer & Kline, 1998). In der Bedingung mit der höchsten Komplexität wurde zusätzlich zur Bodentextur eine komplexe Szene als Kontext präsentiert. Die Darstellung einer Fabrikhalle als Kontext liefert keine zusätzlichen Tiefenreize für die Entfernungswahrnehmung des Zielobjektes; Studien in realen Umgebungen lassen dennoch vermuten, dass der Kontext Entfernungswahrnehmung beeinflussen kann. So können sich Entfernungsschätzungen in Innen- und Außenräumen unterscheiden (Lappin et al., 2006) und die Beschaffenheit der Umgebung hinter dem Zielobjekt einen Einfluss haben (Witt et al., 2007). Auch könnte die Darstellung einer komplexen Szene das Präsenzerleben der Probanden fördern. Ein höheres Präsenzerleben wird mit besserer Entfernungswahrnehmung in Zusammenhang gebracht (z.B. Interrante et al., 2006; Mohler et al., 2008; Steinicke et al., 2010).

Bezogen auf die vier Gruppen von Einflussfaktoren (Renner et al., 2013) wurde in dieser Studie mit der Komplexität ein kompositorischer Faktor variiert. Die Manipulation der Stereobasis im Verhältnis zum individuellen Pupillenabstand untersuchte das Zusammenspiel eines technischen mit einem menschlichen Faktor. Als Messmethode wurde eine Größenanpassung verwendet.

3.2 Methode

3.2.1 Stichprobe

12 Probanden, davon 7 weiblich, im Alter zwischen 18 und 33 Jahren nahmen an der Studie teil. Davon waren 11 Studenten verschiedener Fachrichtungen, ein Proband war arbeitssuchend. Bei allen Probanden wurde zu Beginn Sehschärfe, Farbsichtigkeit, Stereosehfähigkeit und Pupillenabstand festgestellt.

3.2.2 Apparatus

Die virtuelle Umgebung wurde in einem fünfseitigen Projektionsraum (englisch Cave Automatic Virtual Environment, kurz CAVE; Cruz-Neira, Sandin, DeFanti, Kenyon, & Hart, 1992) präsentiert. Der Projektionsraum hatte eine Länge und Breite von 3.60 m und eine Höhe von 2.70 m. Zehn LCD-Projektoren projizierten auf die fünf Leinwände mit einer Auflösung von 1600 auf 1200 Bildpunkten. Die Bildtrennung der Stereoprojektion erfolgte über eine Brille mit Interferenzfiltern (INFITEC-System). Die Brille war mit optischen Markern versehen, über die Position und Kopfausrichtung mit einem optischen Tracking-System mit sechs Kameras (ART) erfasst wurden.

3.2.3 Stimuli

Das Zielobjekt war ein roter Plastikkegel, 31.9 cm hoch mit einer Grundfläche von 21.3 cm². Ein virtuelles Modell dieses Kegels wurde mit der CAD-Software SolidWorks erstellt. Der virtuelle Kegel wurde in den modellierten Entfernungen 75, 150, 225 und 300 cm vor den Probanden dargestellt. Die Probanden saßen 225 cm vor der frontalen Leinwand der CAVE auf einem Drehstuhl, der je nach Proband in der Höhe so verstellt wurde, dass die Augenhöhe für alle Probanden auf 135 cm war. Dadurch wurde der Kegel in 75 und 150 cm Entfernung mit gekreuzter Disparität, also scheinbar vor der Leinwand, in 225 cm Entfernung ohne Disparität direkt auf der Leinwand und in 300 cm Entfernung mit ungekreuzter Disparität, also scheinbar hinter der Leinwand, dargestellt.

Der virtuelle Kegel wurde in vier verschiedenen virtuellen Umgebungen gezeigt (siehe Abbildung 4). In der ersten Bedingung, nachfolgend „Augenhöhe" genannt, war der Kegel vor einheitlich weißem Hintergrund zu sehen mit der Grundfläche des Kegels auf Augenhöhe der Probanden (einheitlich 135 cm). In den anderen drei Bedingungen stand der Kegel auf der Bodenfläche. In der Bedingung „Kein Hintergrund" wurde der Kegel vor einheitlich weißem Hintergrund dargestellt. Für die Bedingung „Bodentextur" wurde aus dem Foto einer gepflasterten Fläche (Originalfoto von http://www.mayang.com/textures/) mit GIMP eine nahtlose, gekachelte Textur erstellt, so dass eine regelmäßige Bodenstruktur entstand. Die Bodentextur wurde in jedem Versuchsdurchgang um einen zufälligen Wert zwischen 0 und 1 m verschoben um eine Orientierung an einzelnen Pflastersteinen zu verhindern. Für die Bedingung „Komplexe Szene" wurde zusätzlich zur selben Bodentextur das texturierte Modell einer Fabrikhalle dargestellt. Die Fabrikhalle hatte eine Breite von 11.7 m und eine Höhe ohne Dachstuhl von 5 m. Die frontale Wand der Fabrikhalle war in einer modellierten Entfernung von 11 m vor den Probanden. Die Visualisierung erfolgte über Software von EON Reality.

Abbildung 4: Die vier Stufen der Komplexität (von links nach rechts): Augenhöhe, Kein Hintergrund, Bodentextur und Komplexe Szene.

3.2.4 Aufgabe

Für die Entfernungsschätzung wurde die Messmethode Größenanpassung verwendet. Die Größe des Kegels lag zu Beginn jedes Versuchsdurchgangs zufällig zwischen 20 und 180%. Die Probanden erhielten die Aufgabe die Größe des virtuellen Kegels mittels Tastendruck auf einem kabellosen Xbox-Controller an die Größe des realen Kegels anzupassen. Dabei stand der reale Kegel, passend zur jeweiligen Bedingung auf Boden- oder Augenhöhe, jeweils neben dem Probanden in einem Abstand von 150 cm, so dass sich ein 90°-Winkel zwischen den Blickrichtungen zum virtuellen und realen Kegel ergab. Für die Aufgabe wurde eine so genannte *apparent instruction* verwendet, die normalerweise zu Schätzungen gemäß der Größenkonstanz führt (Wagner, 2006). Die wörtliche Instruktion lautete: „Ihre Aufgabe besteht darin, die Größe eines virtuellen Kegels so zu verändern (zu vergrößern oder zu verkleinern), dass er gleich groß **erscheint** wie der reale Kegel." Im Anschluss an die Instruktion folgten drei Übungsdurchgänge mit den Entfernungen 95, 175 und 265 cm.

3.2.5 Ablauf

Insgesamt bestand das Experiment aus zwei Teilen mit je drei Blöcken. Der erste Teil bestand aus drei Blöcken mit je 12 Versuchsdurchgängen mit der Bedingung Augenhöhe. Dabei wurde die Stereobasis blockweise entsprechend zum Pupillenabstand gleich groß (1.0*Pupillenabstand), kleiner (0.7*Pupillenabstand) oder größer (1.3*Pupillenabstand) eingestellt. Der zweite Teil des Experiments enthielt drei Blöcke mit je 36 Versuchsdurchgängen, in denen die Bedingungen Kein Hintergrund, Bodentextur und Komplexe Szene in randomisierter Reihenfolge dargeboten wurden. Die Stereobasis wurde ebenfalls blockweise in den beschriebenen Stufen variiert. Welche der beiden Teile zuerst dargeboten wurde, wurde ausbalanciert. Nach jedem Block beantworteten die Probanden zwei Fragebögen und konnten eine kurze Pause machen. Dann begann der nächste Block. Mit Eingangsfragebogen, Sehtests, Instruktion, Experimentalblöcken, Abschlussfragebogen und Debriefing dauerte das Experiment im Durchschnitt 104 Minuten.

3.2.6 Auswertung

Zur Auswertung wurde die von den Probanden eingestellte Größe des virtuellen Kegels gespeichert und mit der modellierten Größe des Kegels verglichen. Dazu wurde das Kegelgrößenverhältnis aus eingestellter zu modellierte Größe berechnet (analog zur *size-ratio* von Kenyon, Sandin, et al. (2007)). Bei diesem Maß stellt ein Wert von 1 eine exakte Entfernungsschätzung dar. Ein Wert größer 1 entspricht einer zu groß eingestellten Kegelgröße und weist nach der Größenkonstanz auf eine Unterschätzung der Entfernung hin. Umgekehrt würde eine

Überschätzung der Entfernung zu einer zu klein eingestellten Kegelgröße und damit zu einem Größenverhältnis kleiner 1 führen. Die Daten wurden mit SPSS ausgewertet, wobei Varianzanalysen mit Messwiederholung verwendet wurden. Bei Verletzung der Sphärizität wurde die Greenhouse-Geisser-Korrektur vorgenommen und die korrigierten Freiheitsgrade angegeben. Die Grafiken wurden mit R (R Core Team, 2012) erstellt.

3.3 Ergebnisse

Eine Varianzanalyse mit den Faktoren Komplexität, Stereobasis und Entfernung ergab einen signifikanten Haupteffekt der Komplexität, $F(1.233, 13.568) = 25.565, p < .001$ und eine signifikante Interaktion von Komplexität mit Entfernung, $F(1.415, 15.568) = 19.027, p < .001$. Die Manipulation der Komplexität beeinflusste demnach die Größenanpassung und zwar unterschiedlich je nach Entfernung. Die durchschnittlichen Kegelgrößenverhältnisse für die vier Entfernungen und die vier Stufen der Komplexität werden in Abbildung 5 gezeigt.

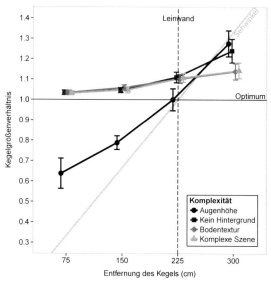

Abbildung 5: Die durchschnittlichen Größenverhältnisse für die vier Entfernungen und die vier Stufen der Komplexität. Fehlerbalken repräsentieren den Standardfehler. Die Datenpunkte sind horizontal versetzt um die Lesbarkeit zu verbessern. Die als Sehwinkel bezeichnete Regressionsgerade würde man bei einer Einstellung völlig unabhängig von der Entfernung erhalten.

Deutlich zu sehen ist, dass in der Bedingung Augenhöhe der Kegel bei Entfernungen vor der Leinwand zu klein, bei Entfernungen hinter der Leinwand zu groß eingestellt wurde. Zum Vergleich ist daher die Regressionsgerade eingezeichnet, die man erwarten würde, wenn die Probanden ihre Einstellung völlig unabhängig von der Entfernung nur an der Größe des Kegelbildes auf der Leinwand und damit dem Sehwinkel orientieren würden (als Sehwinkel bezeichnet). Die signifikante Abweichung der Regressionsgeraden der einzelnen Probanden von der Regressionsgeraden rein nach dem Sehwinkel ($t(11) = -3.059$, $p = .011$) zeigt an, dass in der Bedingung Augenhöhe Entfernung zwar schlechter, aber dennoch wahrgenommen wurde. Die drei Stufen Kein Hintergrund, Bodentextur und Komplexe Szene führten zu jeweils ähnlichen Kegelgrößenverhältnissen, mit Ausnahme der größten Entfernung. Hier weicht die Bedingung Kein Hintergrund von den Stufen Bodentextur und Komplexe Szene ab. Weiter zeigte die Varianzanalyse einen signifikanten Haupteffekt der Entfernung, $F(1.059, 11.652) = 23.087$, $p < .001$, je größer die Entfernung, desto größer wurde der Kegel eingestellt.

Der Haupteffekt der Stereobasis war nicht signifikant, $F(2, 22) = 1.671$, $p = .211$. Auch die Interaktionen der Stereobasis mit der Komplexität, $F(2.477, 27.250) = .565$, $p = .611$ oder Entfernung, $F(2.587, 28.458) = .760$, $p = .508$, wurden nicht signifikant. Die Manipulation der Stereobasis führte demnach zu keiner relevanten Veränderung der Größenanpassung. Die Dreifachinteraktion von Stereobasis, Komplexität und Entfernung dagegen war signifikant, $F(4.261, 46.866) = 2.676$, $p = .040$. Sie ist inhaltlich schwer interpretierbar und hauptsächlich durch eine Abweichung der Bedingung 0.7*Pupillenabstand von den beiden anderen Stufen der Stereobasis bei einer Entfernung von 300 cm in der Bedingung Komplexe Szene verursacht. Die durchschnittlichen Größenverhältnisse für die vier Entfernungen und die drei Stufen der Stereobasis werden in Abbildung 6 gezeigt.

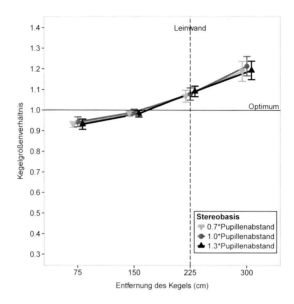

Abbildung 6: Die durchschnittlichen Größenverhältnisse für die vier Entfernungen und die drei Stufen der Stereobasis. Fehlerbalken repräsentieren den Standardfehler. Die Datenpunkte sind horizontal versetzt um die Lesbarkeit zu verbessern.

3.4 Diskussion

Die dargestellte Studie ist der virtuellen Psychophysik zuzuordnen und untersucht den Einfluss der Komplexität und der Stereobasis auf die räumliche Wahrnehmung in virtuellen Umgebungen.

Die Manipulation der Komplexität beeinflusste die Größenanpassungsleistung der Probanden. In der am wenigsten komplexen virtuellen Umgebung, in der das Zielobjekt vor weißem Hintergrund auf Augenhöhe dargestellt wurde und somit keine bildbezogenen Tiefenreize vorhanden waren, wichen die Größeneinstellungen am weitesten vom korrekten Wert ab. Entfernungen vor der Leinwand wurden überschätzt, Entfernungen hinter der Leinwand unterschätzt. Dennoch war die Größenanpassung besser als eine Einstellung unabhängig von der Entfernung rein nach dem Sehwinkel. Die Probanden konnten demnach die verbleibenden nicht-bildbezogenen Tiefenreize für eine ungefähre Entfernungsabschätzung nutzen. Die Größenanpassungen wurden deutlich besser, wenn das Zielobjekt auf der Bodenfläche stehend dargestellt wurde. Die Ergebnisse belegen somit die Bedeutung von *Höhe im visuellen Feld* als Tiefenreiz auch für virtuelle Umgebungen. Der Nutzen einer regelmäßigen Bodentextur zeigte sich nur für Entfernungen hinter der Leinwandebene. Möglicherweise war für Entfernungen vor der Leinwand, bei denen der Kegel als auf der realen Bodenfläche der CAVE stehend dargestellt wurde, hauptsächlich der Tiefenreiz *Höhe im visuellen Feld* relevant und die Bodentextur ergab keinen zusätzlichen Nutzen. Bei Entfernungen hinter der Leinwand fehlte ohne die Bodentextur der Bezug zu einer Bodenfläche. Das Bild war somit mehrdeutig: Es konnte sich um ein Objekt auf einer gedachten Bodenfläche handeln oder um ein schwebendes Objekt in geringerer Entfernung. Diese Mehrdeutigkeit könnte durch die Bodentextur aufgehoben worden sein. Die Darstellung einer zusätzlichen komplexen Szene hatte keinen Einfluss auf die Entfernungswahrnehmung. Die Hypothese zum Einfluss des Kontextes (Lappin et al., 2006; Witt et al., 2007) konnte hier somit nicht bestätigt werden. Möglicherweise war der Abstand vom Zielobjekt zu den Wänden der Fabrikhalle zu groß um die Entfernungswahrnehmung zu beeinflussen. Weitere Studien, die den Kontext in näherer Umgebung manipulieren, erscheinen lohnenswert.

Die Abweichung der Stereobasis vom individuellen Pupillenabstand der Probanden hatte keinen relevanten Einfluss auf die Größenanpassung. Dies ist überraschend, da nach dem geometrischen Modell der stereoskopischen Wahrnehmung bereits kleine Abweichungen zu Verzerrungen in der räumlichen Wahrnehmung führen (Drascic & Milgram, 1996). Da die Größenanpassung eine indirekte Methode zur Messung von Entfernungswahrnehmung ist, ist sie möglicherweise nicht sensitiv genug. Daher ist eine Replikation der Studie mit direkteren Messmethoden geplant.

4 Zusammenfassung und Ausblick

Während die klassische Psychophysik Zusammenhänge zwischen physikalischen Reizen und menschlicher Wahrnehmung quantifiziert, untersucht die virtuelle Psychophysik wie virtuelle Umgebungen wahrgenommen werden. Ziel ist es Parameter zu liefern, die eine exakte Wahrnehmung ermöglichen und so eine Voraussetzung für den Transfer von Erfahrungen zwischen virtueller und realer Umgebung zu schaffen. Hier wurde am Beispiel räumlicher Wahrnehmung dargestellt, dass es in virtuellen Umgebungen zu Fehlwahrnehmung kommen kann, welche Faktoren diese beeinflussen und mit welchen Methoden diese Zusammenhänge untersucht werden können. Das Forschungsfeld der virtuellen Psychophysik an der Schnittstelle zwischen Informatik und Psychologie birgt noch viele offene Fragen und wird voraussichtlich in naher Zukunft viele neue Erkenntnisse sowohl im Grundlagenbereich als auch für die Anwendung hervorbringen.

Literaturverzeichnis

Balcetis, E.; Dunning, D. (2010): Wishful Seeing: More Desired Objects Are Seen as Closer. In: Psychological Science. Bd. 21, Nr. 1, S. 147-152.
Beall, A. C.; Loomis, J. M.; Philbeck, J. W.; Fikes, T. G. (1995): Absolute motion parallax weakly determines visual scale in real and virtual environments. In: Rogowitz, B. E.; Allebach, J. P. (Hrsg.): Human Vision, Visual Processing, and Digital Display. Bd. VI,. Bellingham, WA: SPIE, S. 288-297.
Bingham, G. P.; Bradley, A.; Bailey, M.; Vinner, R. (2001): Accommodation, occlusion, and disparity matching are used to guide reaching: A comparison of actual versus virtual environments. In: Journal of Experimental Psychology: Human Perception and Performance. Bd. 27, Nr. 6, S. 1314-1334.
Bruder, G.; Pusch, A.; Steinicke, F. (2012): Analyzing effects of geometric rendering parameters on size and distance estimation in on-axis stereographics. In: Proceedings of the ACM Symposium on Applied Perception. New York, NY, USA: ACM, S. 111-118.
Chambon, M. (2009): Embodied perception with others' bodies in mind: Stereotype priming influence on the perception of spatial environment. In: Journal of Experimental Social Psychology. Bd. 45, Nr. 1, S. 283-287.
Creem-Regehr, S. H.; Kunz, B. R. (2010): Perception and action. In: Wiley Interdisciplinary Reviews: Cognitive Science. Bd. 1, Nr. 6, S. 800-810.
Cruz-Neira, C.; Sandin, D. J.; DeFanti, T. A.; Kenyon, R. V.; Hart, J. C. (1992): The CAVE: audio visual experience automatic virtual environment. In: Communications of the ACM. Bd. 35, Nr. 6, S. 64-72.
Cutting, J. E.; Vishton, P. M. (1995): Perceiving layout and knowing distances: The integration, relative potency, and contextual use of different information about depth. In: Epstein, W.; Rogers, S. J. (Hrsg.): Handbook of perception and cognition. Bd. 5: Perception of space and motion. San Diego, CA: Academic Press, S. 69-117.
Drascic, D.; Milgram, P. (1996): Perceptual Issues in Augmented Reality. In: Bolas, M. T.; Fisher, S. S.; Merritt, J. O. (Hrsg.): Stereoscopic Displays and Virtual Reality Systems. Bd. III, Bellingham, Wash.: SPIE, S. 123-134.
Durgin, F. H.; Baird, J. A.; Greenburg, M.; Russell, R.; Shaughnessy, K.; Waymouth, S. (2009): Who is being deceived? The experimental demands of wearing a backpack. In: Psychonomic Bulletin & Review. Bd. 16, Nr. 5, S. 964-969.
Esposito, E. (1998): Fiktion und Virtualität. In: Krämer, S. (Hrsg.): Medien, Computer, Realität: Wirklichkeitsvorstellungen und Neue Medien. Frankfurt am Main: Suhrkamp, S. 269-296.
Fechner, G. T. (1860): Elemente der Psychophysik.
Francis, G. (2012): The same old New Look: Publication bias in a study of wishful seeing. In: i-Perception. Bd. 3, Nr. 3, S. 176-178.
Gibson, J. J. (1950): The perception of the visual world. Oxford, England: Houghton Mifflin.
Goldstein, E. B.; Irtel, H. H. (2008): Wahrnehmungspsychologie. 7. Aufl., Berlin, Heidelberg: Spektrum, Akad. Verl.

He, Z.; Wu, B.; Ooi, T.-L.; Yarbrough, G.; Wu, J. (2004): Judging egocentric distance on the ground: Occlusion and surface integration. In: Perception. Bd. 33, Nr. 7, S. 789-806.

Hrachovec, H. (2002): Virtualität. Aktuelle Orientierungspunkte. In: Allgemeine Zeitschrift für Philosophie. Bd. 27, Nr. 3, S. 241-256.

Hutchison, J. J.; Loomis, J. M. (2006): Does energy expenditure affect the perception of egocentric distance? A failure to replicate Experiment 1 of Proffitt, Stefanucci, Banton, and Epstein (2003). In: Spanish Journal of Psychology. Bd. 9, Nr. 2, S. 332-339.

Interrante, V., Ries, B., & Anderson, L. (2006): Distance Perception in Immersive Virtual Environments, Revisited. In: Proceedings of the IEEE conference on Virtual Reality. Washington, DC, USA: IEEE Computer Society, S. 3-10.

Kellner, F.; Bolte, B.; Bruder, G.; Rautenberg, U.; Steinicke, F.; Lappe, M.; Koch, R. (2012): Geometric Calibration of Head-Mounted Displays and its Effects on Distance Estimation. In: IEEE Transactions on Visualization and Computer Graphics. Bd. 18, Nr. 4.

Kenyon, R. V.; Phenany, M.; Sandin, D.; DeFanti, T. (2007): Accommodation and Size-Constancy of Virtual Objects. In: Annals of Biomedical Engineering. Bd. 36, Nr. 2, S. 342-348.

Kenyon, R. V.; Sandin, D.; Smith, R. C.; Pawlicki, R.; DeFanti, T. (2007): Size-Constancy in the CAVE®. In: Presence: Teleoperators and Virtual Environments. Bd. 16, Nr. 2, S. 172-187.

Kuhl, S. A.; Thompson, W. B.; Creem-Regehr, S. H. (2009): HMD calibration and its effects on distance judgments. In: ACM Transactions on Applied Perception. Bd. 6, Nr. 3, S. 1-20.

Lappin, J. S.; Shelton, A. L.; Rieser, J. J. (2006): Environmental context influences visually perceived distance. In: Attention, Perception, & Psychophysics. Bd. 68, Nr. 4, S. 571-581.

Leyrer, M.; Linkenauger, S. A.; Bülthoff, H. H.; Kloos, U.: Mohler, B. (2011): The influence of eye height and avatars on egocentric distance estimates in immersive virtual environments. In: Proceedings of the ACM SIGGRAPH Symposium on Applied Perception in Graphics and Visualization. New York, NY, USA: ACM, S. 67-74.

Loomis, J. M.; Philbeck, J. W. (2008): Measuring spatial perception with spatial updating and action. In: Klatzky, R. L.; Behrmann, M.; MacWhinney, B. (Hrsg.): Embodiment, ego-space, and action. Mahwah, NJ: Erlbaum, S. 1-44.

Luo, X.; Kenyon, R. V.; Kamper, D. G.; Sandin, D. J.; DeFanti, T. A. (2009): On the Determinants of Size-Constancy in a Virtual Environment. In: The International Journal of Virtual Reality. Bd. 8, Nr. 1, S. 43-51.

Milgram, P.; Takemura, H.; Utsumi, A.; Kishino, F. (1995): Augmented Reality: A Class of Displays on the Reality-Virtuality Continuum In: SPIE Proceedings 2351: Telemanipulator and Telepresence Technologies. S. 282-292.

Mohler, B. J.; Bülthoff, H. H.; Thompson, W. B.; Creem-Regehr, S. H. (2008): A full-body avatar improves egocentric distance judgments in an immersive virtual environment In: Proceedings of the 5th symposium on Applied perception in graphics and visualization. New York, NY, USA: ACM, S. 194.

Mohler, B. J.; Creem-Regehr, S. H.; Thompson, W. B.; Bülthoff, H. H. (2010): The Effect of Viewing a Self-Avatar on Distance Judgments in an HMD-Based Virtual Environment. In: Presence: Teleoperators and Virtual Environments. Bd. 19, Nr. 3, S. 230-242.
Münker, S. (2005): Medienphilosophie der Virtual Reality. In: Sandbothe, M.; Nagl, L. (Hrsg.): Systematische Medienphilosophie. Berlin: Akademie Verlag, S. 381-396.
Murgia, A.; Sharkey, P. M. (2009): Estimation of distances in virtual environments using size constancy. In: International Journal of Virtual Reality. Bd. 8, Nr. 1, S. 67-74.
Phillips, L.; Ries, B.; Kaeding, M.; Interrante, V. (2010): Avatar self-embodiment enhances distance perception accuracy in non-photorealistic immersive virtual environments. In: Proceedings of the IEEE Virtual Reality Conference. S. 115-118.
Proffitt, D. R. (2006): Distance Perception. In: Current Directions in Psychological Science, Bd. 15, Nr. 3, S. 131-135.
Proffitt, D. R. (2008): An action-specific approach to spatial perception. In: Klatzky, R. L.; Behrmann, M.; MacWhinney, B. (Hrsg.): Embodiment, ego-space, and action. Mahwah, NJ: Erlbaum, S. 179–202.
Proffitt, D. R.; Caudek, C. (2002): Depth perception and the perception of events. In: Healy, A. F.; Proctor, R. W. (Hrsg.): Handbook of psychology. Bd. 4: Experimental psychology. New York: Wiley, S. 213–236.
Proffitt, D. R.; Stefanucci, J.; Banton, T.; Epstein, W. (2003): The role of effort in perceiving distance. In: Psychological Science. Bd. 14, Nr. 2, S. 106-112.
R Core Team (2012): R: A language and environment for statistical computing. Vienna, Austria: R Foundation for Statistical Computing.
Renner, R. S.; Velichkovsky, B. B.; Helmert, J. R. (2013): The perception of egocentric distances in Virtual Environments – a Review. Manuscript accepted for publication.
Rieser, J. J.; Ashmead, D. H.; Talor, C. R.; Youngquist, G. A. (1990): Visual perception and the guidance of locomotion without vision to previously seen targets. In: Perception. Bd. 19, Nr. 5, S. 675-689.
Sinai, M. J.; Krebs, W. K.; Darken, R. P.; Rowland, J. H.; McCarley, J. S. (1999): Egocentric distance perception in a virtual environment using a perceptual matching task. In: Proceedings of the 43rd Annual Meeting Human Factors and Ergonomics Society. S. 1256-1260.
Sinai, M. J.; Ooi, T. L.; He, Z. J. (1998): Terrain influences the accurate judgement of distance. In: Nature. Bd. 395, S. 497-500.
Stefanucci, J. K.; Gagnon, K. T.; Lessard, D. A. (2011): Follow Your Heart: Emotion Adaptively Influences Perception. In: Social & Personality Psychology Compass. Bd. 5, Nr. 6, S. 296-308.
Steinicke, F.; Bruder, G.; Hinrichs, K.; Steed, A. (2010): Gradual transitions and their effects on presence and distance estimation. In: Computers & Graphics. Bd. 34, Nr. 1, S. 26-33.
Stevens, S. S. (1962): The surprising simplicity of sensory metrics. In: American Psychologist. Bd. 17, Nr. 1, S. 29-39.
Wagner, M. (2006): The Geometries of Visual Space. Mahwah, New Jersey, USA: Lawrence Erlbaum Associates.

Waller, D.; Richardson, A. R. (2008): Correcting distance estimates by interacting with immersive virtual environments: Effects of task and available sensory information. In: Journal of Experimental Psychology: Applied. Bd. 14, Nr. 1, S. 61-72.

Willemsen, P.; Colton, M. B.; Creem-Regehr, S. H.; Thompson, W. B. (2009): The effects of head-mounted display mechanical properties and field of view on distance judgments in virtual environments. In: ACM Transactions on Applied Perception. Bd. 6, Nr. 2, S. 1-14.

Willemsen, P.; Gooch, A. A.; Thompson, W. B.; Creem-Regehr, S. H. (2008): Effects of Stereo Viewing Conditions on Distance Perception in Virtual Environments. In: Presence: Teleoperators & Virtual Environments. Bd. 17, Nr. 1, S. 91-101.

Witmer, B. G.; Kline, P. B. (1998): Judging perceived and traversed distance in virtual environments. In: Presence: Teleoperators and Virtual Environments. Bd. 7, Nr. 2, S. 144-167.

Witt, J. K.; Proffitt, D. R.; Epstein, W. (2004): Perceiving distance: A role of effort and intent. In: Perception. Bd. 33, S. 577-590.

Witt, J. K.; Stefanucci, J. K.; Riener, C. R.; Proffitt, D. R. (2007): Seeing beyond the target: Environmental context affects distance perception. In: Perception. Bd. 36, Nr. 12, S. 1752-1768.

Woods, A. J.; Philbeck, J. W.; Danoff, J. V. (2009): The various perceptions of distance: An alternative view of how effort affects distance judgments. In: Journal of Experimental Psychology: Human Perception and Performance. Bd. 35, Nr. 4, S. 1104-1117.

Wu, B.; Ooi, T. L.; He, Z. J. (2004): Perceiving distance accurately by a directional process of integrating ground information. In: Nature. Bd. 428, S. 73-77.

Printed by Books on Demand, Germany